翻译认知过程研究

——"义–意"体认与建构新范式

曾利沙 著

科学出版社

北京

内 容 简 介

本书以探究翻译的"义-意"形态识解机制为重点，以溯源"义-意"形态成因及其体认与建构范式为哲学基础，以表征翻译理解与表达认知过程的区间规律为旨归，系统阐释了翻译认知过程的主客观互动及其理据，从不同维度揭示了翻译活动的本质。本书的显著特色是宏观-中观-微观统一，剖析从义素、语词、概念、短语、命题、语句到句段和语篇层次"义-意"的体认与建构的动态过程。本书创新性地建构了翻译过程的"体认-建构范式"和"翻译认知过程识解机制结构链"，突出了可分析、可阐释、可描写、可推论、可确证、可操作的科学方法论。

本书可供翻译课教师、翻译专业学生及一般翻译工作者阅读，也可供对翻译理论与实践感兴趣的读者参考。

图书在版编目（CIP）数据

翻译认知过程研究："义-意"体认与建构新范式 / 曾利沙著. —北京：科学出版社，2022.6
ISBN 978-7-03-072150-1

Ⅰ.①翻… Ⅱ.①曾… Ⅲ.①翻译–认知过程–研究 Ⅳ.①H059

中国版本图书馆CIP数据核字（2022）第068444号

责任编辑：常春娥 / 责任校对：贾伟娟
责任印制：苏铁锁 / 封面设计：蓝正设计

科 学 出 版 社 出版
北京东黄城根北街 16 号
邮政编码：100717
http://www.sciencep.com

北京凌奇印刷有限责任公司 印刷
科学出版社发行　各地新华书店经销

*

2022年6月第　一　版　开本：720×1000 1/16
2022年6月第一次印刷　印张：19 1/2
字数：365000
POD定价：98.00元
（如有印装质量问题，我社负责调换）

本书是国家社科基金项目
"体验-建构融通式笔译教学创新模式探索"
（项目编号：13BYY088）结项成果的部分内容

本书在研期间受到
广东外语外贸大学翻译学研究中心、
广州商学院外国语学院的资助，特表谢忱！

笔者对语言学习、翻译与求知的感悟

◆ 语言是精神增味剂，能产生让你思想的味蕾难以抗拒的诱惑；

◆ 语言是创新的媒介，能传达创新思想、创新理念，让混沌不清的思绪变得清晰，让个人的新思想、新方法像芯片一样牢牢植入大众大脑的"中央处理器"；

◆ 语言是社交的敲门砖，能让你融洽和谐地生活在社会大家庭里，亦能让你在社会攀爬梯上拾级而上，达到理想的高度；

◆ 张开深情的臂膀，敞开真挚的胸怀，去感受语言、热爱语言、亲近语言、拥抱语言。

◆ 语言是思维的载体，能让你插上想象的翅膀，自由驰骋；

◆ 语言是交际的手段，能消除地域文化的隔阂，拉近地球村的居民；

◆ 语言是生活百态，能让你尝遍人生酸甜苦辣、世间悲欢离合、喜乐哀愁；

◆ 语言是富含养分的海绵，你若不亲近它、触摸它、挤压它，就无法汲取它蕴藏的丰富精神食粮；

◆ 语言是曼妙的音符，能让你感受到无穷美感，进入忘我的意境。

◆ 人生旅途乃一求知之过程，

◆ 求知之过程贵在探究方法，

◆ 探究方法之过程贵在探索思想，

◆ 探索思想之过程贵在锤炼思维，

◆ 锤炼思维之过程贵在勇于创新，

◆ 勇于创新之过程贵在奉献社会，

◆ 而人生最高境界在于从中获得乐趣，

◆ 乐趣源自人的持之以恒的努力付出。

序

仲春时节，室内外尚有几分寒意。北京早晚温差较大，自三月底暖气停止供应后，今年四月天里有几个晚上，北京气温降至零度以下了。但是，我并没有寒气逼人之感。清晨起来，我便在书房中阅读曾利沙教授从羊城发来的书稿《翻译认知过程研究——"义-意"体认与建构新范式》（以下简称《过程研究》）。我知道羊城此时正是春暖花开的美好时节，我有机会首先通读曾利沙老师的新书稿真是一种难得的学习机会和美好享受。至于他还邀约我为之作序，我自然感到非常荣幸。

（一）

曾利沙老师现任广东外语外贸大学翻译研究中心研究员、广州商学院商务英语学科带头人，兼任海南师范大学特聘教授和五所高校的客座教授，其担任国家和教育部社科基金课题通讯评审及结项评审专家、国家语委课题通讯评审及结项评审专家、教育部优秀博士论文遴选特邀评审专家、上海大学应用翻译研究中心特聘研究员、中国英汉语比较研究会理事，等等。曾利沙教授的学术兴趣广泛，他是理论翻译学、应用翻译学、体认翻译学、商务翻译学、语言哲学等多学科领域的学者、专家，他对翻译批评、文学翻译等领域都有深入探究和独特思考。这些研究成果散见于其多部学术专著及核心论文，例如，《论翻译学研究的若干理论问题——兼论译学研究的辩证观》《论"规律"——兼论翻译理论与实践的辩证关系》《小议翻译操作中的"多度视域"——兼对第十二届"韩素音青年翻译奖"英译汉参考译文的几点商榷意见》《论"语结"在语际转换程序中的表征——兼论翻译活动的"科学性"》《论"操作视域"与"参数因子"——兼论翻译学理论范畴——文本"特征论"的研究》《论文本的缺省性、增生性与阐释性——兼论描写翻译学理论研究方法论》《论翻译艺术创造性的本质特征——

从译者主体思维特征看艺术再现与艺术表现的典型性》《古典诗词互文性解读的"阈限"问题——兼论文本（翻译）阐释的主题与主题倾向关联性语境融合》《论古汉语诗词英译批评本体论意义阐释框架——社会文化语境关联下的主题与主题倾向性融合》《宏观·中观·微观·范式——论开放性TSPT研究范畴拓展的模块化创新路向》《论应用翻译理论范畴建构及其概念化表征——从旅游指南翻译理论研究的可描述性、可证性与可操作性谈起》等，学术论文多达100多篇。至于在科学出版社、外语教学与研究出版社、上海外语教育出版社等出版社公开出版的专著、编著和译著作品，在此不多加例举和评论了，因为这些作品早已得到学界的公认和好评。例如，在《翻译学理论系统整合性研究》（序一）中，方梦之教授认为：曾利沙教授的翻译理论研究的实践指向最明，无论是哲学层面还是技术理论层面，都植根于翻译实践，值得充分肯定，并早已引起国内研究者的普遍关注。梦之于2011年主编的《中国译学大辞典》在市场上早已销售一空（即将再版），其中由暨南大学严方明教授在"译家百论"编目中撰写的曾利沙个人成就的词条中写道：李亚舒教授认为，曾利沙教授"把握住翻译研究的总目的，又擅于将各分目的阶段中所把握的课题的不同层面和不同性质的问题进行了全面深入、多维度、经验性的研究，从而上升到'以类度类'和'以道观之'"的方法论，"使所获得的理论成果得到升华，即理智地形成原理、原则、准则、方法、技巧等理论范畴体系"，一系列开放式经验模块和理论模块融会贯通，形成了认知结构、实践结构、价值结构和方法论结构的统一，其理论成果对解释复杂的翻译现象和解决翻译实践问题，具有深刻的指导意义（参见《翻译学理论系统整合性研究》序二，曾利沙，2014a）。

（二）

这里，我专门谈谈《过程研究》的结构内容。全书约36万字，分为13章，每章标题和内容几乎都突出了"过程"研究。例如，翻译认知思维过程、体认与建构过程、"义-意"识解过程、"义-意"体认-建构过程连续统、语境参数理论框架下的翻译认知过程、文学翻译认知过程、论说文和说明文语篇翻译体认与建构过程、散文语篇翻译体认与建构过程，等等。

老实地说，以往我对"过程研究"知之甚少。2021年7月，中国科学院科技翻译与英文写作培训班在中国科学院过程工程研究所（以下简称"过程工程研究所"）召开时，承办单位过程工程研究所所长张锁江院士在会上作了一个很好的报告，使我对"过程研究"获得新的认识。近十年来，过程工程研究所实现了从"化工冶金创所"到"过程工程强所"的历史性跨越，致力构建从基础到应用的科教产融合发展新模式，于2019年联合中科院内外相关优势科研力量，牵头又创建了中国科学院绿色过程制造创新研究院，肩负起新时代引领支撑绿色制造变革的历史重任。过程工程研究所的发展让我受到了很大的启发并产生了诸多联想，让我认识到"翻译认知过程研究"不仅仅是一个学术单位学科名词术语的变化，而是一种学术思维上的创新。因此，我要郑重地说，《过程研究》是我国外语翻译教学领域不可多得的学术著作，是我们多年来照着说、跟着说、平行说之后，新出现的敢于领先说的论著。

《过程研究》全书以辨析翻译的"义-意"形态为研究对象，以溯源"义-意"形态成因及其体认与建构范式为哲学基础，以表征翻译理解与表达认知思维过程的区间规律为旨归，系统阐释了翻译认知过程的主客互动及其理据，从不同维度揭示了翻译活动的本质。十分明显，这是作者10多年来对《翻译学理论系统整合性研究》的继续深化，现在的研究融通了词汇学、语义学、语用学、信息语用学、认知语言学、功能语言学、跨文化交际学、语篇语言学、语境学、美学修辞、阐释学、符号学、逻辑学、文学、中国古典文论等学科理论资源，并从心理学、发生论、本体论、实践论、认识论、价值论、分析哲学层面对认知翻译过程研究作了多维度阐述，可清楚地看到作者对翻译认知过程描写的方法与手段又有新的提升。他采用多模态手段如使用图片、框架、箭头、角色体验等多种感官元素将"义-意"识解与表达的推动程序描写出来，便于我们直观地了解翻译过程思维运作的路径，感知其主观认识和客观制约条件的互动关系。这是作者在翻译认知理论上的又一创新发展。利沙教授在"体验-建构融通翻译过程研究综合范式"之下建构了四个相辅相成的子模式。这些模式能够分别从语词、义素、概念、短语、语句、语段、语篇等翻译的宏观-中观-微观层面对翻译的认知过程进行程序性的描写。这种创新的理论模式，总是与翻译实践紧密结合，是可以进行实际操作的。这种既有深度又有高度的翻译理论，值得我们加以重视和宣扬啊！

（三）

综上所述，我认为：利沙教授在翻译认知过程研究方面，取得了突破性进展,丰富了认知翻译理论的内容,为翻译理论研究和外语教学研究提供了新理念、新视野、新方法,其模式体系具有实际可行的跨学科理论基础,是语言学、翻译学、教育学、文体学理论的综合体现。该书解析的译例典型、材料新颖、题材丰富、体裁多样、视角宽厚,选取的无论是古今中外的名家典籍,抑或是社会、经济、文化、教育、旅游娱乐的寻常文章,都有现实意义。特别是该书中的重要思想,都具有扎实的理论基础和雄厚的文化底蕴,利沙教授的理论阐述具有系统性,观点新颖,解析全面,提出的开放性认知翻译具有主客互动的规律性观点,对翻译和教学实践具有启迪性和学术意义。值得推举的是,全书概念清晰、图文并茂、逻辑严密、引证规范、各章主题思想明确。同时还应指出,《过程研究》以大量实验数据为基础,进行实证分析,其研究范围超越翻译本身,拓展了其翻译过程所体验的内容,包括社会体验、自然体验、人生体验等诸多方面。他提出了理解语言就是理解生活,理解语言的意义就是体验人生喜怒哀乐、生老病死、爱恨情仇等生活经历。翻译理解与表达的过程就是基于对不同社会、不同历史时期、不同人生阶段的人生百态所体验的"义"与"意"的建构过程。十分明显,这种体认式翻译过程研究对于外语教学及其相关人文学科研究具有融会贯通的实际借鉴意义。

近些年来,曾利沙教授曾应邀到30多所高校讲学,介绍自己最新的研究成果,受到师生们的热诚欢迎,这是可以理解的。正如他在扉页上撰写的"对语言学习、翻译与求知的感悟":"探究方法之过程贵在探索思想,探索思想之过程贵在锤炼思维,锤炼思维之过程贵在勇于创新,勇于创新之过程贵在奉献社会,人生最高境界在于从中获得乐趣,乐趣源自人的持之以恒的努力付出。"这种注重"过程"的精神多么值得我们新时代加以弘扬啊!我认为,"奉献社会""努力付出"是真学者肺腑之言,也是新时代外语教育界和翻译界同仁爱国情怀的生动体现。因此,在这里我要感谢科学出版社领导及其编审同志慧眼识珠,向他(她)们表示崇高的敬意,在疫情期间完稿的《过程研究》即将面世了,谨向亲爱的读者和作者利沙老师致以衷心的祝贺!

是为序!

李亚舒

于北京中海馥国

2022年4月19日

前　言

　　近20年来，国内外翻译理论研究学派或视角层出不穷，学者们借助交叉学科的理论方法解释翻译的不同性质、不同层面、不同维度的问题，极大拓展了翻译理论研究的疆域，深入揭示了翻译的多维本质属性，也对翻译学理论发展和本科生、硕士和博士研究生人才培养起到很大推动作用。其中不乏具有创新性的系统理论研究成果，如黄忠廉教授的《变译理论》、李亚舒教授的《科学翻译学探索》、胡庚申教授的《生态翻译学：建构与诠释》、文旭教授和肖开容教授合著的《认知翻译学》、王寅教授的《体认翻译学》、许建忠教授的《翻译教育学》，等等。翻译活动具有跨语际和跨文化的特殊属性，但从具体操作层面看，对翻译实践的任何理论认识都离不开对"义"与"意"的语言文化和哲学思辨，脱离了对各种"义"与"意"形态转换认识的翻译理论无疑是隔靴搔痒，不能真正把握或领悟翻译活动的真谛。翻译实践的多样性、多变性、复杂性、发展性、广延性形成了一个个值得深入研究的问题，这种问题导向原则注定了理论研究必然是一个长期渐进的认识过程。

　　长期以来，笔者的一系列专著是围绕翻译理论与实践的一系列问题展开的，如《翻译学理论多维视角探索》（2012）、《翻译学理论系统整合性研究》（2014）、《商务翻译研究新探》（2016），这些专著所关涉的理论研究都是根植于翻译实践的，探讨了理想译文的应对之策与具体操作技法，将对各类翻译问题的本质剖析上升为宏观-中观-微观系统理论认识。笔者的相关理论研究基本上都是基于平时在本科生、硕士和博士研究生人才培养教学过程中发现和解决的问题，是以难点重点问题为导向的。本书的问世就是笔者在20多年来翻译教学理念与方法方面探索的成果，反映了翻译教学中对文本"义"与"意"的形态及其关系辨析以及理解表达的一系列理论与实践问题，其理论方法论的重要特征就是主客观互动理据的系统性研究，体现为体认-建构融通式思维运作结构链：符号激活概念，概念激活义素，义素激活内涵，内涵激活特征，特征激活意象，意象激活想象，想象激活参与，参与激活体验，体验激活知觉，知觉激活辨析，辨析激活判断，判断激活义-意，义-意激活语境，语境激活模拟，模拟激活行为，行为激活关系，关系激活参数，参数激活关联，关联激活描述，描述激活建构。

在大数据时代，机器辅助翻译技术日益进步，使用范围和场合越来越广泛，相关图书资料异常丰富，互联网上海量的有关翻译的知识与技法、共享课件、经验介绍、平行文本等资源即时可得，这些无疑对翻译教学提出了很大的挑战：案例讲解不再是囿于基本翻译技巧或方法的简单介绍，而是需要从翻译人才培养的教学目的、要求、思想、理念、内容、方法、手段、时效等方面进行改革创新。从现状看，国内外讨论翻译基本理论和技法及经验之谈的教材、编著、论著及相关研究论文可谓汗牛充栋，但以翻译实践难点重点"问题-解决模式"为导向，理论方法与实践操作紧密结合，且突出可分析、可阐释、可描述、可推导、可确证、可操作性的研究成果并不多见，尤其缺乏对翻译过程认知机制的系统研究。为此，笔者将体验哲学观与建构主义教育理论紧密结合，创构了"体验-建构融通式笔译教学创新模式"（曾利沙，2013），突出了理论与实践结合、归纳演绎并举、宏观微观互动、内容特色鲜明、多模态兼顾的教学方法论体系。该模式的重要观点是理解语言就是理解生活、理解语言的意义就是体验对不同历史社会文化生活经历的经验与感悟；翻译理解与表达的过程就是基于体认的"义"与"意"的建构过程，体认形态的范围涉及社会、自然、体验、人生、形象-情感、感官感觉（味觉、触觉、嗅觉、视觉、听觉）、经验、时空、关系、心智、角色、文化、视角变换体验等。

本书重点围绕翻译过程的认知机制及其主客观理据展开，全面系统地针对"义素-字词-短语-小句-语段-语篇-语境-社会-生活体验-文化体验-思维体验"等语言与非语言层面的理解与表达过程的理论与实践问题进行了程序化、推演化、理据化、形象化、可视化解析过程，强化了对科学思维与艺术思维的区别与联系的认识，并从思维运作理据层面对翻译活动的本质认识提供了一系列可描述、可阐释的基本概念知识结构，如定义、外延、内涵、前提、预设、蕴涵、含意、种属、命题、范畴、属性、推论，以及形象、情感特质、意象、意境、人物性格、关系、情节、矛盾冲突、艺术再现、艺术表现、艺术再创等。

本书的主要特色与创新之处体现在以下五方面。

一、突出了以难点重点翻译问题为导向的典型案例评析。精选的案例能充分反映中西社会文化生活中的人生百态、生老病死、酸甜苦辣、艰难曲折、爱恨情仇等丰富而复杂的内容，突出了语言的鲜活性、现实性、趣味性等特征。

二、突出了对翻译学习者综合素养的提升和潜能激发。难点和重点问题的解决突出了辨析、判断、综合、抽象、概括、归纳、演绎等认知过程的描写，对从词典释义分析出发到语境意义体验与建构的复杂心路历程给予层层剥笋、毫发剖析式的展示，帮助翻译学习者学会举一反三、触类旁通，从不同角度和层面对语言的"义-意"进行识解表达，将技能训练和思维训练相结合，提高其研习能力，激发其创新意识。

三、拓展学习者的理论知识结构。除了翻译学本身理论资源外，本书内容还融通了词汇学、语义学、语用学、信息语用学、认知语言学、功能语言学、跨文化交际学、语篇语言学、语境学、美学修辞、接受美学、阐释学、现象学、符号学、逻辑学、思维学、文学、中国古典文论等学科理论资源，并从心理学、发生论、本体论、实践论、认识论、价值论、分析哲学层面对认知翻译过程研究的维度做了阐述，为硕士生和博士生的相关选题论证提供了可供参考的依据。

四、创新了研究典型案例剖析过程的方法与手段。采用多模态手段（采用图片、框架、箭头、颜色、图解、实物、视频、角色模拟等多种感官元）将"义-意"识解与表达的推导程序描写出来，大大丰富了案例教学方法的内涵与外延，激发了学习者的兴趣。

五、创新了"体验-建构融通式翻译过程研究综合范式"。以王寅（2014）"现实-体认-语言"的体认原则为基础，以揭示"义-意"识解与表达过程的心智或心理机制和探索其区间规律性表征方法为旨归，建构了相辅相成的四个子模式（型）：如"解码—自证/他证—编码"模式、"义-意"体认与建构连续统、"义-意"体认与建构的翻译过程心理激活链、"语境参数理论"、历时性社会文化视域下的主题以及主题倾向统摄认知机制。这些模式（型）论证了"义-意"识解与表达所激活的各种关联性体验形态，突出了翻译思维形式和思维形态导引过程，提供了更具可分析、可阐释、可推导、可确证、可操作的教学理论方法。

在本课题在研的几年时间里，笔者先后受邀到国内近30所高校外国语学院或高级翻译学院做学术讲座，讲座内容主要涉及"体验-建构融通式教学创新模式"及其相关子模式的理论方法，受到师生们的一致好评。本书选取了笔者主持的国家社科基金项目结项成果中偏重理论部分的内容。在本书即将出版之际，笔者首先要感谢夫人李珂多年来对笔者的大力支持和生活上的关心以及对笔者教学方法和本书撰写所提的有益修改建议；其次，要感谢的还有笔者的几位博士生，他们将"体验-建构融通式笔译教学创新模式"用于自己的教学改革与科研中，并取得了可喜的成绩，也获得了学生的好评。他们是重庆师范大学的杨洁教授、海南师范大学的马海燕教授、广东金融学院的杨贵章和邓薇副教授、广东外语外贸大学学报编辑部的王俊超博士。王俊超通读了整个书稿，并对文字进行了认真的审校。广州商学院的袁鑫和杨粤青两位博士生参与了本书的资料收集整理和案例分析的讨论，并撰写了部分章节的案例分析。此外，承蒙我国翻译界资深学者李亚舒教授为本书撰写序言，他对后学一直总是给予热情的勉励，对本书的结构内容提出了宝贵意见，特此深表谢忱！最后要感谢的是科学出版社的常春娥责任编辑，她对本书的出版申请给予了热心的支持，为本书书名和文字修订提出了很好的建议，尤其是在文献规范方面反复和笔者进行沟通，付出了大量的时间与精力，在此特表衷心感谢！

曾利沙

2022年5月5日

词典名简称和全称的对应

简称	全称

AHD *The American Heritage Dictionary*《美国传统词典》

CALD *Cambridge Advanced Learner's Dictionary*《剑桥高阶学习词典》

CED *Collins English Dictionary*《柯林斯英语词典》

CIDE *Cambridge International Dictionary of English*《剑桥国际英语词典》

CLDAE *Collins Learner's Dictionary of Advanced English*《柯林斯高级英语学习词典》

CMECD *A Comprehensive Modern English-Chinese Dictionary*《现代英汉综合大词典》

DK *DK Oxford Illustrated English-Chinese Dictionary*《DK·牛津英汉双解大词典（插图版）》

LDELC *Longman Dictionary of English Language & Culture（English-Chinese）*《朗文当代英语大辞典》（英英·英汉双解）

MDEL *Macmillan Dictionary of the English Language*《麦克米兰词典》

MED *Macmillan English Dictionary*《麦克米兰词典》

NOECD *The New Oxford English-Chinese Dictionary*《新牛津英汉词典》

OAED *Oxford Advanced English Dictionary*《牛津高阶英语词典》

OALECD *Oxford Advanced Learner's English-Chinese Dictionary*《牛津高阶英汉双解词典》

RHWCD *Random House Webster's College Dictionary*《蓝登书屋韦氏英汉大学词典》

WNNCD *Webster's Ninth New Collegiate Dictionary*《韦氏新大学词典（第9版）》

目　　录

第一章

导　论

　　翻译理论与实践以及翻译教学研究都涉及一个共同课题，即译者主体对客体（文本意义）的识解过程以及语言文化和思维差异导致的翻译问题及其对策、视角与方法等。王宗炎（1984）认为，翻译的本质在于辨义，但"义"不能反映客体全部的本质属性。文本意义可分解为概念与句法结构的基本语"义"和语境赋予的各种含"意"，二者互为依存，因此语言学和翻译学所论的"意义"实质上就是"义"与"意"的综合体（简称"义-意"）。笔者认为，"辨义为翻译之本"宜修正为"'义-意'形态识解为翻译之本"。无论是哲学研究或语言哲学研究，或语义学、语用学、认知语言学、语篇语言学、社会语言学、修辞学、接受美学、阐释学、现象学、语言哲学、文学等学科理论，"义-意"形态都渗透其中，是一切研究问题的起点，而探究其本质特征与认识规律则是终点。翻译学科理论发展及其跨学科理论视角的一切问题都离不开对"义-意"的辨析。就翻译研究而言，译者对客体的这种"义-意"形态辨析过程其实就是一种综合运用各种知识的识解活动，关涉对各种思维运作机制的认识，故成为翻译理论与实践研究的核心问题。脱离了对各种"义-意"形态识解与表达的认知机制研究，翻译理论有可能成为一堆空洞无物的抽象概念，会成为无本无源的纯主观的、思辨性认识，对翻译实践则失去实质性的指导意义。

　　从宏观认识层面看翻译活动，对"义-意"形态的识解与表达可视为"解码—编码"两个相互关联的维度，或可描述为"理解-表达"的跨语言文化交际的两个阶段。刘宓庆（1999：85）用翻译中的"解码-换码模式"表述翻译理解与表达的认知思维过程，他认为理解所进入的深层系统就是获取源语的信息系统，并将其深层概念系统转换为目的语的深层系统。从认知思维角度看，理解与表达过程并非如此简单。无数的翻译实践过程证明，从理解到表达并非简单的信息系统的获取或概念语义解码与换码的两个阶段，其间还必须经历一个自证或他证的认知思维活动过程，两个阶段之间还有个中介环节，那就是"解码（理解)—自证/他证—编码"模式,形成一个相互联系、相互印证的连续统(曾利沙,2014a:59)。本书第五章将重点阐释该模式的特点及通过认知翻译过程研究表征的各种认知机制。

语言符号是思想的载体,思想是人们直接或间接地体验各种社会历史文化生活形态而获得的经验和理性认识,既有传承性又有独创性。前者体现为一个民族语言文化和智慧的结晶,后者则不断赋予语言文化以新的生命,推动着社会发展。思想只有通过语言符号的编码进行有序的、符合规范的组织才能有效地进行传播,在人际交流中达到符合预期的沟通。从微观认识层面看翻译活动,译者在解码或理解之维阶段中,首先还必须还原作者本人的"编码"过程。原作的编码是指作者将自己通过观察和体验,对各种生活现象形态和本质特征及各种联系的感悟、思考和认识进行概念化或有序结构化的过程,其思想内容被蕴含或浓缩在主题或话题统摄下的形式结构中,且不同作者都有自己比较独特的创作风格和表达方式。王寅(2005:17)从体验哲学(embodied philosophy)观出发,指出翻译具有体认性,这种体认构成了不同语言之间具有互译性的认知基础。翻译的体认性既表现为原文本是作者对现实世界的体验和认知,又体现出译者对原作者的体认方式和原文本语言形式与内容的认知和理解。笔者认为,译者主体的解码或理解过程本质上包括了对原作者编码的识解过程;或者说,翻译活动解码的一个前提就是译者在理解原文的"义-意"形态时,必须将文本中概念化了的语言符号及其有序结构形式的内容还原为特定的生活场景,即回到文本语言符号所激活或指向的特定生活形态,再考察作者是如何通过观察、叙述或描写视角艺术性地将生活场景和自己的创作意图转化为荷载各种概念"义-意"形态的语言符号。缺失了这一前提,任何译者若只凭双语词典释义或词典译文和自己掌握的双语语法知识及规范,都难以获得对原作文本思想内容完整正确的理解和表达。

然而,表达思想的语言虽然反映和摹写生活,却并非完全直接地表达社会生活现实,语言和社会生活现实之间在一定程度上存在"隔阂",需要译者或读者去补充、充实、完形,甚至参与建构文本的意义。例如,从接受美学看,对于文学文本中的"空白点""结构缺省""召唤结构"等,需要译者参与对这些"义-意"形态的充实或重构。这一切都需要译者主体调动自己的各种认知思维能力,参与这些"义-意"形态的建构,只有充分识解这些隐含的或缺省的"义-意"形态,才能进入译文的编码维度或表达阶段。孙艺风(2004:111)在论述翻译的理解和阐释的关系时认为,理解是阐释的开始,阐释是理解的深入,二者具有雅各布森(Jakobson)所论的"语内翻译"特点。译者不仅需要对原文做出理解，还需要对译文生成过程做出阐释，这就是"双重阐释"或"二度阐释"。由开始理解到最后表达，译者有时可能会发现自己理解不足或误解、曲解原意，有意识地通过深入阐释而自我纠正原先的理解。实质上，这就是译者在由理解到表达过程中经历的一种自证行为。孙艺风以对某论文摘要中的"理解是表达的前提和开端"进行英译时出现的理解和用词不当问题为例进行了说明，该英译为"Comprehension is the prerequisite for and beginning of expression"：若孤立看，"前提"和"开端"的英译文无懈可击，但在英译文语境中，beginning of expression造成歧义：①这个短语似乎是表达过程的开始，又似乎是表达过程开始之前；②源语里"开端"不是与"前提"相提并论了吗？不然便是表达开始后（无论在开端的何处）才谈到理解？他建议译为：Comprehension is the prerequisite for and **antedates (predates)** expression，这就是自证的互证行为：一方面证明他者的不当之处或误译，说明成因；另一方面提出自己认为正确的选词择义，从语义逻辑角度做出有理据的阐释，以证明自己译文的语境适切性。

这种现象说明翻译过程中认知逻辑导向的作用，由于双语的语言概念及表达的差异性、多义性、歧义性、模糊性、多变性、语境依赖性，译者主体必须对自己选词择句的主客观性做出有理有据的自证或他证，即对"义-意"形态识解与表达的确证。译者一般都会经历一种证明自己的某种理解是正确或不正确的，或证明他者的某种理解是正确或不正确的过程。确证主义观认为，要确证一个事物就必须从主观和客观两方面进行，而主观和客观的确证都需要知识（陈嘉明，2003：90）。当代西方知识论中产生了证据主义（evidentialism），明确主张确证完全取决于证据，认为某一信念在认识上的确证是由认识者有关该信念的证据的性质所决定的，其代表人物是齐硕姆（Chisholm）、费德曼（Federman）等（陈嘉明，2003：222）。确证主义观对认知翻译过程研究显得十分重要，特别是对多种译本的译文评价，更需要主客观理据的确证。如上文引用的实例就要求译者对选词择义具有敏锐的逻辑关系辨析之认知思维能力。

翻译理解与表达的确证过程是译者主体认知思维发挥其作用的过程，也是调动各种相关理论和经验结构知识互动互参的认识过程。只有通过积极的认知思维，运用各种潜在的交叉学科理论知识，充分把握了文本"义-意"形态并经过验证或确证后，才能进入译文"编码"或"表达"阶段。故"解码—自证/他证—编码"结构链模式基本上涵盖了译者在整个翻译过程中的各种认知思维或心智活动，翻译的复杂性与丰富性都体现在这一结构链中。

基于此种认识，本书提出一种新的论断（hypothesis），即译者对语言文化翻译理解与表达的自证与他证能力高低取决于他/她对不同社会历史文化生活体验感受的深度与广度，以及对语言反映生活但并不直接摹写生活这一关系的认知度。译者若要正确理解与表达原文语言蕴含的"义-意"形态，必须在认知思维活动中通过各种手段还原语言所描写的形态各异的社会生活场景，感受和理解各类人物内心活动的不同特质、体会人物内心情感及人物关系之间的矛盾冲突，或再现自然景物所激发的共鸣等，然后验证语言符号解码与编码的各种内在逻辑联系，在此基础上再参与语境化意义（contextualized meaning）的重构。由此而生的一个重要理论观点是：理解语言就是理解生活、理解语言的意义就是体验感受人生酸甜苦辣、喜怒哀乐、生老病死、爱恨情仇、曲折跌宕、艰难困苦、快意幸福等的生活经历；翻译理解与表达的过程就是基于对不同社会、不同历史时期、不同人生阶段的人生百态所体验的"义-意"的建构过程。这些体验形态包括社会体验、自然体验、人生体验、形象体验、情感体验、感官体验（味觉、触觉、嗅觉、视觉、听觉）、经验体验、时空间体验、关系体验、心智体验、角色体验、文化体验、视角变换体验等多向度思维视角的综合运用。这就是笔者在翻译教学理论与实践研究中提出"'义-意'体验与建构融通式"创新模式的体认语言学基础，该模式也是认知翻译过程研究核心理论的重要组成部分。一种翻译理论只有在问题-解决过程中才能深入剖析翻译活动的变化规律，揭示实践主体对改造客体的价值取向中的原则认识或对策方法，并由经验感性认识上升为普遍理性认识，再上升到实践理性认识。这就是本书研究的宗旨和理论研究目标。

为了深化和拓展翻译研究的维度和广度，本书奉行问题导向原则，将各种翻译难点与重点问题作为翻译过程认知思维研究的重点，讨论的典型实例都旨在揭示复杂的文本特征，如语言的多义性、不定性、不自足性、模糊性、歧义性、变异性、隐晦性、隐喻性、间接性、缺省性、语境制约性、召唤结构、建构性、连贯性、衔接性、互文性、陌生化、风格适切性等（曾利沙，2014a：192）。在研究对象与范围方面，本书突出宏观-中观-微观互通的原则，将义素-字词-短语-小句-语段-语篇-语境-社会-生活体验-文化体验-思维体验等语言与非语言层面的各种难点问题纳入翻译认知思维机制研究中。在方法论上，本书强化了对翻译难点重点问题解决对策的程序化、推演化、理据化、形象化、可视化解析过程，如给有些译例配上反映生活场景和人物形象的图片，或以图解的方式程序性地描述思维推论的可操作性过程。这种可直观的研究方法强化了对翻译活动本质特征的认识，深化了对艺术思维与科学思维的区别与联系的认识，并从思维运作理据层面对翻译活动过程的认识提供了一系列可分析、可描述、可阐释、可推论、可印证的基本概念知识，如定义、外延、内涵、前提、预设、蕴涵、含意、种属、命题、范畴、属性、推论，以及形象、情感特质、意象、意境、人物性格、关系、情节、矛盾冲突、艺术再现、艺术表现、艺术再创等，将其融入典型案例的翻译理解（解码）与表达（编码）过程中。

本书共十三章，第一章为导论，导论对本书的研究背景与主要思路等进行了简要说明。

第二章讨论认知思维与翻译过程研究的概念辨析，主要任务是对核心或关键概念做出科学界定。主要观点是理论研究必须对概念做出明晰的外延和内涵界定，概念内涵不明必然导致概念的规定职能不明。本章将认知过程界定为"一种由一系列相辅相成的思维形式和方式联动运作的意识活动过程"，其思维运作包括感觉、知觉、辨认、联想、分析、推导、判断、印证、析取、抽象、分类、概括、综合等，并阐发了"研"与"究"的内涵特征与创新之道。

第三章阐述翻译过程"义-意"体认与建构研究的哲学基础。一门学科理论的发展必须具有科学基础，尤其是哲学基础。其主要观点是认知翻译研究应从哲学高度去领会或把握认知视角下翻译研究的理论方法和系统方法，不宜局限于体验哲学和认知语言学的理论与方法维度。本章从多维视角论述了认知翻译活动关涉的"义-意"识解与表达过程研究的主客观互动的哲学依据，并对其研究内容进行了系统描述。

第四章论述翻译过程"义-意"体认识解与建构的认知机制。主要观点是认知翻译学宏观理论研究目标、要求、对象、任务、方法等必须与微观翻译实践紧密结合，其重要任务之一就是研究不同的体认形态在翻译认知过程中的具体表现，研究者应坚持由上而下和从下至上并举的方法，从典型归纳中演绎出相应的认知思维运作的规律性表征。本章剖析和阐释了自然环境与时空感知体认、社会体认与角色体认、生活体认与关系体认、形象体认与情感体认等与"义-意"建构的主客观理据关系。

第五章论证了"解码—自证/他证—编码"模式："义-意"体认-建构过程连续统。主要观点是传统所论的"编码—解码"模式过度简化了语言理解与表达的认知过程。实质上，在文本"义-意"的解码之前，读者或译者还需识解原作者是如何编码的，即如何将自己的生活经历和思想感情等用艺术性的语言形式表现出其特定的"义-意"形态。但是生活体验与感受同语言形式之间是有距离（gaps）的，而且具有个性的语言形式又往往具有不定性，读者或译者只有知道作者是如何充分利用语言形式的特点和语境互参的照应性才能进行解码。本章提出语境统摄论，读者或译者对语境中词句"义-意"的解码过程（感知、回忆、联想、知觉等）必须包括对自己的判断进行自证（证明自己的理解是否正确，或确证或否定）或对词典释义和他人的理解正确与否进行他证。只有在此基础上才能过渡到编码，而编码同样需要自证或他证，即在目标语中的语境适切性。本章创建了翻译过程心理激活链认知模型，该模型从理论方法上描述了"解码—自证/他证—编码"这一心理过程体现出的认知思维运作连续统，是主客观互动的思维理论表征。

第六章详述了"义-意"体认与建构过程中的认知思维形态。主要观点是认知翻译过程研究除了系统描述客体价值属性如"义-意"形态范畴外，还应系统描述译者的认知思维特征和思维方式。斯宾塞（Spencer，1892）认为，科学的最高成就在于解释现象的种种规律，本章归纳和概括了翻译认知过程研究中运用的思维方法、思维形态和规律表征，旨在将认知翻译过程心理活动中每一步推导程序的思维进行定性概括并提供主客观理据的充分证明。

第七章是语境参数理论框架下的翻译认知过程研究。语境参数理论是对传统语境观的一种创新性突破，弥补了传统语境理论观的不足和局限。主要观点是任何形式的认知思维形式或特征只是认识主体对自身的心智运作过程的自我反观，具有主观性。虽然各种"义-意"形态也反映客体的价值属性特征，但思维运作或心智活动并不能保证对各种复杂现象下文本"义-意"形态识解与表达的准确性或适切性，必须建立一个可分析、可阐释、可推论、可描述、可实证、可操作、主客观相统一的理论框架。本章重点论述了语境参数理论的性质、特点、定义、分类方法、功能、理论假设、认知机制、运作原理等。语境参数的理论贡献是能使"义-意"识解与表达的选词择义之主客观理据进行可证伪性分析，可以对哪些判断是主观不当的，哪些是客观可证的，二者是如何互动的心智活动进行程序性分析与综合。

第八章辨析了隐喻"义-意"识解与表达的主客观理据。隐喻形式变化多样，新奇隐喻尚未引起翻译研究者的充分注意。此外，隐喻在语境中的识解与表达的认知规律也未得到应有的研究。主要观点是：对隐喻"义-意"形态的丰富性、多变性、思想性、意向性、语境制约性、创译性等认知机制研究必须在语境中才能给予有理据的可证性。本章提出了隐喻的范畴化研究，内容涵盖了隐喻概念的类型、形态资源、本质属性、价值析取、体认-建构的认知推导程序、隐喻译创的主观理据性、隐喻的语境关联制约性等。

第九章讨论了文学翻译认知过程的本质属性与译者主体性。主要观点是：文学翻译实践和文学翻译理论研究需要文学理论知识，但若要揭示文学翻译的本质、评价文学翻译的质量、总结文学翻译的规律还需要语义学、语用学、认知语言学、语篇语言学、语境参数论等多学科的理论知识和方法。文学语言具有多义性、未定性、抽象性、空泛性、隐喻性、意向性、隐晦性、模糊性、歧义性、经济性、结构空白、语义缺省、语境嬗变、含义充实等典型特征，若译者或研究者不会运用认知能力去感知、分析、甄别、判断、推理、选择、加工、补缺，综合完成对作品"义-意"形态的识解，文学翻译活动就会变成一种凭借双语知识和语感能力来对词典工具加以运用的过程，或依据词典提供的释义去移译原文概念语义和结构形式。主要论点是：文学语言的语境体认与翻译的艺术再现具有密切关系；人物情感识解与艺术表现的适切性需要对主客观理据进行全面细致的论证。本章还从不同方面揭示了文学翻译艺术再现和表现的本质特征，说明了文学翻译活动是一种集各种感官于一体的综合性认知体验活动，涉及对大自然万事万物的形象描写和对人物丰富的内心情态特征的细腻把握。

第十章剖析了语篇"义-意"识解与表达阈限：主题与主题倾向关联性融合。主要观点：语篇翻译过程的认识机制研究必须建立一个宏观-中观-微观相统一的理论框架，即主题与主题倾向关联性融合之统摄机制，一切语篇翻译问题在这个阐释框架内都可以得到解释。该阐释框架融合了语篇语言学、认知语言学、文学理论、刘勰的情之经和理之纬、钱钟书的"阐释之循环"、语境参数等理论资源。本章对上述若干核心概念都进行了相应说明和界定。

第十一章探讨了宏观-中观-微观视域下小说翻译艺术表现的认知机制。主要观点：小说翻译过程的认知机制理论研究需要建构一个历时社会文化关联下的主题及主题倾向统摄机制之宏观-中观-微观结构要素链：话题→宏观主题→中观主题→微观主题→主题倾向→宏观语境→微观语境→作者意向→主客观理据→"义-意"识解→语境参数→选词择义→义素辨析→语境适切→艺术再现（表现）。研究者在分析小说翻译认知过程时若脱离了这种宏观结构要素结构链，仅从文学性、接受美学、修辞、文体风格等角度说明翻译认知过程，容易导致片面性。研究者需要从宏观-中观-微观视域对"义-意"识解选词择义的主客观理据做出系统性阐释与程序性描述，多维度地深入揭示小说翻译的多重本质特征，以更好地指导小说翻译实践。

第十二章描述和论证了宏观-中观-微观阐释框架下的论说文与说明文文本翻译过程阐释。主要观点：任何文体的语篇都有共性，即都受话题、主题、次级主题、主题倾向、作者意向、风格特征的统摄；但也有特性，尤其是其功能特征和语言风格特征在翻译过程中往往需要被突显。本章通过对节选语篇或整个语篇的翻译过程进行剖析，阐释了如何从语段或语篇中抽象概括出宏观结构要素内容的认知机制，论述了语段（篇）"义-意"的识解与表达过程。其论点是：脱离宏观主题、次级主题及主题倾向而讨论语境对选词择义的影响，往往缺乏充分关联性理据。

　　第十三章解析了散文语篇翻译体验与建构过程。主要观点：散文翻译应注重对"义-意"识解与表达的体认性，即深入领会作品神韵和旨趣。作品以特定视角反映社会生活现实，译者应体认作品所关涉的社会文化生活、各种人文历史和地域环境，再结合背景信息从整体上理清语篇思想内容的脉络，把握其意蕴，了解作者托物寄寓的丰富内涵。在具体操作上，译者应善于从关联性线索词句中把握作品主题及主题倾向，透过细节描述激发丰富联想，把握更深刻的道理，即小中见大，以便在译文中传神地译出原文的旨趣。此外，本章通过一个典型语篇的翻译过程研究，对散文风格特征及语篇翻译过程研究的原则要求进行了建设性说明。

　　本书对翻译过程的认知机制研究，涵盖了宏观-中观-微观层面的语言"义-意"形态识解与表达问题、语体风格辨析与表达问题、认知思维运作实证问题、主客观互动理据问题，以及实践结构、认识结构和方法论结构相统一的规律表征问题，在一定程度上为翻译过程研究提供了具有参考性的综合理论分析框架。

第二章

认知思维与翻译过程研究的概念辨析

2.1 概　说

在中西翻译理论研究中，有些理论概念由于缺乏科学严谨的内涵与外延的界定，定义模糊，指代不明，互相交叉，甚至产生循环定义。还有的理论概念论域不明，未能区分其理论职能的特殊性和普遍性的强弱作用。例如，奈达（Nida & Taber，1982）提出的翻译理论概念"动态对等"（dynamic equivalence）、"功能对等"（functional equivalence）、"灵活对等"（flexible equivalence）和金隄（1998）所用的概念"等效"（effective equivalence）都没有对其理论职能定性，也未能明确其理论职能的辖域。同样，"翻译原则"和"翻译标准"这两个概念一直是我国译学界早期争论的重要论题，研究者在未能严格明确其定义的前提下，将"原则"和"标准"概念混淆，造成了"翻译标准何其多，何以断是非"的局面（彭长江，2000）。再如严复的"信、达、雅"，钱钟书的"化境"论，傅雷的"神似"（重神似不重形似）论等，都没有对该理论做出明晰的内涵与外延界定，只是给予描述性的经验感性认识。钱钟书所论的"原作的'投胎转世'（the transmigration of souls），躯壳换了一个，而精神姿致依然故我"，或译文不能"因语文习惯的差异而露出生硬牵强的痕迹"，又能完全保存原有的风味（钱钟书，1984b：267）就是一种经验感性认识。译学界将其视为"最高标准（或理想）"并非一种对理论概念符合逻辑的科学表述，因为检验译文的标准必然包括主观标准和客观标准，客观标准是指对客体自身的各种价值属性（对主体而言）的定性概括与分类，是参数或主观评析的依据；主观标准是针对客观标准的一种倾向性要求，即主体接受或改造客体的规约性内容，原则与标准之间具有连续统的关系（曾利沙，2017a）。郑海凌（1999）提出了文学的"翻译标准新说：和谐说"，核心论点或客观依据就是：文学翻译的根本问题是"异"（双语语言文化的差异度）。和谐说的主观理据是对求同存异的"度"或"分寸"的把握，"度"是"中""和"的本义，是"中""和"的实现行动。从概念使用的严谨性看，和谐说实质上是一种文学翻译观或一种翻译理念，严格地说不能笼统地将其视为文学翻译标准，或只能纳入"主观标准"的范畴。

科学理论研究需要概念，概念反映某一类事物、现象所包含的范围，同时也反映其本质或特征的思维形式（张绵厘，1993：12），尤其是科学概念能够比较深刻地反映事物的本质。"内涵体现着认识对象的质的规定性……外延是概念所确指的对象的范围，即概念所反映的全部对象。"（张绵厘，1993：14）冯契（1996：62）认为，概念对现实的规范作用无非是"以客观事物之道，还客观事物之身"，即用正确摹写了现实的概念反过来规范现实，同时又在对现实的规范中进一步去摹写现实。从逻辑学角度看，就是以概念的内涵与外延（即规范现实的前提）为标准去衡量具体、特殊的现实事物，把现实事物中能满足这套标准的那些事物归并到该概念所概括的类之中。只有当概念正确地反映现实事物，才能用作标准去有效地衡量、框范现实事物（彭涟漪，1999：139）。作为翻译学科理论概念，我们有必要澄清其外延与内涵，尤其是要考察其是否正确地反映了翻译对象的本质特征，并辩证认识其对现实的规范作用。

译学界对翻译"原则"和"标准"的混淆和模糊认识与我国学界对这两个概念的界定有关。《辞海》（1989年版）[①]和《现代汉语词典》（2002年汉英双语版）[②]对"原则"的界定大同小异：原则是指"观察和处理问题的准则（绳）"，"准则"是"言论、行动等所依据的原则"。在此定义中，"准则"（依据的标准或原则）是"定义项"，用于揭示和明确被定义项"原则"的内涵。然而两词（辞）典对"标准"的界定却是"衡量事物的准则"。这实际上是循环定义："准则是作为依据的标准或原则""标准是衡量事物的准则"，将其与"原则"的定义合并则为："原则是观察和处理问题所依据的标准或原则（即准则）"。循环定义造成概念的模糊认识：既不明其内涵界定及其本质区别，亦不明二者之间究竟是同一关系还是从属关系，两概念的外延是否完全重合或是一概念包含着另一概念的全部外延。可见，概念内涵与外延不明就可能使其处于随意的流变中，造成理论概念认识的不严谨，缺乏逻辑性。后续研究者也没有厘清这些理论概念的性质、职能、特征、目的、论域以及研究任务、方法、对象、范围。译文质量检验者或评析者只是运用这些抽象概念对特定的译文做出信或不

---

① 辞海编辑委员会编，1989 年版。
② 中国社会科学院语言研究所词典编辑室编，2002 年汉英双语版。

信，达或不达，雅或不雅，神似或不神似，"入化至境"或"不入化至境"等的主观判断（曾利沙，2017b）。

下面考察原则与标准在英语词典中的内涵与外延界定。"原则"在西方译论中为principle，其定义是：①a basic idea or rule that explains or controls how something happens or works；②a moral rule or standard of good behaviour（*CIDE*）[①]；在英语中有criterion和standard与"标准"对应，其内涵与外延界定是：criterion: a fact or standard by which you judge or decide about or deal with something; standard: usual rather than special, esp. when though of as being correct or acceptable.（*CIDE*）。

上述定义对"原则"与"标准"内涵作了本质区别。"原则"概念内涵的界定是指对如何行事的要求或是对行事及其方式的规约，或是某种良好行为的道德规范。而在对criterion的界定中则没有行事规约或要求的限定，而只是指判断、决定或处理某事情的依据；或某种条件或状况用作评判或考虑某事物的因素；对standard的定义侧重于相对具体的、客观的basis（依据）或公认的model（范式），尤其是用以衡量被认为是正确的或可接受的依据。据上述定义，我们可对翻译"标准"的理论职能做出如下规定：①在翻译过程中，它能为译者主体在实践中提供参照系，即客体的价值属性，如各种意义形态（曾利沙，2014a）；②对于检验翻译活动的结果（译文）来说，它能作为检验主体衡量事物的依据，代表"质"的规定性（曾利沙，2017a）。基于学科理论认识的严谨性与科学性要求，本章首先有必要对几个关键概念做出明晰的外延与内涵认识。

2.2　"认知"与"认知过程"及相关概念的内涵与外延

"认知"是思维学和认知语言学的重要概念，相关概念有"认知科学""认知过程"。先考察"认知"概念的英汉词典定义：Knowing, perceiving, or conceiving as an act or faculty distinct from emotion and volition (*DK*)。其外延是指"认知行为或能力"，其内涵是"感知、想象、理解"，语义较抽象，是指"学习、理解、辨认事物"或"思考、推导或记忆"。《思维词典》将"认知"定义为"指直接依靠主体感知能力和思维能力，而不借助实践手段认识客观事物的过

[①] 词典名全称与简称的对应请见目录前"词典名简称和全称的对应"，余同。

程，包括初认和再认。"（田运，1996：93）。词典定义内涵具有简约概括性，在实际意识活动中，其思维形式和特点可能要丰富和复杂得多。

"认知过程"可定义为"一种由一系列相辅相成的思维形式和方式联动运作[内涵]的意识活动过程"，其基本环节包括感觉、知觉、辨认、联想、分析、推导、判断、印证、析取、抽象、分类、概括、综合等。在这些思维意识活动中，人的认知过程依赖于语言概念和命题，还依赖于非语言形式的补充，如经验逻辑思维、形象思维和感性思维等意识活动。

相关概念"认知科学"的定义是"人的思想过程中信息处理机制的一门科学"（田运，1996：95）。认知科学涉及心理学、心理语言学、计算机科学、生理心理学、人类学和哲学等学科范围，是在信息科学、人工智能和语言学深入发展的推动下产生的。它以认知过程作为研究对象，研究人的大脑如何感觉、知觉，如何构词造句、归纳整理、分析综合，实现对客观世界的认识。认知科学的主要研究内容有：①人的意识、知觉、记忆、思维等过程；②记忆过程机制，外界信息的暂时储存、选择、分类、强化、唤起、联络的过程；③如何通过语义网络进行联想，唤起言词、概念、往事记忆，进行联想推论；④动机、情绪因素在认知过程中的作用机制，教育和训练在认知过程中对思维程序的改变和改良机制，认知系统操作的规律及其结构，语言及物理符号的处理过程（田运，1996：95）。

"认知""认知过程""认知科学"概念的内涵特征对认知翻译研究具有积极的指导意义，要求研究者深入把握这一系列相关的基本环节或思维要素形式或方法，揭示翻译过程中译者主体对改造客体过程中的认识活动的本质，并能科学地（运用系统的学科理论概念）反映客体运作和主体改造客体的规律。例如，英语语言发展中，出现抽象名词复数化现象（词尾加"-s"），违反了传统英语语法规则，但这一语言新变化却确实普遍存在于日常语言中。较常见的是从动词派生的名词复数化，其语义发生了嬗变。如例2.1~例2.3。

[例 2.1] Perched like six crows atop the group, surveying the wide expanse of **operations** of the shell, are the members of the committee of managing directors. (*Fortune*, August 26, 1991)（operations=subsidiaries that operate business）

[例 2.2] **Captures** of American commercial vessels were taking place in consequence of the order. [出自 *The World of English*, 1987(2): 68] (captures = the events of capturing vessels)

[例 2.3] Pope John Pau II's millennial schedule will include special audiences,

canonizations, and beautifications. （出自 *The Biggest Party Ever and You Are Invited*）(canonizations and beautifications = ceremonies of canonization and beautification)

在翻译过程中，译者不能简单地将其理解为数量特征而译出动词语义，应对其深层语义作出语境化识解。对于研究者而言，应系统地对其进行感觉、知觉、辨认、分析、推导、判断、抽象、分类、概括和综合等认知思维运作，揭示此类语言现象如何从特殊性转化为普遍性的过程，并对其做出主客观互动的理据描写，揭示这些认识客体的变化规律。诸如此类的翻译问题则成了认知翻译过程研究的重要课题之一。

2.3　"体认"概念的内涵与外延

"体认"源自体验哲学，其创建者有拉科夫（Lakoff）、约翰逊（Johnson，1987）等语言学家。语言体验观的核心论点是人的心智活动是基于体验的，人的思维具有无意识性，使用的概念具有隐喻性。只有通过人的各种体验（如感官体验、运动体验、七情六欲和生老病死等），"语言"才能与客观世界的"外物"产生联系。传统观中的意义指称论、客观主义哲学观、逻辑实证主义、真值条件论、科学主义、形式化等因未能将意义的生成与人的各种体验性因素密切联系而遭受质疑。

术语概念"embodied cognition"在国内有不同的中文译名，如"具身认知"（文旭和肖开容，2019）、"涉身认知"（谭业升，2020）、"体认"（王寅，2019）。从术语概念语义外延与内涵关系看，笔者认为前两种译文概念显得有点晦涩。"具身"是"具"和"身"的组合，"具"的概念语义模糊，是指具体或具象或是其他意思？"身"的概念亦模糊，是指"身体"或"身躯"？"具"如何与"身"的外延与内涵进行关联搭配，并反映现实与语言的认知关系？这都需要明晰的说明和界定。"涉身"的含义比较窄，"涉"是关涉或涉及某事某物，"涉身"的字面意思就是关涉或涉及身体的认知，是否能涵盖认知语言学核心概念"embodied cognition"的内涵与外延？如何用以揭示认知翻译活动的本质？

相对而言，"体认"能较好概括出英语术语的理论特征。"体认"的概念组合在汉语中是指"体察认识"（《现代汉语词典》第7版），是指人通过身体的体验性和观察视角或维度来认识客观事物，并将体验和观察者的认知方式融入或凝结于语言概念形式中。王寅（2019）根据体验哲学观和认知语言学观，将体认语言学的核心原则术语本土化为"体认原则"，体认过程是"现实—认知—语言"。他指出用简化的概念"体认"取代早期的"体验认知"，旨在突显语言概念形式的形成与现实生活之间认知思维的联结环节。在他看来，"体"的内涵是指"身体力行"和"互动体验"（感性）；"认"的内涵是指"认知加工"（理性）的过程。"体认语言学"的核心观就在于"坚信语言是人们在与现实世界体验互动和认知加工过程中形成的"，强调人的"认知"在"语言"与"现实"之间起着非常重要的联系作用。

笔者认为，体认语言学的这种"现实—认知—语言"连续统能反映语言中许多概念的形成与使用理据。例如，量词"群"（group）在汉语中千篇一律，缺乏丰富的概念内涵。但在英语中则富于变化，是通过体认方式获得不同的内涵丰富的概念化量词。"一群天鹅"中的量词是人们通过对天鹅这种美丽优雅动物的一个显著特征的体察和认知加工而成的：天鹅走路时高昂着头，挺着长长的脖颈，给人一种高傲优雅的神态之感。于是，pride（高傲）这个"特征评价性概念"后来被作为量词使用，如a pride of swans，并形成了类比式规律：凡是走路呈现出这种典型姿态的一群动物（如孔雀和鹅）或人（女芭蕾舞演员和女体操运动员）都可以用pride作量词，pride的内涵语义特征融入了客体外在神貌的形象义素和人的主观评价式情态义素。其他类似的典型事例还有许多：鹅这种动物走路也是如此，高昂着头，挺着长长的脖颈。但鹅掌宽大，走起路来呈现特殊的摆动姿态，故英语中就形成了goose-step的动词概念，并转喻到描写人的形象动作。如例2.4~例2.6。

[例 2.4] 一群天鹅/鹅/孔雀（a **group** of swans/geese/peacocks）

译文：a **pride** of swans / geese /peacocks

[例 2.5] 一群女芭蕾舞演员走过大街。(A group of danseuses walked across the street.)

译文：A **pride** of danseuses **goose-stepped** across the street.

[例 2.6] 一群花样游泳运动员昂首挺胸地走上游泳池边准备比赛。（A **group** of synchronized swimmers walked onto the side of the swimming pool, ready for competitive performance.)

译文：A **pride** of synchronized swimmers **goose-stepped** onto the side of the swimming pool, ready for competitive performance.

其体认式翻译过程模式描写如图2.1所示。

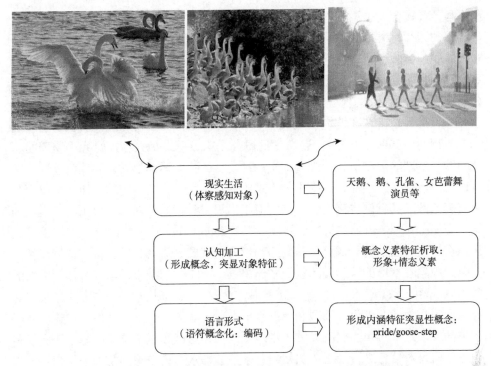

图 2.1 英语量词翻译的"现实—认知—语言"生成过程认知机制

认知语言学的"现实—认知—语言"原则观对研究翻译的认知过程生成机制或模式化研究具有原则性导向意义，需要对一系列复杂多样的认识机理做出明晰的描写，揭示其主客观互动的原理和理据。

2.4 "思维"概念的内涵与外延

认知翻译过程研究是"认知翻译学"的核心课题。国内外文献显示，翻译过程引发了许多翻译理论研究者的兴趣，他们根据自己的经验感性认识，试图将其上升为理论理性认识，建立各种翻译认知过程的描写模式。这些研究者们从不同视角，运用不同理论方法解释翻译的各种特点，但无论何种理论角度或模式，都必须涉及对文本复杂的"义-意"形态进行辨析的心智活动，而心智活动又必然体现为思维活动，思维活动要被人所感知并被交流就必须对其思维方式与思维特征进行定性概括。缺乏了可定性感知的、概念化了的思维形式与思维形态的导引和描写，模式会失去主观理据性和客观可证性。在认知翻译过程描写中，反映心智活动的认知思维形式与形态起到了导引与连接的作用，对意义形态的各种主客观判断则起到验证或印证的作用。脱离思维形式或形态去认识翻译的认知过程是不完整的，难以深入揭示研究对象的本质，故正确认识"思维"概念的内涵与外延具有重要的意义。

"思维"是指"在特定物质结构中对客体深远区层实现穿透性反映的物质运动"（田运，1996：396）。脑科学的研究表明，思维是人脑神经元中物理的、化学的、生理的运动形式的综合，是一种复杂的物质运动形式，表现为理性和感性的意识活动。这说明，思维主体将思维的对象视为一个特定的物质结构体，既具有表象性又具有深层结构，有点类似于诺姆·乔姆斯基对语言做出的"表层结构"（surface structure）与"深层结构"（deep structure）的区分。主体要深入认识客体的深层结构，揭示物质的运动形式，就要穿透其表层结构，这有点类似于透过现象看本质的哲学观。认识主体思维"反映"的结果必须与客体深层次的实际状态相一致，其同一性是思维的基本规律——反映同一律，这种深层次的穿透反映是为了在更大范围内和更高水平上适应客体，包括对客体的改造。由于主体的反映结果与实在状态经常大量地不统一，这就产生了思维的基本矛盾，解决方法就是对信息进行加工（包括信息采集和筛选），去粗存精，去伪存真（田运，1996：397）。

思维的这种特性也典型地反映在翻译认知过程研究中，尤其是以问题为导向的程序化的认知过程研究，需要各种思维形式起导引连缀作用，才能明晰深入地揭示研究对象的本质特征。例如，思维形式涵盖了概念（内涵与外延+义素特征）思维、逻辑思维、认知思维、情景思维、形象思维、情感思维、经验思维、关系思维、抽象思维、具象思维、概括思维、关联思维、联想思维、创造思维、变通思维、全景思维、主题思维、文化思维、多维（综合）思维。其中有些思维还包括一系列次类思维，如逻辑思维包括概念逻辑、命题逻辑、形式逻辑、辩证逻辑、模态逻辑、情态逻辑、形象逻辑、情景逻辑、事态逻辑、语法逻辑、预设逻辑等（陈波，2000；韦世林，1994；彭涟漪，2000a）。这些思维形式对认识翻译过程中不同译者的思维特点、思维能力和经验知识结构具有重要的描写作用。如例2.7和例2.8。

[例 2.7] 做叶比做花也不差，永远青翠。（引自陈文伯，1999：197）

(a) To be a leaf is no worse or even better than to be a flower, for **it is evergreen**.

(b) A leaf is no worse or even better than a flower, as **it remains green for a longer time, especially that of evergreen**.（引自陈文伯，1999：401）

[例 2.8] 一只碗值几毛钱，也值得你心**痛**半天，怎么不心**痛**我割破了手？（引自陈文伯，1999：152）

What worth is it to **merit your regret**? My finger cut by the broken piece is **no concern** of yours!（引自陈文伯，1999：274）

在例2.7中，译文a囿于汉语表达方式，将"做叶永远青翠"的全称命题语义移译为：for it is evergreen，不符合事实逻辑，因为不是所有的树木或花卉的叶子四季常青或永远青翠，大部分树叶在秋天开始凋零。译文b的译者运用了经验思维和全称与特称逻辑思维，对句法语义进行辨析，在译文编码过程中进行了解释性增译，在英语读者的认知中呈现了符合自然现象的语言表达形式。

在例2.8中，若孤立看两处概念"心痛"，可能将其译为一种病症：heartache。在语境思维导引下，译者对"义-意"识解过程经历的思维路径是有理据可循的。根据"事件参数"（妻子不小心打碎了一只碗），"心痛"分别与"碎碗"和"（妻子割破的）手"关联，译者经历两种不同性质的"情态思维"辨析活动："心痛碗"的情态是"惋惜"，因为碗对丈夫来说是值钱之物，这是"经验思维"（一只碗的价格可以从几元到一二十元钱不等）；"不心痛手"是一种微妙的夫妻"关系思维"，其情态特质是"不在意或不关心"，因为结婚多年了，妻子成了黄脸婆，丈夫对妻子的情感日衰，态度日变，变得漠然了。译者在一系列思维形式的导引下（原文解码过程），最终在译文中选择了比较符合英语习惯的"What worth is it　to **merit your regret**?"和"My finger cut ... **is no concern** of yours!"

汉英翻译实践常见类似语言现象，汉语习惯与意义的不自足性以及作者的个性特点造成了语言形式的不完全准确或不充足或不合逻辑，需要译者对其进行毫发剖析式辨析，或需要综合各种语境信息对其进行认知加工。但不同译者（包括初学者和职业译者）具有不同的理论素养和经验知识结构，对语言形式逻辑或情态逻辑等的敏感度各异，其思维运作能力和对信息的综合加工能力也不同，对原文"义-意"的辨析解码和对译文的重构编码过程无疑会出现程度差异，译文质量（准确与通顺）也就出现优劣之分。福科指出，语言并不完整，也并非明白无误，语言中存在着种种矛盾、差异和不明显的东西，即语言的能指和所指之间存在差异性（廖七一，2000：74）。语言的这种矛盾特性在不同的语言中具有不同的反映和可接受性。对于翻译中反映能指和所指之间差异性的那些不明显或隐性的东西，亟须译者在实践中逐渐培养敏锐的认知思维能力、语境综合信息统筹和加工的能力、发现问题和解决问题的对策能力、双语转换过程中对语言文字概念及文化内涵的把握能力、跨文化交际的效度表现能力。

2.5 "翻译"与"翻译过程"概念的内涵与外延

"翻译"是个模糊概念，在不同语境中可有不同含义。对于例2.9~例2.14中的"翻译"，译者需要通过语境辨析做出经验逻辑、关系逻辑、事态逻辑等认知思维判断，才能准确译出其语境化含义并选择相应的句法结构形式。

[例 2.9] 他是翻译老师。（经验逻辑判断：他→老师→教翻译→指翻译课程）

[例 2.10] 他的翻译很好。（事态逻辑判断：他→翻译的结果→译文→质量好→指他的翻译技能/水平）

[例 2.11] 他本期的翻译考了 90 分。（事态逻辑判断：他→参加翻译→考试结果评分→成绩 90 分→指某次翻译考试）

[例 2.12] 他以翻译为生。（经验逻辑判断：他→做翻译工作→以此为生→指翻译职业）

[例 2.13] 他花了一年时间才翻译完这本书。（事态逻辑判断：指翻译过程）

[例 2.14] 翻译是把一种语言文字的意义用另一种语言文字表达出来。（《辞海》）（1989 年版）（关系逻辑判断：定义项与被定义项的关系→指概念定义）

例2.14是对翻译的不完整定义。种差定义要求定义项必须具有外延与内涵，但该定义只有内涵语义，缺失概念的外延语义（语际转换活动）。对翻译的"定义"或本质特征的说明不胜枚举，但不同的定义者是从不同角度论述翻译活动的，有的缺乏外延。例如：

定义 1：传四裔之语者曰"译"，故称译必从其义。（胡以鲁，1984：21）（外延缺失）[①]

定义 2：翻译是"把一种语言文字的**意义**用另一种语言文字表达出来（的活动）"（《辞海》）（1989 年版）（内涵：意义；外延缺失）

---

① 出处后面括号内文字为笔者所加，余同。

定义 3：翻译是将一种语言文化承载的**意义**转换到另一种语言文化中的跨语言、跨文化、跨社会的**交际活动**（引自陈宏薇和李亚丹，2004：1）（内涵：意义；外延：交际活动）

定义 4：文学的翻译是用另一种语言，把原作的**艺术意境**传达出来，使读者在读译文的时候能够象读原作一样得到启发、感动和美的感受。（引自茅盾，1954：10）（内涵：艺术意境；外延缺失）

定义的内涵是对认识客体本质特征的反映，外延则表明客观对象的性质，如"活动"，汉语的"活动"是指"为达到某种目的而采取的行动"（《现代汉语词典》2002年汉英双语版）；英语的activity是指"a thing that you do for interest or pleasure, or in order to achieve a particular aim"（*OAED*）（为了某种兴趣或乐趣或达到某种目的所做的事情）。从内涵界定看，翻译作为一种具有某种目的性（兼具兴趣或乐趣）的活动或所做的事情，其内涵语义特征指向"义""意义""风格""文本材料""思想内容+艺术风格""艺术现实""艺术意境""艺术创造性形象思维+相关学科理论知识"。定义项描述的翻译活动的内涵特征一般是抽象概括性的，译者需要在具体实践活动中加以具体化、明晰化、系统化才能全面地认识对象。这对研究翻译活动的认知过程起着逻辑导向作用，即认知翻译过程研究必须解释和揭示翻译活动所关涉的"（基本语）义、（含）意、（艺术）风格、思想内容、艺术意境、思维、理论知识"等观念化了的内容是如何通过"体认"的方式将其语言概念化、命题组合化、句法结构化，或形式与内容的统一化。对翻译的不同定义表述反映了不同历时阶段中下定义者的认识程度、认识范围、认识方式、认识局限、实践经验、理论知识。随着社会的历时发展，随着各学科理论的深入开展，随着更多的研究者的参与，译者对翻译活动的本质特征的理解也就愈加全面。

2.6　"研究"概念的内涵与外延

"研究"由"研习"和"探究"组成。顾名思义，研究是指研究者一方面细致系统地学习知识等，另一方面则探究发现知识的成因或客观事物的本质或主观认识的合理性。可见，研究是以学习相关知识为前提的，没有相关知识作为储备，研究活动也就无从谈起。从翻译的认知过程研究看，研究者若缺乏通过对复杂的翻译过程的亲身体验而获得相关经验知识，不去深入全面地辨析翻译过程中的各种问题，揭示翻译活动的本质，就难以上升到对理论的感性和理性认识，更谈不上发现翻译的区间规律。这些要求是由"研究"的概念内涵决定的。《现代汉语词典》2002年汉英双语版对"研究"的定义是：①探究事物的真相、性质、规律等；②考虑或商讨（意见、问题）。双重定义说明研究是一种具有一定目的的学术活动，奉行实事求是的原则（探究真相），揭示客体的属性特征（探究性质）和寻求客观事物发展和运作的可行性规律（活动目的或旨归）；同时，这种学术活动往往涉及对现有知识的合理性有效性的审视（如是否主观片面等），或对现存问题的辨析与考量及发现解决之道的思考。例如，某讨论认知翻译学的文献中有个讨论隐喻翻译的事例，作者提出的解决方法是舍喻体译喻义，如例2.15：

> [例 2.15] 人多出韩信。
>
> 译文：More people can **come up with more ideas**.

上述译文的理据说明是："这种翻译主要是基于目的语文化中没有系统的对等认知，也不能找到概念域在目的语中的隐喻情况，翻译时没有必要交代韩信的特点，只需抓住韩信善于用兵，比喻才智过人的特点就行，然后将这种汉译用英语的表达习惯表达出来即可"（文旭和肖开容，2019：37）。这种说明虽然有理据，但对"义-意"的识解与表达还可更全面深入一些。首先，译文的命题语义是"人多会产生更多主意"，这是一般常识，未能有效表达出原文的喻义和语用含意（implication）。从经验逻辑看，此译文可能使英语读者产生疑问："人多主意多"是事实，但也可能因其杂而发生争执，不能解决问题。其次，对该隐喻的翻译解决方法并非最佳之解。原文完整的说法是"人多出韩信，智多出孔明"，其中专有名词韩信是古代杰出的军事家，汉初帮汉高祖刘邦建立帝业的元勋，其喻义是超乎平常的"能人"；孔明（诸葛亮）是三国时期的蜀汉丞相，中国古代杰出的政治家、军事家，其喻义是足智多谋之人。整句的双重含意为：一是指概率性含意，聚集的人多了，其中也许会有超乎平常的能人或智者；二是指其语用含意（意向），聚集的人多了可相互商量，激发智慧，也许会产生出像韩信和孔明（诸葛亮）所想出的那样充满智慧的想法或点子。

从外译角度看，如汉译英、汉译俄、汉译法、汉译意大利等，其翻译目的对译文解决方法具有制约性。如果要满足于交际目的，则只需采用纽马克所说的交际翻译方法，如上述意译法，只是此意译并不达意。若其目的是传达原文隽语的美感形态和语用含意的统一，达到更佳表达效果，译文可采用借喻方式或释义加归化式喻体，直接使用世界史上在军事谋略上享誉世界的历史人物来替代，如成吉思汗（Genghis Khan）、亚历山大(Alexander)、巴卡（Barca）、恺撒（Caesar）、波拿巴（Bonaparte）、朱可夫（Zhukov）、纳尔逊（Nelson）。译文读者可利用相关背景知识，在认知思维中推出原文的喻义和语用含意。此外，在英译时，译者应顺应英语民族的语法思维特点，英语对非事实性的主观意愿或基于概率性的经验判断往往用虚拟助动词，如would、could、might。对例2.15中的译文改译如下：

> With more people gathering up there might come up with an **Alexander**.（或将 an Alexander 改为 a **smarter man like Alexander**）（根据不同语种也可将 Alexander 替换为 Napoleon / Caesar / Barca / Nelson / Zhukov)（笔者译）

从上述译例的辨析和问题探究及解决方案来看，研究的显著特征就是对问题的商讨性和探究性，要求研究者具有毫发剖析的精神，不仅应从宏观着眼，从微观着手（think globally, act locally），还应识解其本义和辨析其语用含意或意图。典型译例的研究就应体现出有关"研究"的内涵特征规约性。"研究"的英语概念有study和research。

study 的词典定义：①the activity of learning or gaining knowledge, either from the books or from the world；②the act of considering or examining in detail；③a piece of research that examines a subject or question in detail（OALECD）

research 的定义：a detailed study of a subject, especially in order to discover (new) information or reach a (new) understanding（CALD）

近义概念化释义（词语定义）：a) to inquire into; b) investigate; c) examine closely; d) scrutinize; e) to give careful thought to; f) contemplate.

概括而言，英语词典对"研究"的外延界定是指一种有意识的目的性活动，其内涵是指从书本或通过对事物细致的观察、思考、调查、探求或获得知识，尤其是发现关于客观事物的新信息、新事实。从科学研究的精神及认知翻译学理论与实践研究的原则要求出发，笔者提炼出"学术研究"的24字诀（图2.2加粗处），将其内涵特征概述如下（参见图2.2）：

辨其质——发现问题本质;	**定其性**——厘定事物属性
究其因——剖析现象关系;	**探其果**——揭示知识成因
明其道——认识发展规律;	**研其理**——把握变化理据
辨其说——证伪学说观点;	**立其形**——开拓创新之道

图 2.2　学术研究的内涵特征

2.7　"理解"与"表达"研究的内涵与外延

翻译的对象无所不包，题材之广，体裁之丰，不仅给理解与表达带来诸多困难，也给理论认识造成诸多分歧。翻译很可能是最复杂的一类人类活动（Richards，1953）。翻译的复杂性给翻译理论研究带来巨大的挑战，研究者若要深刻而令人信服地揭示翻译活动的本质，表征其规律性，就要亲身体验翻译过程中解决有关种种理解与表达问题的艰辛，去总结获得最佳译文的方法。翻译活动简单地说是理解与表达的过程，实质上是一种对文本各种"义-意"形态及其风格形式的统一的感受、知觉、联想、辨析、判断、综合、验证、（操作）加工等的思维运作的复杂的智力行为。语言是思维和交际的工具，思维是人脑的一种机能。语法规律和思维规律都具有逻辑性，语言用形式去描写感知、思维和经验（龚光明，2004：2）。一般而言，翻译是以文本或语篇整体为对象的理解与表达的认知思维活动。理解就是一种整体性的阅读过程，伊泽尔（Iser）认为阅读是一种传达过程，这一过程的两端就是文本与读者。问题是，在阅读理解的两端之维，人的思维运作是如何进行的，涉及哪些阅读理解所要求的能力结构、智力结构和知识结构，都是值得探讨和深入研究的内容。钱钟书指出，要正确解读语篇意义，须得遵循"阐释之循环"（der hermeneutische Zirkel）之文本阅读识解之道：

> 乾嘉"朴学"教人，必知字之诂，而后识句之意，识句之意，而后通全篇之义，进而窥全书之指。……复须解全篇之义乃至全书之指（"志"），庶得以定某句之意（"词"），解全句之意，庶得以定某字之诂（"文"）；或并须晓会作者立言之宗尚、当时流行之文风、以及修词异宜之著述体裁，方概知全篇或全书之指归。积小以明大，而又举大以贯小；推末以至本，而又探本以穷末；交互往复，庶几乎义解圆足而免于偏枯，所谓"阐释之循环"（der hermeneutische Zirkel）者是矣。（钱钟书，2001a：328）

阐释之循环的本质在于文本意义解读的认知思维活动的运作路径：自下而上（bottom up）和从上至下（top down）的循环往复，即通过对若干起线索或提示作用（烘托主题）的微观字/词句的语境意义的辨析，建构宏观主题命题结构，然后在宏观主题的统摄或制约下识解微观词句的语义是否与主题具有内在的关联一致性，即文本的中心突出和意义连贯。曾利沙（2005a，2006a，2007b）讨论了语篇翻译的主题及主题倾向统摄机制，并将其拓展为"社会文化语境关联下的主题及主题倾向融合"的阐释框架（曾利沙，2010，2014a），该理论框架是对"阐释之循环"的认知翻译理论观的现代诠释。在认知翻译学研究中，理解过程的认知思维涵盖的内容十分丰富，涉及语言符号、句法系统、概念命题、认知激活、语境参数、图式建构、社会文化、关系辨析、对象体验、逻辑关联等一系列思维要素结构。在译文表达过程中，认知思维之度也涉及许多方面，如译语体系、译语语境、译语建构、译语评价、译语文化、译者体验、译者加工、译语思维、"义-意"形态等。

2.8　小　　结

本章对认知翻译学理论与实践研究的若干核心概念进行了外延与内涵上的界定，旨在考察研究者在翻译认知过程研究中所涉及的客体的诸种本质属性特征以及主体对认识客体和改造客体的主观理据。从翻译过程研究的认知机制看，翻译思维的认知属性应得到突显。研究者对翻译过程认知机制进行研究时不仅需要对思维等相关概念的外延与内涵具有明晰的认识，还需要结合典型实例剖析对认知机制给予说明。翻译过程的认知研究要求研究者以翻译理论为指导，以翻译理解与问题表达为导向，以广延的翻译实践为依据，以主客观理据为支撑，保持毫发剖析的精神，以揭示翻译活动认知思维过程所关涉的各种知识维度为任务，以发现翻译活动的普遍规律，以运用这些规律深入指导具有特性的翻译实践为旨归。正由于此种认识，研究者需要对与认知翻译学相关的一系列基本概念的内涵与外延具有明晰的认识，才能在研究过程中做到有的放矢，形成有价值的创新研究，归纳、演绎并提炼出认知翻译学自身的理论概念、理论范畴，不断充实和完善认知翻译学理论体系。

第三章

翻译过程"义-意"体认与建构研究的哲学基础

3.1 概　说

翻译学理论研究需要哲学的指导，哲学对理论问题的思辨层面和科学方法论运用层面都具有积极的指导意义。哲学观要求对一门学科进行研究时要对其具有理论化和系统化的认识（肖前，等，1981）。现有文献显示，认知翻译学研究尚未从哲学的高度去把握认知视角下翻译研究的理论方法和系统方法。现阶段的认知翻译学主要研究领域包括语言认知视角的翻译研究、翻译认知过程研究和社会认知视角的翻译研究（文旭和肖开容，2019：2-3），均聚焦于"认知"这一核心概念，侧重于"语言"（翻译）、（翻译）过程、"社会"（语境中的翻译）。语言认知视角的翻译研究主要以认知语言学、双语理论、心理语言学、认知心理学和神经科学为基础，探讨认知基础和翻译中的认知转换。谭业升（2020）综述了翻译认知过程研究的主要内容与方法，包括翻译认知加工模式、加工策略、加工单位、记忆与认知资源、认知负担、认知努力、选择与抉择、问题解决、意识与控制、翻译单位等。社会认知视角的翻译研究主要关注在社会环境与工作场所中译者的群体行为。但是，无论是个体还是群体的翻译活动都涉及对文本内容和题材的选择（包括社会文化价值观和受众审美观制约下的内容取舍），文本内容和题材本质上关涉的是宏观"大义"，在不同程度上烙上了社会价值之印，对微观层面词句之"小义"的翻译对策和操作处理在一定程度上都会产生影响。译者一旦进入具体的文本翻译理解与表达之中，就必须进入文本作者的语言所描写或表现的宏观-中观-微观视域下的社会与自然生活场景，通过概念义素和结构形式激活的各种历时或共时性现实语境，必须经历忘言得意、穿越时空、性别转换、角色互换等方式去细心领会和体验作者对不同人物、不同

事物、不同对象、不同环境、不同关系、不同心理、不同情感、不同形象等的
"义-意"表现方式和表现特点，然后再在译文语境中得到艺术再现或表现。译
者对原文的理解和对译文的艺术再现或表现又离不开语词概念的使用，在不断选
词择义（自我否定与肯定）过程中的一切认知思维活动亦离不开概念的连缀和导
引作用。对语词概念的本质认识既是词汇学、句法学、认知或体认语言学等语言
学科理论的研究内容，也是逻辑学、语言哲学、心理学等其他跨学科的理论研究
内容，其本质在于概念涉及"义"与"意"的形态与统一，涉及对概念语义的发
生论、本体论、认识论等哲学层面的认识问题。从语际转换角度看，又扩展到方
法论和价值论的哲学认识观。王佐良（1989：9）认为，词语不仅有词典提供的
字面意义，还有内涵的、情感的和若干联想意义。概念是语言的基本单位，对概
念"义-意"的识解也是认知翻译学的重要研究内容。如文旭和肖开容（2019：
3）在《认知翻译学》中列出的11个研究话题中，涉及概念的就有7个：范畴化、
概念隐喻、概念转喻、多义性、框架、概念整合、认知识解。

　　一门学问的研究深度和广度，取决于其哲学视角的深度和广度。认知翻译学
及其翻译认知过程研究需要有哲学方法论作指导，才能在宏观-中观-微观层面展
开科学系统的研究。本章主要讨论"义-意"识解与表达的认知过程所关涉的发
生论、本体论、认识论、价值论、方法论视角及其研究课题。

3.2 "义-意"识解与表达体认研究的哲学基础

　　方法是分层次的。哲学提供最一般的方法，而各门科学有自己的具体方法。
哲学与具体科学既有联系又有区别，它们都研究规律，都以概念、范畴、规律的
逻辑体系来反映现实。其差别是各门具体科学是从某方面或某领域来研究世界，
把握某种特殊规律（李连科，1999：5）。英语的philosophy（哲学）源自希腊
语，由philem（意为"追求"）和sophia（意为"智慧"）构成。其词源学意义
是指从整体认识关于客观世界的固有状态和人类生活方式的智慧、知识的理论性
和体系性活动（刘大椿，1998：2）。一门学科理论的发展应有坚实的哲学基
础，认知翻译学研究者也必须明确其相应的哲学观，从哲学观探讨认知翻译的研
究对象或客体及其本质属性、研究目的、研究方法论等。

　　凯勒认为，语言哲学是研究人的语言意义的科学，语言哲学要么系统地从语
言出发，沿语言方向澄清哲学问题，要么旨在反观一种语言的哲学理解本身，要

么最终探讨哲学和语言的相互关系（王路，1999：20）。语言哲学观提出了对"义-意"识解与表达过程研究的科学性、系统性、澄清性要求，但如何运用科学方法论则是研究者必须思考的问题。

体认哲学观突出了"义-意"的识解与人的身体的各种感官体验的关系性以及对自然和社会的体验与语言形式的种种内在联系性。拉科夫、约翰逊（Lakoff，1987；Lakoff & Johnson，1999）提出的肉身哲学（philosophy in the flesh）的概念是认知语言学的理论基础，其主要观点是：范畴、概念、推理、心智和意义等是基于身体经验形成的，其最基本形式主要依赖于对身体部位、空间关系、力量运动的感知。这里涉及用什么体验、首先体验什么和主要如何体验这三个问题：人对世界的体验是依靠感官进行的，如视觉、听觉、味觉、嗅觉、触觉、感觉等，不同感觉器官有着自身的体验感知性，如视觉体验性（形状、颜色、纹理等）、听觉体验性（噪音、乐音等）、嗅觉体验性（香、辛、刺鼻、芬芳、腐臭、臊腥等）、味觉体验性（酸、甜、苦、辣、咸、淡等）、身体感觉体验性（潮湿与干燥、惬意与闷热、冷热、酸痛、痛、痒、滑、涩、轻、重等）、精神感觉的情感体验性（愉快、郁闷、喜、怒、哀、乐、爱、恶等）。认知语言学家认为，人在体验世界的过程中首先体验的是空间，包括地点、方向、运动等（Pütz & Dirven，1996：330；Lyons，1977：282，719）。格鲁伯（Gruber，1965）则指出空间位置和运动概念可用来解释许多其他语义域。人的体验认识主要基于对自身和空间的理解之上，沿着由近到远，由具体到抽象，由身体和空间到其他语义域的道路通过互动等方式逐步发展。人继而将所体验的特质通过语言转化为语词概念式表征，以此来认识所体验的对象。王寅（2005：42）认为，概念的意义源于感知体验，感知体验又基于人的身体构造（包括想象力丰富的大脑），故人能用特殊和一贯的方法来感知客体、他人、空间以及种种关系。语言之所以具有体验性，是人们基于自身的构造通过隐喻等认知策略建构出其他概念（包括抽象概念），从而建构出概念系统，并词汇化形成了语言。在语言系统中，词汇概念意义的产生和习得的体验性具有民族差异性，特别是它的意义是一种直接与民族生活、民族心理、民族文化密切相关的语言要素。这说明词义引申具有一定规律性，并反映出各自民族的习惯。这是因为运用不同语言的人见到、听到、接触到的具体事物并不完全一样，观察事物的方法、心理也有所不同，因而他们捕捉到的事物特点也必然有不同程度的差异。如语言中命名的理据过程：直观—视角—认知—命名—概念化—次范畴特征。同一个物体，由于概念化的方法不同，产生了不同的认知结果，因而在英汉两语言中就有了不同的命名思路和感知体验性结果。例如，汉语中"红茶"命名的理据源于对茶叶经过开水冲泡后的茶水颜色之

"红"的观察，而英语相对应的概念black tea（红茶）之"black"的理据源于英语民族的人对泡制前呈黑色的干茶叶的观察。再如，汉语的"挂钟"和"座钟"之理据在于对钟的悬挂方式的观察之突显，而英语的wall clock（挂钟）和desk clock（座钟）之理据在于对钟的安放位置的观察之突显。不同民族产生和习得词汇概念的体验性具有差异性，意义的约定俗成与民族生活、文化心理密切相关，因而词义形成与引申具有一定的习惯性、心理性、视角性、理据性、规律性（Lakoff & Johnson，1999）。

马利诺夫斯基（Malinowski，1935）指出，词汇意义形成的方式是人对身体感知器官所获得的感知经验（参见Halliday & Hasan，1985）。约翰逊和拉科夫（Johnson & Lakoff，2002：245-263）反复强调了这一根本原则，即从最深层的意义上来说，心智是体验的，意义是体验的，思维是体验的，这是体验哲学的核心。他们以及其他认知语言学家运用体验原则深入论述了概念结构、语言构造的形成，这才逐步使人们认识到语言体验性这一重要特征。在语篇层次上，韩礼德和哈桑（Halliday & Hasan，1985）强调语篇与语境之间的辩证关系，语境可以创造语篇，语篇也可创造语境，而学习建构语篇是一个关于社会经验的问题。这说明他们已认识到语言建构与体验观之间的内在联系。以上论述能充分说明翻译活动的主体和客体及认知理解、操作程序、语言表达过程所关涉的体认理据，对认知翻译过程研究具有重要的指导作用。

3.2.1　"义–意"识解研究的科学哲学观

认知翻译学若作为一门学问去揭示翻译活动的规律，就应在"学（术）"与"问（题）"两方面建立起自己的概念体系，前者以解决后者为前提和依据。海德格尔（Heidegger，1975：5）认为，一门学问的科学性要求哲学应具有不同于其他学科的知识概念体系。而在回答什么是科学的定义时，康德（2003：1）认为，若一门学问能够按照一定的原则建立起一个完整的知识体系，就可以称之为科学。在他看来，知识要求系统性，系统性知识是把握真理的前提，因为科学中所有的陈述必须都是有根有据的，必须具有说理性与论证性。科学可以理解为通过采用一定的方法或程序而达到的某种结果，而程序则决定了陈述与陈述之间必须相互联系，此联系构成一个整体。其次，对于科学论而言，知识的系统性还需要建立一定的模式。模式是为阐述一组互相间有某种关系的现象和说明事实而使用的一种形式化的结构。模式的建构既非中性也非客观，因为模式是由一个人或一组人根据其思想结构和认知方法以及对现实的领会理解而建立起来的（雅罗森，2000：188）。

哲学是对经验研究的成果以及这种研究本身进行反思和反观，反思在于解决认识的根本规律问题，反观在于达到对本体认识问题的洞察，故要求抽象性和思辨性。这对认知翻译过程研究提出了几点要求：①对翻译的"义-意"识解与表达研究成果本身的反思（观），即对研究的发现和结论的反思（理论抽象与理论思辨）；②对"义-意"本体认识问题的洞察，如"义-意"的形态、特征、关系、嬗变机理等；③对研究对象"义-意"语境化生成与转换认知机制的规律性表征，即建立必要的理论模式或模型，为学科理论发展提供反映对象本质特征的系统化知识。从科学哲学观看，认知翻译过程研究应具有实证科学与可检验性的特点，即具体性（分门别类地提出和设法解决现实对象的有限问题）、经验性（观察与试验）、精确性（结论具体明晰）、可检验性（包括一套可行的检验方法、为学科理论提供基本的方法论原理、试验结果具有可重复性）（刘大椿，1998：7-8）。

目前，国内外学者提出了一系列认知翻译过程的相关模式，这些模式包括信息加工过程的"翻译编码-解码模式"（Bell，1991）、基于认知思维活动推导机制和认知努力的"关联-推理模式"（Gutt，1991）、以社会视角切入的"社会-认知模式"（Kiraly，1995）、侧重于思维的"认知努力模式"（Gile，1995）、突出决策的"翻译决策模式"（Wilss，1996）、突出翻译认知重构过程的"构建整合模式"（Kintsch，1988）、综合概念编码、程序编码和语境信息并行网络分布框架的"关联-连通主义模式"（Alves & Goncalves，2007）；重视重新翻译的认知"意义建构与重构模式"（谭业升，2009，2020）、探讨认知负荷和认知加工的"信息处理过程模式"（Martin，2012；Halverson，2017）、"翻译认知与行动网络模式"（Risku & Windhager，2013）；切斯特曼（Chesterman，2012，2013）根据不同翻译理论和研究途径，区分了翻译的比较模式、因果致使模式、过程模式和网络模式。

以上这些模式借助一些科学技术手段，如言语报告法、眼动跟踪法、击键记录法、脑电技术、功能性核磁共振成像等进行人脑翻译思维过程的数据化研究。但这些科学技术研究手段的设计者本身的翻译理论与实践经验知识具有局限性，试验范围、试验内容和试验对象亦具有局限性，试验结果只能触及表象，反映部分问题，不能全面深入和程序性地揭示复杂的翻译认知过程中各种"义-意"识解与艺术再现或表现的本质认识问题，难以上升为科学合理的规律性理论认识，无法用以指导复杂的翻译实践。而且，这些模式最大的局限就是不能解决语篇层次翻译过程中各种复杂的“义-意”识解和表达的认知机制，不能形成系统的知识概念及建立起可论证的理论模式或模型，不能像求解数学应用题一样，一步一步地根据原则定理规则推演出人脑思维运作的路径，解析每步运算的主客观理据以及答案或结论的科学合理性——可验算、可证伪。例如，概念语义的“语境嬗变”是语言形式活用的一种很普遍的现象，但是如何科学可证地推演其“义-意”识解与生成过程的认知机制却不是一件容易的事，需要一套公理化了的可运算、可证伪的理论方法。如例3.1：

　　[例 3.1] There is nothing in the high comedy of the world so admirably comic as the special **department** called Fame...（引自谢明等，1996：110）

　　直译：在这个喜剧世界中，还没有什么像被称为“名望（声）”的**特殊部门（系？科？局？）**那样具有令人称羡的喜剧性。

例3.1中的名词department是个常用概念，英汉词典提供的译文是“部门、系、科、局”等，但这些不同义项概念在汉译中却无一可选，因为不适合该词的语境嬗变之“义-意”形态。上述任何研究模式的方法手段都难以解决此类语境化意义嬗变的复杂现象，我们需要寻求新的能揭示其可推演、可验证的程序化理论方法或建立与之相适应的理论识解模式，继而做出可举一反三、触类旁通的原理性的规律表征。

3.2.2　“义-意”识解研究的实践哲学观

　　翻译理论和实践研究必然涉及实践，实践必然是译者主体与客体（荷载意义的语言符号）之间的相互转化的关系问题。杨洁（2013：57-62）从马克思主义的实践哲学观论述了译者主体性发挥之主-客体互动的哲学基础及分析框架，为认知翻译过程研究提供了一定的哲学视野与方法。杨洁认为，译者主体将自己的审美意识、思想、情感、想象、愿望等融入审美客体，进而根据自身需要对客体的某些价值属性进行加工改造，使其语境含义充实，因而客体也烙上了主体的某些特征，使其从自在之物变成了为我之物。从认知翻译过程去研究这种主-客体互动性的思维理据，发现认知规律，正是研究者的重要任务。

　　从实践哲学观看，任何实践活动都是实践主体与客体互动的结果，主客体之间是一种对象性活动。二者互为依存，没有主体就没有客体，没有对客体属性的认识就没有主体。从本质看，客体是客观存在的一个方面或一部分，进入主体认识活动时则与主体发生联系，是主体实践和认识活动所指向的对象（齐振海，

2008：44）。由于实践主体总是按照自身的目的和需求去改造客体，以期达到符合目标的结果。故在翻译认知过程研究中，研究者不仅要对"义–意"识解与表达的主观理据性进行描写，还要对选词择义的客观理据进行剖析，缺乏客观理据的主观性翻译艺术再现或表现（主观能动性）有可能是盲目的，甚至是背离原作创作意图的过度阐释的结果。文学翻译中的艺术创译或"二度创作"不可能是译者主体根据自己的主观意图而发出的纯粹主体性行为，必然受到客体的价值属性的制约。曾利沙（2014a：59-60）指出，对翻译的"义–意"识解和表达的过程问题需要研究者进行"自证"和"他证"的程序性推论与描写，这是科学实证研究的重要部分。例3.2中诗词题目原文概念语义的识解与译文情态概念的艺术表现的主客观互动的主观理据值得商榷。

[例 3.2]

春思

（唐）贾至

草色青青柳色黄，

桃花历乱李花香。

东风不为吹**愁**去，

春日偏能惹**恨**长。

The Pains of Love

The yellow willow **waves above**;
　the grass is green below.
The peach and pear blossoms
　in massed fragrance **grow**.
The east wind does not bear away
　the **sorrow** at my heart.
Spring's **growing days** but lengthen out
　my sill increasing woe.

（弗莱彻译，参见吕叔湘，1980：42）

该诗作者贾至，在唐肃宗朝曾因事贬为岳州司马。唐汝询在《唐诗解》中认为贾至所写的一些绝句"皆谪居楚中而作"，该诗大概也是他在贬谪期间所写。诗中表达的愁与恨的内涵特质是由他当时身份和遭遇的处境所产生的流人之愁、逐客之恨的关联性决定的。"愁"与"恨"两个显性情态概念的内涵是表现该诗情态主题的客观依据，译者弗莱彻（Fletcher）将"愁"译为sorrow而非worry或anxiety具有客观理据性。可是他将"恨"译为woe而非hatred（怨恨）则倾向于主观性，因为为官遭贬之人完全有理由产生"怨恨"之情，可译者为何将其译为与sorrow语义相近的woe？据*OAED*，sorrow的概念内涵是a feeling of **sadness** or **regret**（悲伤或懊悔），woe的概念内涵是a **great sadness** // **great sorrow** or **distress**（*CLDAE*），二者只是程度上的差别。这种主观理据只能从译者潜在的有迹可循的选词择义的认知思维运作中窥探出来，那就是译者将"春思"（"Feeling in Spring"）译为"The Pains of Love"（爱的痛苦）。从语篇宏观–微观互动角度看，对宏观概念隐含的主题"义-意"的识解往往是由微观层面的情态概念内涵所决定的。诗题"春思"之"思"是中性概念，可以是思念或想念，但与诗中的"愁"与"恨"产生照应，"思"则获得相应的趋同性语义内涵。若译者将情态置于恋人关系中，就有可能将"春思"识解为"爱的痛苦"，那么原诗中"恨"的情态内涵就被译者淡化，而与"愁"趋同，选择一个情态程度更深的woe。这是因为恋人之间的"恨"又往往是爱之切的情感体验。在译文中，sorrow和woe两个微观层面的概念与诗题宏观概念之间形成了互为烘托、互为强化的关系。这种结合语篇–认知语言学理论方法，通过产品回溯的方式辨析译者翻译选词择义行为过程中的主客观理据性，能在一定程度上揭示译者的认知思维运作方式，并具有一定的普遍原理性意义。

　　但问题是，设想中的理论方法的可行性与有效性只是一种主观认定，还需要研究者在实践中对其主客观理据的语境适切性做出辩证认识和可证性检验。例如，弗莱彻的诗题译文"The Pains of Love"的主观理据是否体现了语境适切性原则？这值得从客观理据入手深入辨析其蕴含的"义"与"意"的内在逻辑。在春日盎然之景中谁因爱（谁）或为何事感到痛苦？爱的情态特质是什么？是失恋之痛还是哀痛亡故之"爱人"？"爱"的情态在诗行中无法找到照应概念，在背景信息中也找不到可信的线索，故缺乏客观理据。显然，我们只能说这是译者选词择义的纯粹主观性行为，译文可能造成英语读者的误读。读者根据诗题这一宏观情态主题"爱的痛苦"激活的经验推知诗中的照应性情态概念是表达诗人因失去所爱之人而有感而发的sadness（悲伤）和woe（哀痛），风和日丽、柳黄草青的春天美景不能对其有丝毫的慰藉。这与原诗的历时语境是相悖的，使该诗失去了原有的社会历时文化内涵和诗人因其社会政治经历而产生的情感体验，因为，译者在翻译某个历史时期诗人的诗作时一般都会对诗人的背景信息进行介绍，让读者了解诗人的社会或情感经历。若将某个历时性的作品抹去了作者及其历时背景信息，完全从共时性和纯艺术角度去赏析其文字符号或结构意义，那么译者或读者的任意解读也就失去了原作特有的艺术价值和历史意义。

　　但有的文献对弗莱彻的这种选择给予积极肯定，认为从一定程度上可以说译者从整体上把握了诗歌的真正涵义，把"春思"译为"The Pains of Love"非常贴切。但是，该诗的整体涵义是什么？题目译文为何非常贴切，贴切的是什么？作者并没有给予明晰的解说。从此例可以看出，在认知翻译过程研究中，研究者对译者主体性发挥的"创译"行为的评价以及对译文是否适切的判断，不仅需要从认知上对其选词择义的主观理据和客观理据做出毫发剖析的印证性说明，还需要对自己的解说或说明（研究结论）本身做出自证或他证性说明。主客观理据性研究不仅是认知翻译学理论的科学性与系统性所要求的，也是认知翻译过程研究者的重要任务。实践哲学提出的主客观理据观对认知翻译学相关研究的原则方法具有积极的指导意义。对该诗译文的主客观理据的深入评析参见4.2。

3.2.3　"义-意"识解研究的分析哲学观

从分析哲学观看，分析哲学通过对语言范畴的分析来达到对本体论范畴的把握和认识，包括名称、命题、指称、意义、言语行为、意向性等。摩尔和罗素认为，哲学的一个重要任务就是对表述的意义进行分析（怀特，1981：20），分析哲学的一个基本特点就是力图建构具有严谨性、完整性和系统性的知识结构。就分析哲学而言，逻辑分析方法的主要用途是通过对哲学"语言"的分析以使语言进一步系统化、知识化（成中英，2000：106）。罗素（2007）提出"亲知的知识"和"描述的知识"的观点，前者对应一个暂时而变动的感觉世界，后者对应一个由逻辑组成的理性世界，其理论具有普遍性。

翻译的题材涉及小说、散文、诗歌、戏剧、影视、政论文、典籍及各种应用文本，其中有关各种复杂的"义-意"形态识解的难点重点问题层出不穷，是认知翻译过程研究的重要对象。因此，如何在复杂纷繁的现象中拓展出一套系统的、知识化了的分析方法，尤其是发现和总结出什么是反映主观认识的知识，什么是反映客观认识的知识，构成了研究的重要内容。这是因为，意义所表现的世界包含了主体与客体的统一之整体。个人对世界的感悟都汇入世界整体意义之流，构成了整体的意义世界。对认知翻译过程研究而言，在对"义-意"识解的理论原则上，应使译者大脑的黑匣子中不可观察的理论实体转化为可观察的实体来加以阐述。在方法上，研究者应由形式分析转向语义分析、解释分析、修辞分析、社会分析、案例分析及心理意向分析等（郭贵春，2000；郭贵春和刘高岑，2003）。分析哲学对认知翻译学的指导意义在于，研究者既要有局部微观分析，又要有宏观整体分析。只有从整体论出发，才能在研究对象及其关系与属性的有机整体中，真正把握微观世界中的理论认识。综上所述，分析哲学观对认知翻译过程的分析与综合研究要求具有严谨性、完整性、系统性、知识性、主客互动性、宏微观贯通性。

3.2.4 "义-意"识解研究的价值哲学观

从价值哲学观看，价值是指"客体属性与主体需要的特定关系"（李连科，1999：2）。价值哲学提出主体改造客观世界是根据其特定需要去认识并作用于客体，使客体按照主体的需要内容而加以改变的；当被主体改变的客体烙有主体的特征时，主体则赋予了客体某种价值特征；而当某种（些）价值特征被普遍意义上的主体（群体）所把握，并被认为客体具有了某种特定的价值时，学术共同体认为客体存在着这种（些）价值属性（曾利沙，2014a：89）。辩证唯物观认为，世界统一于物质，物质是属性存在的根本原因。物质是其属性存的基础，属性依赖于物质，物质的运动、时空、能量、结构、功能、层次、信息等属性都无法独立存在。世界的物质统一是有差别的多样性的统一（李连科，1999：73-75）。这对研究翻译客体价值属性来说，无疑具有积极的指导意义。翻译活动的客体属性（"义-意"统一体）既有固有属性，也有非固有属性（在与他物的关系中所获得的属性），而翻译客体也是发展变化的、错综复杂的统一体。

这种形式与内容的价值关系问题体现于众多的英汉语言习惯表达形式。例如，英语习语to kill two birds with one stone就是一种价值属性"义-意"的综合体：①概念：kill（杀死）birds（鸟）stone（石头）；②句法结构语义：to kill sth with sth；③命题语义：一块石头打死了两只鸟（石头打死鸟）；④含义-意向或交际语意：以一种手段达到双重目的。传统理论认识将"一石二鸟"视为"异化"策略范畴，若译为"一箭双雕"则属于"归化"。但为何要异化或归化，传统理论没有从价值原则进行深入论述。从本质看，"异化"的内在理据就是价值判断在起作用，即"一石二鸟"能丰富汉语的类似表达方式，可与"一箭双雕"互用，通过移植西方民族生活中的偶然经验所沉淀的语言结构形式来达到吸收异域特色文化的价值形式之目的。从语言形式看，将"一石二鸟"视为异化是不完全准确的，而是异化中有归化。如英语结构形式中的不定式to、动词kill、介词with均被略去，只剩下两个名词概念的组合形式：一石+二鸟，其语序被倒置（归化），体现了汉语的意合性特点，通过两个概念激活的形象来表达一种命题语义。可见，其价值并不在于英语语言形式，而在于其所蕴含的西方民族语言文化中沉淀的生活经验结构形式——特殊客观事件的主观意图化。

3.2.5　"义-意"识解的本体论研究观

"什么是意义"或"意义是什么"的问题是个哲学命题，也是语言学、语言教学、翻译学等领域一直探讨的问题。对意义的探讨无疑关涉其本体论认识。所谓本体是指实体的体系，"体系"即为体，"本"来源于实体的本原或根本。二者紧密相连，本产生体，且连续不断地产生体，故体的变化可根据本来解释，体亦可能遮蔽和扭曲本，从而在返回本的过程中得以重构，以获得更开放的空间和更自由的发展。本体构成的不是一个静止的系统，而是一个更具创造性转变和创造力的开放动态的系统（成中英，2000：22）。"本体论"的概念出现后，其内涵发生了变化，不再是脱离现象的"理念王国"，而是用于指现象中隐藏的规律，或直接指称关于客观事物本质的知识。从西方近代以来，哲学发生"认识论的转向"之后，关于"本体论"的用法，主要是在后一种意义上使用的（胡伟希，2002：174）。

刘宓庆（2001：194）指出，"语言哲学视角中的翻译意义理论问题，恰恰是全部翻译理论的核心"。现代语言哲学中有关意义的研究文献汗牛充栋，主要论述有指称论（Theory of Reference）意义观、观念论（Ideational Theory）意义观、语用论（Use Theory）、指号论（Signs Theory）。奎因在他的外延本体论意义观中指出，一个概念的外延是不变的，内涵是可变的，随着语境的变化而变化，因此要将内涵语义从本体论中去除（李国山，2005）。他只承认概念的外延语义是实体，而内涵语义不是实体。在他看来，实体是任何理论都需要假定的，语义理论也不例外（Quine，1987：131）。从不同层面或侧面或视角或目的审视语言意义的本质，只是揭示或解释了复杂的意义形态的某些属性特征，随着语言实践的深化，随着理论方法的日趋丰富，对"义-意"的多重本质属性的认识也变得日趋丰富。但就认知翻译学及其认知翻译过程理论研究而言，对"义-意"的本体论研究主要是意义的关系本体论和过程本体论。相关理论指导可以是达梅特（Dummett，1981：150）提出的意义理论观，语句的命题语义是根据客观世界的境况由表达式的意义来确定的；也可以是维特根斯坦（1996）所论的意义使用观，字词的意义是由实践中的使用情况决定的。钱德勒（Chandler，1995：6）揭示了意义的复杂性、层次性、连续性，提出了有关文本意义连续统的观点，即文本传递的确定的客观主义意义→不确定性的建构主义意义（读者与文本的互动性）→完全开放的主观主义意义（读者解释中的再创造）。"义-意"的本体论研究大大丰富了认知翻译学有关研究的外延与内涵，研究者应辩证地认识翻译的本体论意义形态及其表现方式，如客观意义、主观意义、建构意义、再创意义等，进而全面研究理解与表达的各种制约因素和条件，系统地认识文本的关系意义和意义选择的对策机制。

这种从微观研究出发的认识成果有助于重新认识我国传统翻译理论思想，有助于重构传统理论概念的定义、职能、特点、阈限和解释力。例如，我们可重新界定"忠实/求信"原则的公理性质，从辩证法角度赋予其新的理论职能（曾利沙，2017a），深入探讨"义-意网络关系论"和"义-意语境使用论"等新的理论研究范畴。

3.2.6 "义-意"识解研究的方法论哲学观

谭业升（2020：218）认为，认知翻译学必须重新关注翻译研究领域已有的成果，注重详细的翻译分析，关注更核心的翻译认知过程。其核心研究概念是创造性认知、复杂性认知、转换认知、社会文化认知、文本过程性认知、情感认知等。根据现有文献，认知翻译学及认知翻译过程研究存在两方面的局限性。一是缺乏针对翻译过程问题导向的"义-意"识解机制这一核心研究课题的系统方法论，对系统方法的探索与创新还没有引起研究者们的普遍重视；二是有关研究范式、对象、内容、目的、目标、任务、方法、手段等仍囿于认知语言学、心理语言学、语篇语言学、社会语言学等学科理论以及技术手段的运用，研究者侧重于论证这些理论知识和科技手段对翻译实例进行分析的效度性、合理性、解释性。给读者的印象是：研究者实质上是想证明认知语言学及其他相关学科理论方法在翻译研究中的可行性；或者是向读者介绍可能适用于认知翻译研究的视角与方法，其目的是扩展研究的视域。大多数认知翻译学相关研究的例证分析都没有结合翻译学本身的理论资源，如翻译的目的-需求论原则范畴、对策原则范畴、辅助性准则范畴、可操作规则范畴、技法范畴、文学翻译的艺术再现与表现等，仍停留在主观印象式的散论阶段。论述认知翻译学理论与运用的著作中很少见到复杂而丰富的典型案例分析，如有的著作整本书有关翻译实例的讨论仅十余个，且欠典型性，难以体现认知语言学理论与翻译理论紧密结合的创新价值。笔者认为，认知翻译学及认知翻译过程研究必须与翻译实践问题以及翻译学理论资源有机结合才有创新的理论方法论意义和指导普遍实践的价值作用，否则，其论述就是一堆抽象的概念、术语、方法、手段的汇集，不仅无助于翻译学理论的深入发展，也难以对认知翻译学这一分支研究领域的横向与纵向发展产生积极影响。

从方法论的本质特征看，只有当活动的目标不能直接到达时才需要严格意义上的方法，方法的实质是从一定角度、模型或框架出发进行的分析与综合，一切方法都只是这种分析与综合的特殊表现或特殊运用（刘永富，2002：8）。这些方法论包括策略型方法、逻辑型方法、认知型方法、现象（表象）描述型方法、模块化方法、交叉学科理论所转化的理论型方法（如语境参数理论方法）（曾利沙，2020）。认知翻译学及认知翻译过程研究需要借助信息系统方法论的研究路径：加工、改造、处理、建构起有组织的信息，揭示对象的性质、规律等（欧阳康和张明仓，2001：247），进而探讨如何从翻译实践中衍生出新的研究方法、视角、路向或范式，尤其是借此探讨翻译的"义-意"识解机制与信息表达的分类、定义、角度、标准、关系、加工与建构等方法，再上升到基于文本类型的翻译理论原则范畴层面进行理论建构。具体而言，研究者应重视认知翻译过程研究方法论（分析与综合）指导下的译文的各种表现方式、质与量的统一、接受效度等的科学系统研究。

有的翻译的主观理据是中英民族的语言与思维差异的容忍度，汉语民族对语言表述形式是否符合逻辑的包容度大于英语民族，汉语语言中许多表层的概念结构形式可以不符合事实（态）逻辑或认知逻辑等。例如，**年轻的莫老在镇上教过书**"和"小时候的**孟子**"也是不符合认知逻辑的语言形式，古人用"子"尊称有道德和学问的人，儿时的孟轲怎么能被称为"孟子"？符合事实逻辑的语言形式应分别为"莫老年轻时曾在镇上教过书"和"小时候的孟轲"。可见，汉英翻译中选词择义的认知思理理据还受到中英语言与思维差异的制约。

对于认知翻译学及认知翻译过程研究，研究者在方法论上应关注复杂的翻译实践，从中发现一系列典型实例，进而进行科学归纳推理或典型归纳。科学归纳推理是根据对某类事物中部分对象的研究，发现这些对象和某种属性有必然的联系，从而推断某类事物全部都具有这一属性的推理（张绵厘，1993：229）。典型归纳是指从对具有代表性的个别事物的考察中，抽象出其中的一般规律，然后概括到同类事物上，从而断定这个由个别事物中抽象出的规律，也是该同类对象的共同规律。认知翻译学及认知翻译过程的理论研究所依据的实例必须具有典型性，其理论认识和规律性表征应具有科学性，因而离不开哲学方法论的指导。研究者的重要任务之一就是揭示翻译活动复杂现象中的本质特点，并能从工具性理论方法的使用中归纳出典型的翻译原则理论认识，只有二者紧密结合才能展示认知翻译学的理论方法论之特色。例如，我们可针对上述书名的创译，通过典型归纳法总结出如下"书名翻译的原则理论范畴"：①审美目的-需求原则：力求最佳社会接受效度，易于大众传播；②价值原则：形式美感醒目；③策略原则：结构简约凝练、易读易记；④辅助准则：话题-内容关联性、主题突显性、概念内涵语境适切性；⑤操作规则：避免概念冗余、避免歧义概念、强化概念关联；⑥翻译技法：概念简略与整合、析取或突显下义概念。

3.3　"义-意"发生论的心理学基础

任何一门科学总是处于建构的过程之中（皮亚杰，1981：13）。瑞士心理学家皮亚杰的发生认识论的建构学说同样适用于说明认知翻译学有关"义-意"的发生论研究。他从儿童心理学研究出发，指出认识的建立可能和认识论各种关系的建立有关，是由认识主体和认识对象或客体之间的相互作用而形成的一整套结构（陈孝禅，1983：15）。他认为，认识的发生与发展取决于认识的外源因素和内源因素的双重作用。认识的获得必须用一个将认识的内外源因素和建构主义紧密地连接起来的理论说明，即每一个结构都是心理发生的结果，而心理方式就是从一个较初级的结构过渡到一个较复杂的结构（皮亚杰，1981）。在"义-意"的翻译过程中，译者往往同样经历一个从简单体到复杂体的建构过程，对这一建构过程的推论、阐释与描写，是认知翻译过程研究面临的重要课题，需要理论方法的创新。

其次，心理学从言语行为机制入手探讨意义的翻译问题，研究人们如何借助心智能力获得意义，并如何赋予意义以言语形式，通过言语行为进行人际交流（Olshewsky，1969：10）。心理学也研究二语习得与交流的心智活动，研究的重点是学习者如何在思维过程中将意义按其母语的词法和句法进行编码和解码，以第二语言反映对原意的理解（刘宓庆，2001：193）。这对认知翻译学有关"义-意"的发生、建构、赋形、识解、运用、再次赋形、接受、评价等（从解码到编码）的心理学基础提出了路径性指引，研究者应探讨译者在"义-意识解"过程中的"心智能力"和"思维运作"以及"义-意赋形"所涵盖的结构要素。该研究的理论意义在于将研究的发现和认识进行加工提炼，将经验感性认识上升为理论感性和理论理性认识。皮姆（Pym，2014）认为，译者在翻译选择时会发生内在化理论，个体的内在理论公开发表时会引发公众讨论，当其理论产生分歧时，这种酝酿中的内在化理论就通过概念转化为显性理论。个人理论可能得到部分人的赞同，或对立的理论立场有可能在更大的理论框架内和谐共处，变成公共理论而被沿用,并有可能成为一种研究范式(曾利沙,2020)。

认知翻译研究的心理学基础还涉及翻译知识获取的相关问题,缺乏相关知识必然导致研究者的视域狭窄,无法洞察复杂的翻译实践的方方面面,其研究发现和成果也是有局限性的。翻译知识的探讨涉及知识分类,如体认知识、实践知识、逻辑知识、理论知识、方法知识、认知思维知识、自然知识、社会知识、语言知识、语体知识、常识等(杨效斯,2002:321-352)。认知翻译学若要取得创新性发展,还不能满足于这些现有的知识,需要研究者推陈出新,从这些相关知识的运用中力求新的发现,从认知角度提升出新的理性知识,揭示翻译活动的本质特点和关系,发现新的理论与方法研究增长点,凝练新的知识概念,揭示研究客体不同的本质和非本质属性及其与主客观认识的关系。

3.4 "义-意"体认与建构宏观-微观理据

3.4.1 宏观理据

从形式看,翻译一般是文本的翻译,其操作的对象是由语言文字组成的篇章;从内容看,任何文本都具有相对明确的思想内涵及相应的语言表现手段;从性质看,翻译又是语际间的文本转换,涉及不同民族语言文化与思维习惯差异的制约;从体验的共性看,任何文本都是特定社会文化语境的产物,是烙有作者个性特征的思想物化形式,反映着作者对特定社会生活、人际关系或客观世界等的主观认识方式,都是可以通过语言文本这个载体体验到的。这种认识方式又反映于文本内在的倾向规定,其重要特征是:任何文本都有向读者呈现的特定主题(或称宏观结构),并以抽象概括化了的思想内容或显性或隐性地存在于文本之中。作者在生产文本过程中,一旦主题得以确立,就必然形成以特定主题为轴心的认知逻辑导向,在文本线性发展中得到充分的层次性展开(如主题倾向的递进发展)和明晰化体现(曾利沙,1994)。可以说,文本又是主题思想规约下的产物。基于此规律,进入文本的词句都是作者有意识选择的结果,其选择又必然有其内在的主题认知关联制约性(曾利沙,2005a,2007b),如反映爱情、亲情、家庭、友谊、成长、学习、工作、奋斗、挫折、社会矛盾、阶级冲突、总统竞选、经济商贸形势、文化教育、战争、和平、仇恨、嫉妒、休闲、怡情、愉悦、娱乐、生活感受、难忘经历、游记、演说等。这些都是任何译者或读者自身可以直接体验或通过阅读他人的文字而可以间接体验的，涉及人类社会个体与群体身体的各种感知体验或精神或心灵的知觉，并在此基础上形成抽象的理性思考，而这种抽象的理性思考又必然以对社会与人生的体验感知为基础。这样，原文作者表达的思想是有特定的主题与主题倾向之"迹"可循的，因而我们可将对文本的理解置于一个特定的历时或共时性的社会文化语境下进行审视，并将语境具体化为各种形态的、可以模拟重构的虚拟情景。研究者在学术交流中可通过多模态手段，将翻译过程中这些不同的虚拟情景下特定的主题与主题倾向概括提升出来，形成认知框架，以此对文本的意义进行解读和建构。这样，就为翻译实践的操作过程提供宏观理论指导，形成"从大处着眼，从小处着手"的翻译策略，以便为微观层次文本"义-意"的解读与表达提供宏观理据。

3.4.2 微观理据

从实践过程看，翻译是从原文到译文的物质书写过程，是一词一句的概念和命题线性展开的过程，原文词句固有的概念或命题语义是译文静态意义生成的基础。也就是说，人们在使用语汇时，一般是借助字词来理解其约定俗成的基本语义范畴从而进行交际的。但译者掌握的外语词汇并非直接源于异域社会生活中的人际交流，一般都只能通过词典的释义了解词义特征与有限的使用语境（简单例句）。词典定义或释义一旦被固化为社群的通用语义，即成为一种静态的概念语义参与语言的交际，并为语言使用者所理解。从语际翻译角度看，在一个语篇翻译中，静态的词汇语义的转换应占相当一部分的比例，故翻译学习者或职业译者借助词（辞）典等工具书就能进行基本的翻译工作，传达文本的基本语义内容。

然而，文本的静态意义转换是有限的，如词典往往在同一个字词下提供若干不同的义项，这就是语词概念的多义现象，多义性必然意味着意义的差异和变化性。语词概念的多义变化的成因皆由使用的不同"语境"所致，如同一语词在不同例句中产生不同的使用语义，可称为语境化意义。这就产生了语词意义的"不定性"问题，译者面临着从多义中进行选择，而选择行为又必然面临一种理性的或经验性（非盲目的）决断，需要根据所译文本的语境来考虑词义的选择。从语篇或文本层面看，字词的概念语义从属于整体，从属于段旨和全篇主题，其语义特征受语篇或文本主题和作者意向的统摄而具有趋同性和阈限性，同时也受各种语境参数的制约（曾利沙，2001，2005a，2006a，2007b，2011a，2014a）。因而，这种针对微观层面语词概念的静态语义的语际转换也不是一种简单机械地沿用或析取词（辞）典释义的翻译行为，还需要译者根据文本语境所创造的语境，去体验语篇或文本内容激活的历时或共时性的社会文化场景，或感受特定话题下社会文化生活中的各种复杂的人际关系所使用的语言，才能正确地判断语词概念的语境适切性，从而做出有理据的词义选择。

对于翻译过程中字词语义的把握和判断行为而言，译者面临的一个更大的挑战性问题是：文本的典型特征及其弱语境和强语境的关系。所谓弱语境是指对于原文词句语义的理解，基本上能从词（辞）典给出的静态或固化语义义项中进行选取，无须进行多大认知加工就可以在译文中呈现出来，并且能达到语句意义的准确、通顺、易懂，能为受众乐于接受。但是，这种简单地使用词典就能进行翻译的情况是很少见的，更多的是强语境下的翻译行为。所谓强语境是指需要依据各种语境参数对词典提供的各种静态的固化语义选项进行认知加工，甚至参与意义建构才能形成合适的语境化释义，并根据目的语的语言习惯进行调节润饰才能在译文中呈现出来。无论是对于翻译学习者还是富于经验的专业与职业译者而言，强语境下的各种翻译问题都是值得重视的棘手难题，需要译者深入体验语篇或文本的语境，因而是翻译理论与实践研究的难点和重点所在。

强语境的成因源自文本的特征，如多义性、非自足性（缺省性）、空白性、隐喻性、晦涩性、模糊性、抽象性、语境嬗变性等，以及表达形式的特殊性、独创性、陌生性、差异性等。这些特征决定了翻译过程中译者必须积极体验和参与文本意义的生成、补充和建构，文本意义的充实和丰盈才能使受众理解文本的"原义（意）"或作者创作意图，其过程往往充满着动态的"主体创造性"，体现着译者主体的主观能动性。这种主观能动性有其特定的动因，但其动因并不完全体现于译者主体的内在审美要求，审美要求有时还在更大层面上受制于外在的主题关联下的社会文化语境内涵表现的需要。在主体与客体的互动关系上，主客体之间的关系是双向的，二者相互联结、相互影响、相互包含，构成复杂的关系结构和动态过程，体现着主客体间的相互作用、相互反映和相互改造。主体对客体的认识关系则体现在：主体以观念的方式占有和把握客体，客体以信息的形式进入主体意识取得了观念的存在，而主体则通过这种形式从客体中获得了观念的内容，即认识了对象。在实践过程中，客体的存在、属性和规律的信息进入主体的意识，被主体的意识所反映，主体也就通过客体表现自身（肖前，等，1981）。在认知翻译过程研究中，研究者需要建构感官体验下的"义-意"识解和表达的加工机制，以期重点考察语词概念或语句在特定语境中所产生的"义-意"嬗变、提升、降格、迁移、引申等操作过程，并对语词概念或其"义-意"进行的分析、推理、推论、综合、判断、取舍、定夺的思维形式进行描写，得出规律性表征，寻找关联性语境参数和文本特定概念或命题语义之间的"义-意"赋值关系。

3.5　"义-意"的形态特征与研究内容

意义问题是翻译研究的根本性论题，具有理论认识价值和实践意义。意义是对认识主体而言的客体的价值属性，对意义形态的识别取决于译者的认识水平。阅读理解、日常话语交际或是翻译过程都离不开对意义形态特征的认识与把握。对意义的识解往往是主观的，但是一种在客观基础上的主观性把握。从语言逻辑或语言哲学观来看，"语言意义的本质是思维，是观念，是反映，是通过语言符号所传达的信息"，"意义的形式是观念，意义的内容则来自观念所反映的客观对象和人的活动（包括思维）"（黄斌，1999：49）。也就是说，这种观念意义的形式与内容必须能与它所反映的客观世界的事物、事件、人的各种社会文化活动等在经验层面得到解释或印证，或被人们所体验和感受。

英国语言学家利奇（Leech，1974/1981）区分了七种类型的意义：指称意义、内涵意义、联想意义、反映意义、社会意义、主位意义、情感意义等，提供了一种可区别的概念化表征，有助于解释和描写语言形式所传达的意义的产生和使用的方式、范围、意图、理解和接收以及相互关系，对翻译理解与表达具有可参性，能在一定程度上深化译者有关客体属性特征的认识。但翻译学理论研究不能简单地沿用语言学家们对意义形态的划分，这只是研究的基础，还有待深入全面的范畴化认识和理论充实。在译学理论研究中，有关意义的研究一般都囿于语言学和文学理论对意义的认识。目前，文学意义研究多于经验感性，少于理论理性，并没有形成范畴化研究，未能深入探讨宏微观理论间的联系与桥接。谭载喜（2005）在《翻译学》中将语义形态区分为句法意义、词汇意义、修辞意义。这是从语言形式或修辞功能上进行的范畴划分，并没有定性概括出意义的性质和形态特征。在这种范畴区分中，句法意义与词汇意义是语法学或词汇学所论的意义，词汇意义是概念语义，句法意义是命题语义，修辞意义是一种以获得某种交际效果为目标的美学意义。刘宓庆（1999：41-47）区分了概念意义、语境意义、形式意义、风格意义、形象意义、文化意义，并讨论了意义转换的制约条件。这些"义-意"形态的分类仍然不完备，不能全面反映翻译的价值属性。如何对意义的形态特征进行本质区分，是认知翻译学及其认知过程研究的一个重要课题。上述语义观或意义观都是从某个侧面或层次以不同的方式对意义的某种特征进行说明，有的认识具有一定的深刻性，有的认识则比较表面化、现象化。研究客体的价值属性必须考虑其客观性、普遍性、多样性，因为任何事物都是多样性的统一。

　　本书有关意义的研究旨在突破传统的"意义"认识的窠臼，从翻译认知思维角度对其进行科学、系统、全面的探析、定性、抽象、概括、分类。为此，笔者将"意义"的两个概念拆分为"义"和"意"，统称为"义-意"的统一体，并在本书的前面章节论述了这种分类的主客观理据。客观事实是，一般而言，语符概念都有其基本语义特征及其指称或指向义（外延语义），在外延之上又有自身的内涵义素及其语义特征的含"意"（如形象、情感、文化、联想、规模、方式、程度、时空等）。语符概念或语句"义-意"形态的多样性只是一种意义潜势，在不同语境中，对认识主体（如译者）而言其价值度是不一样的，有大有小，有积极有消极，有正有负，可析取可排除，可强化可弱化，甚至虚化。故在翻译认知过程研究中，对"义-意"的识解与表达过程中还存在价值取向和价值判断的关系问题。价值判断不取决于价值取向，而价值取向则依赖于价值判断。价值取向可能是自发随意，也可能是自觉或深思熟虑的，但应基于价值判断。译者"先全面地、深入地考察、判断一下各种可能性的价值，即考察、判断一下做好还是不做好，这样做好还是那样做好，对谁、对什么好，对谁、对什么不好，根据什么认为好，根据什么认为不好，好好到什么程度，不好又不好到什么程度，等等；然后再比较一下各种可能性的价值，选出最好的可能——即正价值最大的可能"（刘永富，2002：103），然后再决定做什么好与怎样做好。

　　在复杂的翻译实践过程中，译者总是面临着对"义-意"形态选择，否定与肯定的过程实质上就是价值判断和价值选择。严复的名言"一名之立，踟蹰旬月"，其经验之谈同样蕴含着对译文形式的一系列否定之否定和程度肯定的价值判断思维活动，一种从经验感性到经验理性的自证性思维活动：不好、较好、好、最好，译者必须说服自己为何这样译最好，对谁好，依据是什么等。文学翻译中的"灵感"说，从本质看，也是经历过一系列否定之否定和程度肯定价值判断思维活动。在灵感显现之前，译者认知思维中一定出现过N个可供选择的语言形式，但都被自己否定了，而每次否定一定都有自己认定的理据，或是有意识或无意识的，或凭直觉或经过深思熟虑的。任何语言形式的选择都必须是具有可定性概括的"义-意"的统一体，至于所选择的语言"义-意"形态是否适切语境，除了自证外，还依赖于学界同行的他证性批评。批评者的批评行为又必须是有依据的，若批评者对翻译的"义-意"形态特征及主要表现内容缺乏基本理论认识，那么就无法做出客观可证的他证性批评。现将"义-意"形态特征与研究内容归纳如下（参见表3.1）：

表 3.1 翻译认知过程研究的"义–意"形态特征及其研究内容

序号	价值义–意形态特征	主要研究内容
1	概念语义 （Conceptual Meaning）	内涵语义与外延语义的合称。主要研究外延与内涵语义特征或义素在语境中的关系特征及其运作方式。
2	逻辑/命题语义 （Logical / Propositional Meaning）	基于概念结构的命题语义，主要研究经验逻辑意义、预设语义、认知语义等的表达方式。
3	认知义–意 （Cognitive Meaning & Sense）	主要研究结合语境参数，通过辨义（意）、分析、判断、推论、析取、综合等认知加工所获得的义–意。
4	内涵义–意 （Connotative Meaning & Sense）	主要研究与外延义的关系，以及语境中内涵义–意嬗变和内涵式引申式义–意形态特征。
5	联想义–意 （Associated Meaning & Sense）	主要研究由语句基本语义可能通过联想产生的、并且能影响交际效果的关联性义–意。
6	情感义–意 （Affective Meaning & Sense）	主要研究积极情感，如喜悦之情、热爱之情、赞美之情等和消极情感，如愤怒之情、嫉妒之情、痛恨之情等。
7	形象义–意 （Imagery Meaning & Sense）	主要研究人物、事件、事物（态）展示的形象所蕴含的形象义–意的翻译表达。
8	社会义–意 （Social Meaning & Sense）	主要研究社会语域的含意性或意识形态义–意的价值特征与表达。
9	主位形式含意 （Thematic Implication）	主要研究基于语句句首位置的信息结构所蕴含的侧重性含意。
10	述位形式含意 （Rhematic Implication）	主要研究基于语句末尾焦点位置的信息结构所蕴含的侧重性含意。
11	搭配义–意 （Collocative Meaning & Sense）	属于微观语境的动态义–意形态，主要研究结构性或纵聚合与横组合制约关系的义–意形态。
12	修辞形式义–意 （Rhetorical Meaning & Sense）	主要研究包括功能修辞与美学修辞的含义或含意表达。
13	语篇结构义–意 （Discoursal Structural Meaning & Sense）	主要研究语篇信息结构蕴含的各种连贯义–意形态特征与表达。
14	文化义–意 （Cultural Meaning & Sense）	主要研究各种语言形式中所传达的民族文化的内容义–意形态与表达等。
15	互文义–意 （Intertextual Meaning & Sense）	主要研究文本的语言文化之间的趋同效应，包括引用、暗示、参考、仿作、戏拟、截取等各种互文形式所产生的新义或新意的动态意义。
16	语用含意 （Pragmatic Implication）	主要研究文化或话语交际中的语用含意（如各种预设意义）的形态特征与表达。
17	风格或体裁形式意义 （Stylistic or Genre-based Sense）	主要研究民族风格意义、时代风格意义、语体风格意义、个人风格意义的价值形态与表达。
18	语法形式语义 （Grammatical Meaning）	主要研究英汉翻译中英语语法形态的语义表现。
19	功能义–意 （Functional Meaning & Sense）	主要研究客体的文本功能或社会功能的价值属性特征的义–意形态与表达。
20	语境义–意 （Contextual Meaning & Sense）	主要研究语境所赋予的概念或命题语义的含义嬗变或含义充实的机制及其变化规律。

3.6 小　结

　　本章就认知翻译学理论与方法研究的哲学基础进行了多维度、多视角的阐释，对深化和拓展认知翻译过程研究具有方法论指导意义。认知翻译过程研究关涉"义-意"的识解与表达，但体认哲学观和认知语言学理论对如何进行研究并没有提供更广的视域和指导作用，而实践哲学观、分析哲学观、价值哲学观、本体论研究观、方法论哲学观、发生论心理学基础则能指导认知翻译学研究从"义-意"识解与表达的发生论、实践论、本体论、认识论、价值论、方法论、系统论层面进行全方位的立体性研究。其指导意义在于，研究者必须具有比较深入和广泛的翻译实践的经验感性和理论感性认识，应能发现各种翻译难点和重点问题的本质属性和价值属性的关系，同时还必须掌握分析哲学的分析方法论，在剖析问题的本质与解决之策过程中形成规律性理论表征，从个别中见出一般性，在特性中见出普遍性，这样才能丰富和拓展认知翻译过程研究的理论维度和深度。

第四章

翻译过程"义-意"体认识解与建构的认知机制

4.1 概　说

第三章论述了不同层面的哲学观对认知翻译过程研究的指导意义，这是属于元理论层面的理论探讨。但所有这些哲学观在实践层面都离不开对"义-意"形态的认识，在文本翻译过程中的认知视角和方法论仍有待于从实践层面对"义-意"的体认与建构进行经验感性和理论感性认识。从认知翻译学宏观理论研究的目标、要求、对象、任务、方法等结构要素看，对翻译实践的微观研究是充实宏观研究要素内容的学理性基础，缺乏源自实践的感性认识，理性认识或研究方法都是空洞无物的理论概念而已。研究者只有坚持由上而下和从下至上并举的理论与实践紧密结合的原则，以问题为导向，才能概括出认知思维运作的规律性表征。这些规律表征反映在不同的内容与形式方面，如意义与意味、概念内涵、精神与情调、意趣与神韵、风格与方法、逻辑感、艺术分寸、艺术意境、语言技巧等（张今和张宁，2005：11）。本章从不同"义-意"形态体认的识解与建构角度入手，重点论述翻译过程认知机制的不同类型，以期深入把握翻译的心智活动特点与认知规律。

4.2　自然环境体认与时空感知体认的"义-意"识解与建构

人生的体验之源丰富多彩，形式多样，其中最广泛的体验之源就是自然环境。随着自然环境中时空（一年四季、白天黑夜等）的变化，人们的体验也随之发生变化。文学作品描述的社会生活体验离不开自然环境对人的感官体验的影响，而人对自然景物的体认又受自身所处的社会环境和社会关系变化的影响，特别是人物情态特质的影响。文学语言尤其是诗词语言的特点是，作者对自然景象的语言描写往往只突出观察视角和概念意象本身，对于具体的时空位置描写却倾向于将其虚化或隐去，而达到一种模糊或朦胧美。然而，在语际翻译或文字转换中，译者有时根据目的语的行文特点或受众的美感偏好，对原文的语言形式进行认知加工，将特定时空中有关自然环境景物描写的概念"义-意"进行重构，赋予其明确的时空观察体认感知方式，在目的语受众中获得新的体认感。例如，唐诗《春思》的译者弗莱彻在译文中就创译了自然环境与时空体验的概念，如例 4.1（前文已出现此例，为了分析方便，复制于此）。

[例 4.1]

春思
（唐）贾至
草色青青柳色黄，
桃花历乱李花香。
东风不为吹愁去，
春日偏能惹恨长。

The Pains of Love
The yellow willow **waves above**;
　　the grass is green below.
The peach and pear blossoms
　　in massed fragrance **grow**.
The east wind does not bear away
　　the **sorrow** at my heart.
Spring's **growing days** but lengthen out
　　my sill increasing woe.

（弗莱彻译，参见吕叔湘，1980：42）

"义-意"创译理据的体认与建构解析：①原文诗句第一、二句突显了意象，激活的画面宛如广角镜头下的远距离景色：黄色的柳树枝条，草地一片青葱。译文却将镜头的视域拉近了，向读者呈现出的是近景：黄色的柳枝在上方随风摇曳（wave），青葱的草地在下方映衬，仿佛将读者引入其境，站在柳树下观察身边自然景物的颜色姿态。②在对第三、四句的翻译中，译者创译了两处grow：一处突显了香味愈浓的嗅觉体验感（原文单写香味）；另一处突显了时间体验感，将原文的某个春日环境的观察体验拉长为一天天积累起来的数十个春日，并融入了自己的情感内涵。此句的时空感知概念的创译在景物和情态体验描写上更能形象生动地表达诗人的悲愁（sorrow）和痛苦（woe）的心境。

4.3　社会体认与角色体认的"义-意"识解与建构

无论是翻译实践还是翻译过程研究，社会体认与角色体认与"义-意"的建构行为无处不在。这是因为任何人都是家庭的成员和社会的一份子，几乎所有的人都会以不同的方式参与社会工作，和周围的人构成各种社会关系，故任何人都具有多重身份或角色，如父亲、母亲、儿子、女儿、主妇、保姆、工人、农民、官员、职员、企业家、老板、白领、蓝领、总裁、上属、下属、朋友、保安、警察、画家、音乐家、演员、观众等。在认知翻译过程研究中，社会体认和角色体认对选词择义的理据具有制约性，研究者应力求通过表现来解释和揭示这种认知机制的本质特征，在翻译理论与实践之间找到联结的纽带，如例4.2。

[例4.2] As Miss Sharp's father had been **an artist and drunkard** and her French mother **an opera girl**, it is not surprising that Rebecca asserted that she had never been **a girl**——she had been **a woman** since she was eight years old. (W. M. Thackeray, *Vanity Fair*)

译文：由于她父亲曾经是**一名画家和酒鬼**，她的法国籍母亲是**一名歌剧演员**，无怪乎丽贝卡说自己从来没有做过**孩子**——她八岁起就成了操持家务的**成年妇女**了。

（引自文旭和肖开容，2019：8）

选词择义的理据解析：原文加粗标记的几处概念an artist and drunkard / an opera girl/ a girl/ a woman有某职业或角色的含义。英语的"artist"属于上义范畴概念，其下义概念是画家或美术家、音乐家、设计师等，译者根据上下文语境将其译为下义概念"画家"；英语的girl是指a person's daughter（女儿），或relatively young woman（年轻女人），译者根据行业概念opera girl的搭配，将其译为职业名称"演员"。这两个概念的译文符合原文语境的"义-意"形态。但译文存在概念选择上的语言表述问题，在本质上属于认知思维和对作者意向的辨析问题。

"a girl"概念的译文"做过孩子"侧重的是年龄小，"a woman"概念的译文"成年妇女"侧重的是法律意义上的成年女性，二者不是社会或家庭角色，不符合原文作者用词意向。"从来没有做过孩子"语义晦涩，在汉语中难以让人体验，孩子时期是人生必经阶段，何以说做过没做过？作者不用actress（女演员），意图在于通过丽贝卡的心理活动，断定其与歌剧职业身份的母亲角色进行对比之语用含意：作为人母在家不做家务事，将自己作为年轻"姑娘"看待，而年幼的女儿却从小就要像成年妇女那样操持家务，享受不到做女儿的家庭温暖。这种角色反差与对比性体认的含意应在译文中体现出来。汉语的"一名"常用以表示常规的职业，可以和画家和演员等搭配，但不宜说"一名酒鬼"（可以说"一个酒鬼"），因为酒鬼不是常规的职业。

改译：由于她父亲曾经是一名酗酒的画家，她的法国籍母亲是一名歌剧演员，无怪乎丽贝卡说自己在家里从未被当作女儿对待——她八岁起就担当起"主妇"了。（笔者译）

"女儿"相对于"母亲"形成家庭关系角色，"主妇"言简意赅，不仅意指"掌管家务"之职，还蕴涵"操持家务"之行为意义。译文可用双引号突显其角色，"主妇"之"义-意"兼具深层语义结构的指称语义woman和主管家务事之含意。这种语言翻译现象在认知思维中可被概括为"概念指称语义的语境搭配嬗变"。对于上述两个概念的转换，我们在翻译方法规律表征中将其概括为"上义概念降格"；在归纳-演绎方法中，我们可据此逆推出"下义概念升格"，即原文的下义范畴概念在译文中升格为上义概念。

4.4　生活体认与关系体认的"义-意"识解与建构

作者通过语言摹写现实，反映生活，表现生活，通过描写丰富的生活，揭示其复杂的本质。人从生到死会经历人生百态，如甜酸苦辣、艰难困苦、喜乐哀愁、顺境逆境、巅峰谷底、天灾人祸、疾病死亡、飘逸人生等，这些都可以在作品的语言中体验到。但是，语言并不总是直接摹写或反映现实生活，二者之间往往存在"隔阂"（gaps），读者或译者通过设身处地的体验才能理解语言的间接表达方式。译者只有深入理解作者视角下不同类型人物具体的体验或体验过的生活形态，才可能在译文中准确地表达出特定语境描写下的"义-意"形态。但问题是，译者的年龄各异，性别不同，生活阅历广度不一，知识掌握程度有深有浅，故在识解与表达文本难点与重点语言形式中可能存在误读误译。从此类典型译例研究中发现问题的成因，揭示翻译的本质，提出应对策略，总结认知规律，上升为理论认识，是认知翻译过程研究的重要任务，如例4.3（结合图4.1阅读例4.3）。

[例 4.3]There was a pier-glass between the windows of the room. Perhaps you have seen a pier-glass in an $ 8 flat. A very thin and very agile person may, **by observing his reflection in a rapid sequence of longitudinal strips**, obtain a fairly accurate conception of her looks. Della, being slender, had mastered **the art**. (O. Henry, *The Gift of the Magi*；引自欧·亨利，1997：4)

译文：房间的两扇窗户间有面穿衣镜。八块钱一间的房间里的穿衣镜你也许见过。一个瘦而灵活的人迅速一晃，**靠接踵而过的长条片段影像**，能大致准确看出自己的模样。德拉身材苗条，已掌握了这套本领。（张经浩译；引自欧·亨利，2009）

图 4.1　直角镜

生活体验、空间关系与"义-意"建构的理据解析：中译加粗部分语句语义晦涩，造成读者理解困难，描写的人物照镜行为特征与实际生活场景之间具有隔阂。例4.3引自美国著名小说家欧·亨利的短篇小说《麦琪的礼物》，大意是描写经济拮据的德拉租住在一间廉价公寓，房间家具简陋，墙上只有一个不大的直角镜（图4.1）。爱美的德拉每天出门都要对着窄小的镜子整理容颜和服饰，但是这种平常不过的照镜动作却被作者描写为by observing his reflection in a rapid sequence of longitudinal strips，字面意思是"以一种迅速有序的纵向条状方式观察自己的影像"，让读者难以理解，难以直接体验到德拉照镜的方式。可作者甚至说德拉因身材苗条，掌握了这种照镜的art，究竟是什么照镜术？

中译"一个瘦而灵活的人迅速一晃，靠接踵而过的长条片段影像，能大致准确看出自己的模样"表达晦涩，我们在现实生活中难以仿拟再现这种照镜方式。"迅速一晃"和"接踵而过的长条片段影像"不能在日常生活中得到还原和体认。问题有二：一是"接踵而过"的汉语确切说法是"接踵而至"，意思是人们一个接一个地到来。按照原文语境，德拉的小房间里怎么会冒出"人们一个接一个地从左至右或从右至左在镜前迅速晃过"的场景。若将小说拍成电影，导演如何要求一个演员表演出这种照镜方式？二是什么叫"长条片段影像"？只有录像机才能录下来一个长段的影像，人在镜中能看出长条片段影像来吗？

其问题的成因在于缺乏生活体验，译者没有经历过德拉这种小女人特殊照镜方式的生活，也没有充分发挥想象，通过语符激活的意象，身临其境地去模拟再现这种场景，故只能大概译出原文的概念语义，因而不能艺术地再现原文间接表达的生活场景。从生活体验看，挂在墙上的直角镜的位置一般在人的胸部以上，近照只能照到脖子以上的部位。由于镜子窄短，要想照到身体以下部位，就必须后退几步才行。爱美的姑娘照镜不仅只照脸部或下身部位，还要左照右照，看看自己服饰的侧面形象美不美。这样，苗条的德拉由于每天都要照照镜子，在镜子前面这一连串的动作已很娴熟，因此动作的衔接很迅速：近照远照左照右照（侧照）一下子就完成，这就是抽象概念longitudinal（measured lengthwise）strips在此特定语境下的"义-意"形态的综合表达。

> 改译：房间两扇窗户间有面直角镜。8 美元租金公寓房间里那种窄短的穿衣镜你也许见过。只有瘦小灵巧的人才可在**一连串近照远照侧照**下迅速地**把握**自己的**整体模样**。身段苗条的德拉，早已掌握了**这套照镜术**。（笔者译）

从这一典型译例的认知思维机制的解析中，我们可概括出相应的经验规则：还原生活场景，体验行为特征；化抽象为具体，化晦涩为明晰。其规则的主客观理据在于：①语言摹写现实，但往往不直接对应现实，造成理解之隔，需要读（译）者根据语境所描写的内容从日常可体验的情景方式去还原或再现特定场景，语言形式内容与现实行为描写之间应符合日常可体验的经验逻辑。②任何抽象晦涩的语言形式必然通过概念语义来表达，之所以抽象晦涩是因为概念本身语义一般是抽象概括性的，其含义是空泛的，不能直接对应文本语言所描写的对象内容，需要根据语境关联参数建构含义充实且可体验的意义。③文学翻译能否得到译者的艺术性表现或再现，取决于译者对人物行为特征的生活体验，把握人物形象和行为特征的细腻刻画，准确地把握原文人物外在神貌特点，才能在译文中做到神形兼备（曾利沙，2017c）。

4.5　形象体认与情感体认的"义-意"识解与建构

无论是文学作品还是非文学作品的翻译，形象体认和情感体认都是译者在翻译过程中需要给予艺术再现或表现的两大要素。艺术是形象具体地反映生活，表现作者思想感情的一种社会意识形态（《辞海》1989年版）。形象再现与情感表现是文学翻译最典型的本质特征，因为语言符号所激活的情景意象、人物形象、情感形态、人际关系以及人物与社会或自然之间的冲突等是文学中非常重要的构成要素，离开了形象思维和情感思维的连缀，文学欣赏或审美活动就无法进行。故对于文学翻译的认知过程研究，形象体认和情感体认也就具有了广泛的、普遍的理论研究价值。从文学语言的特点和作者表现手法看，有时形象与情感的描写并非明晰直接的，而是隐性的或间接的。作者使用的语词概念和句法结构表达的"义-意"具有审美张力，原文读者在阅读自己的母语作品时，由于具有相近的语言思维和审美习惯以及共享的背景知识，能通过自己的认知加工进行含义推论和补缺，完成审美过程，产生共鸣。但译文读者因语言思维和审美习惯的差异以及欠额的背景知识，有时难以进行顺畅的理解，故需要译者创译出连接的纽带。译者需要通过细腻地观察人物或事物的形象，设身处地辨析和把握人物之间的关系特质，体验人物内心难以言传的情感形态，在形象与情感互动中体验感知概念语义和句法关系所隐含的语境化内涵，并进行意义重构，作出适切于语境的译文表达，如例4.4。

[例 4.4] Martin was slightly **disturbed** by the cashier, a young and **giggling** Wisconsin school-teacher **with ankles**…

直译：马丁有点被这位年轻的出纳——一个年轻的、咯咯发笑的、**长着脚踝的**威斯康星州的女教师**打扰**了。

译文：那个年轻的出纳员、威斯康星州的女教师的咯咯笑声和一双**漂亮的脚**弄得马丁有点**心慌意乱**。（引自柯平，1993：81）。

艺术再现与艺术表现的认知思维理据解析：

原文情节是描写一位小学教师假期在酒吧打工当收银员，与男主人公马丁邂逅聊天交谈的过程。动词disturb的英语词典定义是：a) to **interrupt** sb when they are trying to work, sleep, etc; b) to **move** sth or **change its position**; c) to make sb worry（OALECD）// break the rest, calm or quiet of sb/sth（DK）。英汉词典提供的对应概念分别是"打扰；干扰；妨碍""搅乱；弄乱；搞乱""使焦虑；使不安；使烦恼"//"打破某人/事的平静或安静"。直译"打扰"表达行为事态，译文中"心慌意乱"是指心里感到惊慌，导致思绪纷乱。两种译文给汉语读者的体验感是：姑娘的咯咯笑声和漂亮的脚使马丁感到内心惊慌而意乱。

这里反映的是两性交往中英文化共性还是文化特性？不管是中国小伙还是美国小伙，在与一个姑娘无拘无束地轻松交谈中，听到她不时发出的咯咯笑声和看到她的脚，会产生心慌意乱的情态特质吗？上述两种译文都不适切语境。不同英语词典有大同小异的释义，问题就出现在小异之上。大同是指消极内涵语义，小异是指中性内涵语义。英汉词典给出的都是消极意义，如"打扰；妨碍；使不安；弄乱；使恼怒"等。disturb的中性内涵语义是break the rest, or calm of sb/sth（DK），打破某人内心的平静，并非一定是打扰或妨碍或使不安等，而应根据语境来确定break的内涵特征。在上述语境中，适切的选项是rest或calm，将其代入语境则是：Martin's rest or calm of heart was slightly broken by the girl's giggling and the image of the girl's ankles。其意是马丁平静的内心被姑娘的咯咯笑声和脚踝形象打破了，打破异性的平静内心不一定是打扰或干扰或妨碍或使不安等。

　　with ankles是一个含义缺省的介词短语结构，给读者一种陌生化语言叙述，中断了读者体验，在文学作品中属于"召唤结构"，需要读者或译者进行含义补缺。直译"长着脚踝的"显得不通顺，译文舍弃脚踝形象译为"漂亮的脚"（是对结构语义空白的含义充实）。作者从文化差异角度说明其理据：是因为汉语民族男性对女性审美部位的传统习惯是脚，英语民族的男性对女性的审美习惯是脚踝。翻译时应采用归化的策略。这种主观理据是否符合情态逻辑？笔者认为，双语文化差异体验本身并不能作为译文选择的客观理据。其关键问题是译者应结合语境对语词概念的外延与内涵语义特征进行深入剖析，辨析符合共性情理的艺术表现。将概念-命题语义结构缺省补缺认知推论程序阐述与图解如下。

　　在两人交谈中，年轻姑娘不时发出giggling（银铃般）的笑声（听觉刺激源），马丁又时不时将目光投向姑娘的"脚踝"（感官刺激源），这使马丁原本平静的内心变得有点不平静起来，此种内心情感形态想必是对异性的"心动"（对人物内心情感形态的共性把握），能刺激男性审美感官并能使其有点"心动"的女性脚踝一定是能诱人的，其具体形态应是轮廓清晰的（见图4.2），不会是肥嘟嘟的脚踝，肥嘟嘟的脚踝与胖腿粗腰相关联（见图4.3）（形象思维+经验常识推论），女性轮廓清晰的脚踝不构成男性孤立的审美体验，任何男性都不会单单喜欢女性的脚踝（共性经验思维），轮廓清晰的脚踝无疑使男人联想到女性优美的腿部曲线（相近关联性形象思维），有着优美腿部曲线的女性必然有着苗条的身段（整体关联性形象美-经验思维），姑娘的脚踝作为能使马丁有点"心动"的感官刺激要素之一，是女性的审美触发部位之一（西方男士审美心理特征）：具有审美感的女性脚踝一定是"漂亮的/性感的"（常识判断）。通过认知思维推演至此，我们可将with ankles概念的认知语义特征补缺为with sexy ankles（性感的脚踝）。

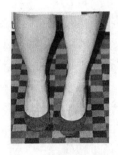

图 4.2　脚踝形象之一　　　图 4.3　脚踝形象之二

　　笔者在翻译教学中测试了男学生的审美倾向，男学生一致喜欢图4.2所示的脚踝。该语句可释义为：Martin's calm of heart was broken (felt slightly touched) by the young girl's melodious giggling and her attractively sexy ankles。

　　　　译文：望着眼前的这位年轻收银员，来自威斯康星州的女教师，马丁被**她的咯咯笑声和性感的脚踝弄得有点心旌动荡（心神荡漾）**。（笔者译）

　　在文学翻译过程中，对译文语言形式的选择、调整与加工等只是表象的，是艺术创造性思维的物化形式，不直接反映翻译艺术性的典型性。研究者必须首先透过现象考察译者主体的思维形态、思维形式与思维特征等才能深刻把握文学翻译艺术创造的本质特征及其内在运作规律，并据此形成感性认识和理论表征，进而拓展翻译学理论研究的深度与广度。其次，文学翻译艺术的典型体现并不贯彻于文本翻译的始终，即使对局部的操作处理也只是典型地体现于原作某些焦点化了的操作单位（取决于反映文化差异和思维差异的个性化语言形式），只有典型语言单位才能召唤译者主体的艺术创造性形象思维、情感思维及其相关的经验性审美体验或意识形态。所以，当人们说"翻译是艺术创造"时，实质是将文学翻译典型性的一面加以强调，是对其本质特征的突显。

4.6　感官体认与精神体认的"义-意"识解与建构

　　在翻译实践中，涉及感官体认和精神体认的翻译现象非常丰富，与视觉、听觉、嗅觉、味觉、身体感觉以及精神感觉（如愉快、郁闷、喜、怒、哀、乐、爱、恶）等体认的语言形式不胜枚举。从理论研究看，双语语言文化的差异和认识视角的特性导致语言形式与现实生活之间产生隔阂，造成跨文化交际的障碍，需要通过正确的"义-译"识解并运用相应的翻译技法予以调节或做出某种创译才能达到有效交际目的。特别是词汇层面或概念的指称语义与其交际意义的不一致性造成"义-意"识解与表达的困难。词汇的意义形态与一个民族的生活、心理、文化具有密切关系，词义引申具有一定规律性和民族性，反映着不同民族的生活习惯，观察事物的视角和心理，因而反映在语言中的事物特点也必然有不同程度的差异（陆宗达和王宁，1994：9，113）。同一个物体，由于概念化的方法不同，产生了不同的认知结果，在不同语言中就有了不同的命名思路和感知体验性结果。在认知翻译过程研究中，研究者需要对其进行"直观—感知—知觉—视角变换—体认推导—'义-意'辨析—再概念化—范畴建构"等一系列认知思维活动，发现、归纳和总结出种种规律性表征，如例4.5、例4.6。

[例 4.5] The impeccable seed into your heart **makes me salty**.

直译：无瑕的种子进入你的心里**使我变咸了**。（句子不通顺）

[例 4.6] Mark Twain was a **salty writer** with **salty language**.

直译：马克·吐温是一个用**咸**语言写作的**咸**作家。（句子不通顺）

义-意识解机制及概念语义生成的认知规律表征解析：①首先考察salty的语义特征：salty为"tasting of or containing salt"，该词属于味觉范畴概念。该词派生于名词salt（盐），盐是一种调味品，也是一种防腐的用来腌制食物的物质。②辨析其搭配或关联制约性语境参数：无瑕的种子（进入心理）+（使我）变咸；咸 + 语言/作家。③基于日常生活经验的体认机制，建立味觉概念的语义跨域转化的认知机制，如图4.4：

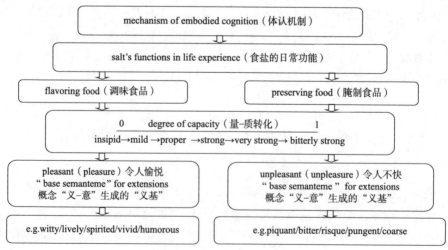

图 4.4 概念语义嬗变认知机制

注：部分英文中译见下段的解析

从上述有关味觉概念salty及其派生而来的名词salt在英语民族日常生活中的体认过程推演机制看，概念语义的跨域变化或"义-意"的语境化生成的体认路径是有规律可循的，是可以预测或推知的。例如，食盐作为一种调味品，随着其放入量的变化，口味变化为"无味（insipid）、味淡（mild）、适度可口（proper）、较咸（strong）、很咸（very strong）、苦涩（难以入口）（bitterly strong）"，对腌制防腐保鲜量的两极量度（0—1）产生体认感，偏向于两极左边表示给人以愉悦感，偏向右边给人以不快感。这样，pleasant 与unpleasant 则形成了概念"义-意"在语境中的生成"义基"，该"义基"能潜在地在原初体验性语义和跨域转义之间建立起某种内在认知关联，读者或译者根据其语境搭配参数在日常生活中的共性经验或体验感受赋予其转义或引申"义-意"形态。在英语中，salty与语言谈话或语言使用者风格特点搭配既可生成witty（风趣的）、lively（妙趣的）、spirited（精神饱满的）、vivid（生动活泼的）、humorous（幽默的）等令人精神愉悦的感受概念，也可和说话/写作方式或人的举止行为或天气等搭配生成令人精神不快的感受概念，如piquant（辛辣的，尖刻的）、bitter（味苦的，刺骨的）、risque（败俗的）、pungent（辛辣的，苦痛的）、coarse（粗鲁的，粗俗的）。

依据主客观互动的认知识解机制，上述两例中salty的语境"义-意"形态可译为：

> 例4.5可译为：完美无瑕的种子在你心里生根开花让我**甚感愉悦**。
> 例4.6可译为：马克·吐温是个写作风格**辛辣讽刺**的幽默作家。

这是味觉感受概念salty向精神感受概念跨域转义的典型实例，同时也可向嗅觉感受概念跨域转义。如例4.7：

> [例4.7] Along the road, we could feel the **salty scent** of grass in the early spring.
> 译文：一路上，我们能感受到初春野草散发出的**淡淡清香**。

4.7 经验体认与心智体认的"义-意"识解与建构

从人的社会活动的广度看，经验是一个无所不包的概念。人的经验可以涉及任何行业、职业或领域的身体活动或运动中获得的方法知识，如各类体育运动、旅行探险、钓鱼捕鱼、驾车驾机、音乐舞蹈、劳动耕作、手工建筑、机械操作，等等。人类通过对各类活动方式方法知识的积累，通过心智体认活动，逐渐形成经验结构而沉淀于语言文化之中，形成可以交流的共享性知识。心智体认活动，是指人脑内部的一种认知活动。不同于外显操作活动和外部言语活动，心智体认活动是人脑借助内部言语，对事物的主观表征进行加工改造的过程，也是外部物质活动向反映、知觉、表象和概念方面转化的结果（林崇德等，2003）。

在翻译活动中，作者有时根据自己所经历过的各种个人或群体性的社会活动获得经验体认感知，在语言交际中将其以不同的表达方式（特定的选词择义）描写出来。但这种基于某种活动的经验描写在不同的语言文化中的表现方式或命名视角是不同的，这对翻译选词择义的适切性提出了易懂、易读和易于接受的原则要求。如飞机"滑行""起飞""降落"的英语表达是 taxi、take off、land，而垒球的"球棍"和"击球"在英语中都是bat（可作名词和动词）；钓鱼活动的相关概念如鱼竿、鱼钩、调漂、找底、线组、浮钓、底钓、抄网等的英语翻译需要译者熟悉适切的概念形式。但有时作者对各种经验活动的描写方式有别，也不一定会严格按照其程序化的细节内容完整表达出来，与现实生活经验之间具有一定的隔阂，译者在翻译中就必须还原生活场景，通过各种直接或间接方式体验特定经验活动方式方法，补充出相应的内容，尤其是应把握经验活动描写的选词择义的准确性。例如，下面有关钓鱼经验活动的描写形式看似简单，但从译者的选词择义看，显然缺乏对钓鱼的体认知识，使得译文描写与常识相悖，如例4.8。

[例 4.8] We caught two bass, **hauling** them in **briskly** as though they were mackerel, **pulling** them over the side of the boat **in a businesslike manner** without any **landing net**①, and **stunning them with a blow**. ②（"Once More to the Lake" from E. B. White's *One Man's Meat*；引自 White，1999）

直译：我们钓到了两条鲈鱼，**轻快地提了起来，好像钓的是鲭鱼**。把鱼从水边**提**出来是理所当然的。接着就在**鱼头后部打上一拳**。

艺术再现的主客观理据解析：

这是美国作家怀特的经典散文《重温梦湖》中的一个片段，记叙作者儿时每当八月份都要随父亲去缅因州的一个旅游休闲胜地度假。这里描写去湖畔钓鱼钓到两条大鲈鱼的场景。对有关钓鱼的一连串动作形态（hauling...briskly、pulling...in a businesslike manner、stunning them with a blow）语言描写的翻译，译者若无直接或间接的经验体认，就无法生动地再现钓鱼体认的语言叙事美。原文①和②之间有操作动作的空缺，翻译时若不进行命题结构语义补缺，只译出字面意思,译文则显得缺乏常识而不连贯通顺。

　　钓鱼活动的经验体认对选词择义的精细化描写具有客观理据性。例如,遇到体型较大的鱼上钩,大鱼咬钩后挣扎力度特猛,钓鱼者不能马上猛拽或提拉,否则容易脱钩或损钩断杆,得学会时而放松时而收线的溜鱼技巧。原文的hauling…briskly不宜译为"轻快地提了起来"(只有小鱼可以迅速上提)。就概念的语境化"义-意"识解而言,hauling(拖拉)的动作方式预设了上钩的鲈鱼体型较大,且咬钩的地方离岸边有段距离,所以要轻快地拉近至船边。直译译文后面又跟着"把鱼从水边提出来"的描写,为何一开始就把鱼从水中"提了起来",后面又有"从水边提出来"的重复动作?何况中间还有in a businesslike manner的描写,直译则无厘头地将其译为"是理所当然的"。可见直译译者缺乏钓鱼的体认思维,仅凭自己的主观臆断进行翻译。其次,直译译者没有深入理解as though they were mackerel的意思,直译译文"好像钓的是鲭鱼"意义不连贯不通顺。前面确定地说钓到两条鲈鱼,后面又说好像是鲭鱼,难道他们分不清什么是鲈鱼和鲭鱼?作者实际上是借此说明对付不同鱼类的垂钓方法,对付体型较大的鱼就得遵循有条不紊的操作步骤。

　　直译译文"在鱼头后部打上一拳"不符合钓鱼常识体认,有哪位钓鱼者刚把一条大鱼提拉出水面就朝鱼头打上一拳?大鱼刚拉出水面悬在空中会胡乱奋力挣扎,如何打得准?再说鱼头挺硬的,肉拳不蓄力如何一下就能将鱼打昏(stun)?有经验者必定快速将鱼拉进船舱或拉上岸,用木棍猛击其头部才可使其昏厥。

　　　改译:那天我们钓到了两条鲈鱼。鱼刚咬钩时,我们就像对付鲭鱼一样,轻快地往回顺拉,因无抄网可用,我们有条不紊地先把它们拉到船边,然后迅速提进船舱,用棍重击一下鱼头,鱼儿便昏过去不动了。(笔者译)

4.8　静态与动感体认互动的"义-意"识解与建构

　　在文学作品中,作者对人物或景物的描写既有静态的也有动态的表现方式,但在翻译过程中,为了获得形象生动的艺术表达效果,译者对于静态的语言形式需要给予动态的感知体验才能准确、适切地表达出其语境"义-意"。还有种情况是,有时作者通过特定的句法结构组合,将动感的行为状态用静态的形式表达出来,译者需要通过感知体验才能领会其内在的因果逻辑,才能让读者明白语言"义-意"的形式与生活经验之间的特殊关联性。这种现象往往由英语的形合与汉语的意合之差异所致，如例4.9。

[例 4.9] Essex held up the edge of the desk **with strong and white knuckles.**
　　直译：埃塞克斯用他粗白的指关节抬起桌子的一端。（语义晦涩且有歧义）

　　动感体认的认知思维理据解析：①英语的介词with常表示"使用"（工具或方式）的语法意义，短语with strong and white knuckles直译为"用他粗白的指关节"。但译文造成读者理解上的误读：埃塞克斯长着又粗又白的指关节，让人觉得他的指关节长得有点畸形。②这个语句前面部分是动感描写：抬起一端桌沿；后半部分是静态描写。二者之间存在隐性因果关联，我们可通过身体的日常体验或经验来感知：自己和人去抬起一张书桌，两人各抬一端。若书桌较沉重，就必须用力，观察自己弯曲的指关节的状况，可以发现由于需要用力，指关节处的血液受到挤压而变得泛白，而手指关节两端的肌肉部分则因为充血而变得粗大。③在这一模拟再现情景中，strong and white knuckles是语句谓语动词短语held up所示行为产生的关联性物理变化的结果，可以直观体验。由于英语介词短语独特的句法功能，作者将这种具有直接联系的行为—结果事态变化过程静态地"形合"到介词短语中，简化了语句结构，使得语言表达精练，又能产生陌生化效果。这体现了英语介词丰富的形合表现功能及其抽象的表意功能。但是对汉语民族读者来说则不是习惯的说法，其习惯于将行为或事件完整形象地陈述出来，并且在意义上力求行为—状态的有序性，即习惯于用表层命题语句表达二者之间具有意合的因果关联性（埃塞克斯用力抬起桌沿，手指胀得粗大泛白。）。类似的典型译例能通过认知翻译过程加以研究，将译者对语言形式的"义-意"形态和关系的认知加工过程和思维理据揭示出来，阐明如何将语句抽象的结构语义关联转化为具体的形象语义关联，让读者直观地感知英语的形合性与汉语的意合性差异在语言事实中的具体体现——如何从初始直观的内在思想语言转化为抽象的表层语言结构，如例4.10。

[例 4.10] So the Hail came. Every day for three hours he **rattled on the roof** ① of the castle till he **broke most of the slates**②, and then he **ran round and round** ③ the garden **as fast as he could go**④. **He was dressed in grey**⑤, and his breath was like ice.（Oscar Wilde, *The Giant's Garden*；引自王尔德，2013：98-99）
　　巴金译：因此雹来了，他每天在房顶上胡闹，弄坏了许多石板，然后又在花园里狂奔。他穿着灰色的衣服，呼吸像冰一般冷飕飕。（引自王尔德，2013：97）。

动感体认的"义-意"识解与艺术再现理据解析：*The Giant's Garden*（《巨人的花园》）是英国作家王尔德写的一篇童话故事，讲的是一个巨人看到孩子们在自己的花园里玩耍很生气，便在花园周围筑起了高墙，将孩子们拒于墙外。从此，园里花不开鸟不语，一片荒凉。春、夏、秋都不肯光临，只有冬天永驻。一天，孩子们从墙洞爬进来，春天也跟着孩子们来了，花园里立刻变得生机勃勃。当巨人把孩子们再次赶出后，花园又被冰雪覆盖了。之后，巨人在小男孩的启发下醒悟了，拆除了围墙，花园成了孩子们的乐园，巨人生活在漂亮的花园和孩子们中间，感到无比幸福。作者采用拟人手法，把冰雹喻为一个顽皮孩子，用一连串的动词短语①②③④描写他在巨人的花园里玩耍：雹借风势，在城堡屋顶上噼里啪啦闹腾、打破了很多瓦片、绕着花园尽力跑。巴金的译文在句⑤前句用了句号，将隐喻直译，使得译文缺乏上下文行为—结果的事态连贯性，读起来缺乏童话故事语言的形象生动美。在翻译时，译者应调动认知体验思维来识解隐喻的形象关联性与事态因果关系：狂风夹着雹子，本是洁白的雹子借着风势，在花园的地面上滚动，粘上了灰尘，所以看上去像是穿了一身灰装。

改译：于是，雹子来了，他每天在这府邸屋顶上都要闹腾上三小时，把瓦片砸坏大半才停止。然后他又绕着花园一圈圈奋力跑，把自己弄得一身灰，累得气喘吁吁地，呼出来的气像冰一样冷。（笔者译）

从体认哲学观考察上述典型译例的识解过程与译文表达的理据，我们可将文学翻译的本质特征概括为"文学翻译是形象与情感的统一"，"拟人化语言的艺术再现是文学翻译的重要表现形式之一"。

4.9 英汉文化共性与差异体认的"义-意"识解与建构

语言是文化的载体，如英汉语言中大量的动物、植物、食物、颜色等词语，其蕴含的不同文化内涵一般都是约定俗成的，许多词典都提供了其特殊的"义-意"形态，译者在翻译时一般凭借相关词典或参考工具书即可知晓，无须经历复杂的认知思维导引下的"义-意"辨析过程，许多翻译研究者从修辞学或英汉语对比语言学角度对这种现象进行论说（包惠南和包昂，2004；陈中绳，1984；潘红，2005）。但是，有些文化荷载词语概念语义的识解并非能从词典释义或一般文献中找到依据，译者必须根据这些文化荷载词语的文化内涵，结合关联语境参数进行认知加工——感知、辨析、判断、抽象、概括、综合等才能获得适切的译语形式，这些语言现象成为了认知翻译过程研究的主要对象，如例4.11。

[例 4.11] ... because you face the **food dragon** several times a day, you'll be **tempted** to backslide. Prepare yourself for those moments. Detour round the **cake shop** on your way home. Plan what you'll eat or drink at the office party.（"Slim by Summer", *Reader's Digest*, July, 1992）

机器翻译：因为你一天要面对几次食龙，你可能会有倒退的冲动。为那些时刻做好准备。回家的路上绕一绕蛋糕店。计划好你在办公室聚会上要吃什么或喝什么。

在例4.11中，英语动物名词dragon的指称意义是a **large** aggressive **animal** with wings and a long tail, that can breathe out fire（*OAED*），其区别性内涵特征是aggressive, with wings, long tail, breath out fire，无论是指称意义还是文化意义，dragon 不同于汉语文化中的"龙"。dragon可体认的特征有很多，可通过抽象概括，将其描述如图4.5：

1）Its appearance suggests fierceness and fearfulness.
（它的外表暗含着凶猛、可怕。）
2）Its nature suggests evil and viciousness.
（它的本性暗含着恶魔、邪恶。） ⎫ fierceness, fearfulness, evil, viciousness, sin
3）Its living habit suggests sin. ⎭ （凶猛、可怕、恶魔、邪恶、罪恶）
（它的生活习性暗含着罪恶。）

图 4.5　从 dragon 的属性特征抽象出文化内涵的过程

但在此有关女性减肥话题语境中，受语境参数cake shop、tempt的制约，dragon的文化含意特征fearfulness（可怕的）被析取出来，在此话题统摄下的译文中得到突显：作者说女性喜欢吃甜点，"我"在上班途中必经一家美味糕点店，店里的美味蛋糕等甜点发出的诱惑"十分可怕"，所以为了保持苗条身材，只好绕道而行。

译文：因为你每天好几次都要经受美味糕点的**可怕诱惑**，你会**因禁不住诱惑而故态复萌**。面对这种时刻你得有心理准备。下班回家路上避开蛋糕店而行，计划好在公司社交聚会上应该吃什么喝什么。（笔者译）

此外，比较典型的理论与实践研究对象是那些不同民族习俗背景下的一般词语概念的"义-意"识解与语境化建构过程，研究者需从中归纳和概括出语言文化差异体认下的翻译对策与方法，揭示译者翻译过程的认知思维的运作路径及其主客观理据。

4.10　小　　结

　　本章从认知翻译过程的各种可体验性视角辨析文本"义-意"的识解机制及译文表达的语境适切性之主客观理据，旨在说明译者应在翻译过程中培养敏锐而细腻的观察能力、感知能力，并积极参与被不同语境所激活的情景体验，深入领会语言文字摹写的生活场景和人物关系特征，从外在形貌与内在情感的统一性上进行艺术再现和表现。同时也说明，特定文本中语言"义-意"形态的识解需要译者参与体认与建构，语境中词句意义不总是静态固化的，在很多情况下是动态识解生成的，是译者主客观互动的结果。译者或翻译研究者和翻译教师要正确解决翻译实践中各种难点重点问题，无不依赖于认知思维的导引，依赖于对复杂而丰富的人生百态的社会文化生活的感受和体认，应从翻译中学习生活，体验生活，理解生活，辨析"义-意"之态，表现生活之美，探索创译之道。

第五章

"解码—自证/他证—编码"模式：
"义-意"体认-建构过程连续统

5.1 概　说

上文论述了从认知翻译过程角度辨析"义-意"在语境中的形态类型、识解过程的思维导引、译文生成机制及各种体认的主客观理据性。本章主要讨论以问题为导向的翻译活动"解码—编码"过程缺失的一个重要环节：自证与他证。一般认识是，翻译过程就是理解（意义辨析）与表达（形成译文）的二维连续统。符号学视角认为翻译过程是解码（义素分析）与编码（意义重构）的过程；认知翻译学视角则突出了"义-意"识解过程的体认机制与思维的导引性。问题是任何视角的理论方法或手段本身都无法保证研究者或实践者对文本翻译活动中的理解与表达是正确的或合理的。研究者所引用的实例要么援引自他人的译文，要么是自己的译文，这就必然产生一个他证和自证的理论认识问题。当研究者讨论某个理论问题而援引他人译文作为佐证时，并且对某种译文的理解与表达的准确性做出肯定判断时，他必须做出确证性说明：什么是主观理据？什么是客观理据？这就是"他证"的体现。当研究者讨论某个理论问题而援引自己的某个译文作为佐证时，且对自己的理解与表达的准确或适切性做出肯定的判断时，他同样必须对此做出确证，说明什么是主观或客观理据，这就是"自证"的体现。但从国内外相关文献看，认知翻译研究者基本上倾向于在理论与方法手段方面加以论述，以难点复杂翻译问题为导向的过程研究则少见，或理论与实践结合得不够紧密。有些理论观点缺少实例剖析的印证性支持，即使援引的某些实例也不够典型，不能从本质上说明理论认识的正确性、深刻性、阐释性、操作性、应用性。有些研究翻译认知和翻译思维的论文或论著倾向于笼统模糊、抽象概括、主观印象式的从概念到概念的评说，缺乏对原文语言形式认知过程的多维特征的剖析，也缺乏对相应译文语言形式多维视角的比较评析与论证, 更缺乏主客观相统一的可确证、可操作的分析和综合研究。

当代认识论(epistemology)提出"知识与确证"的哲学问题, 其中一个重要的论题就是"信念论", 主要研究信念的性质、信念与知识的关系等, 其外延包括科学、政治、道德、宗教方面(陈嘉明, 2003: 36)。塞伊尔(Sayer, 1997: 35-37)认为信念特征包括以命题方式表示同意的态度、一种可以保持至某个延伸时期的认识态度、能够以不同程度的确信来把握。阿姆斯特朗(Armstrong, 1961: 121)则将信念视为一种倾向、意向, 是一种与某事"相关"的状态, 正是这种"相关性"体现了信念的"意向"性质, 体现了意向所具有的意义。在认识论者看来, "确证"应解决两个主要问题: 一是确证的性质, 是否具有规范性、评价性和义务性, 是否以把握真理为目标; 二是确证需要满足的标准和条件(Fumerton, 1995: 49; Plantinga, 1993; Pollock, 1986)。其中"规范"是个价值的概念, 以认识上的"好"作为确证的标准, 它表示的是"证明……是合理的", 或"证明……是正当的"。对于认识论而言, 信念与命题确证需要证据。齐硕姆(Chisholm, 1982: 76)和诺齐克(Nozick, 1981: 248)等提出"证据主义", 主要研究证据的界定、如何具有证据、证据与信念的支持关系、证据在确证中的作用等。随之, 语境主义的出现为知识的确证提供了新的理论支持: 真信念若要成为知识, 需要在"相关选择项"上添加条件, 即语境。

无论是翻译实践或翻译过程研究, 都涉及对译文的正确或适切与否做出自我判断并加以求证; 对于翻译批评而言, 对译文质量的判断(好与不好)更需要确证和证据; 对于认知翻译过程研究而言, 如运用各种科学技术手段进行的实证研究或对各种案例的辨析, 若只是纯粹地描述其心理过程或认知视角或方法, 而不从整体上对译文的选词择义的正确性或对各种复杂的"义-意"形态的识解与表达进行有理据的价值判断, 那么, 这些研究也就失去了其应有的理论价值和实践指导意义。因为, 这些研究给予积极肯定或评价的译文有可能是错误或语境不当的, 甚至会产生消极的社会效果。从这种意义上讨论认知翻译学理论的深入发展, 在解码与编码之间引入"自证/他证"这一确证理论环节。本章将在确证主义观的关照下, 围绕这一论题, 结合一系列典型案例加以分析, 阐释自证与他证所需的证据链——各种知识结构的有序推论与运用。

例如, 下面有关翻译思维形式"判断"与"意象"关系的论述未能从识解和表达之维的统一来论证翻译认知思维的本质特征及译文的适切性。摘引如下(参见龚光明, 2004: 11):

判断——意象

文学作品的思维形式和结构，往往由意象与概念、判断交织在一起。如：

[例 5.1]①The moon is a stone; but it is a highly numinous stone. ②Or, to be more precise, it is a stone about which and because of which men and women have numinous feelings. ③Thus, there is a soft moonlight that can give us the peace that passes understanding. ④There is a moonlight that inspires a kind of awe. ⑤There is cold and austere moonlight that tells the soul of its loneliness and desperate isolation, its insignificance or its uncleanness.（Aldous L. Hesley, *Mediation on the Moon*；引自 Gross, 1991）

月亮是块石头；但它是块极为神圣的石头。……这样，它有柔和的月光，它能给我们以超越于理解力的安宁。它能使人产生敬畏感。有寒冷而严峻的月光，它向灵魂倾诉它的**寂寞**和**绝对的孤独**，它的微不足道和肮脏不洁。

文章以译论为主，但笔墨饱含情致，在表达上把意象和概念交织在一起，把组合的意象与直接的抒情、表白、哲理，甚至杂文式议论穿插糅合起来，将科学态度和人文精神熔于一炉，既有深刻的哲理意味又不乏浪漫的抒情色彩。

研究翻译思维就是从认知思维层面研究"义-意"识解与表达过程中译者在选词择义（概念辨析）及行文（衔接与连贯）方面的心智活动形式及其主客观理据，即语言形式与思想内容的统一。但上述有关翻译思维的"评说"有点笼统模糊，关系不清。原因如下：

一是没有定性概括地说明原作者的思维形式和译作者的思维形式：原作者思维（？）→翻译过程思维（？）→译作者思维（？）。二是没有明晰地说明"判断——意象"是种什么关系，判断什么，通过何种意象进行何种判断，对翻译表达有何影响？三是没有说明"意象"具体是指什么？是指物态"月亮（球）"或"石头"或情态意象"安宁"或灵魂"孤独"？什么是"意象和概念交织一起"？四是没有说明哪些词句表达了什么样的"哲理"或"深刻的哲理意味"。五是没有说明哪些词句传达什么样的"科学态度"，哪些文字体现了什么样的"人文精神"。作者没有对译文质量做出价值判断，看不出这段评论如何揭示散文翻译过程译者思维的本质特征，也不明白这段评说对翻译的理论与实践有何参考意义。对于上述语段翻译的思维形式与特征，笔者首先从"义-意"识解与表达之维的外延与内涵相统一的角度进行确证（他证）性阐释，最后通过自证提出自己的建议性译文。

1. 基于问题导向的理解-表达过程的他证与自证解析

（1）宏观结构与微观结构的关系问题：理解或解码的关系+过程本体论

例5.1中散文题目是"Meditation on the Moon"，其主题是什么？主题对微观词句的义与意的理解与解读及译文表达具有统摄性（陈忠华、刘心全和杨春苑，2004；曾利沙，2005a，2006a，2007b），只有从整个语篇之大处着眼，才能从局部词句语义或含意的表达着手。例如，上述原文是第五段开头部分的内容，对句②Or, to be more precise, it is a stone about which and because of which men and women have numinous feelings的识解与表达应参考整个语篇语段之间主题倾向，其语义连贯性规约从客观上制约着译者对某些概念内涵的理解和表达的选词择义。

第一段段旨：作者开篇声称，唯物论、唯心论哲学观"只有"（nothing but）枯燥的、纯粹的"精神、意识、学说"，而"我们"的常识声称：不仅有此，而且有彼（Not only...but also...）。

其余部分的主要内容是描写月圆之夜的自然之美，作者谈到人们对"月球"地质构成的看法，进而联想到月亮（球）的神性在于它的超自然属性，对地球上人类的身体、情感、情绪、灵魂等具有影响，故人们对月球乃石头之说的"石性"精神的冥想给人以神秘之感，圆石之月的象征性及对人类情感的激发性（人文性论据）。

（2）原文句法及其意象的深度识解问题："义-意"识解的认识论

"The moon is a stone."的语法结构属于主系表；其逻辑思维属于判断语句；其修辞手段属于隐喻。隐喻识解的认知思维问题在于明确本体"月球"和喻体"石头"的相似性是什么：为何月亮是石头？需明确意象关系判断背后的主客观理据。

2. 英语概念内涵的语境意义的理解与解读问题

同一概念往往具有多义项，其外延是可通约的，其内涵是有区别的，不同的义项适合于不同的语境。译者若不分析其内涵与语境的关系，直接移译英汉词典的释义，难以做出有理据的正确理解。有关上述语段中几个概念，相关词典提供的定义如下：

numinous: a）of or relating to a numen; **supernatural**; b) filled with or characterized by a sense of a **supernatural presence** (*AHD*); c) having a strong religious and spiritual quality that makes you feel that God is present(*OAED*)。根据其内涵语义

特征，该词有"超自然的""关于神的""神秘的""神圣的"等意思，这些相关概念的内涵具有差异性，具体选择取决于上下文语境参数。understand：a) to know or realize how or why sth happens, how it works or why it is important；b）to know how someone feels or why they behave in a particular way（*OALECD*）//a) to become aware of the nature and significance of; b)to know thoroughly by close contact or long experience with (*AHD*)。在the peace that passes understanding语境中，译文"超越于理解力的安宁"就是"不可理解的安宁"，将夜晚圆月光辉普照下的大地描述为"超越于理解力的安宁"，是按字面意思移译，造成语义晦涩难懂。此处应结合概念的语境含义和作者意欲传达的意境进行创译，译出作者的心理。

对insignificance和uncleanness的解析"（月亮）微不足道和肮脏不洁"如何理解？在拟人化的描述中，月亮这种自贬式的话语如何使读者得到体认式理解："微不足道"是价值判断，含义是"根本不重要"；"肮脏不洁"是状貌性描述，"肮脏"基本含义是"脏；不干净"，比喻义是"（思想、行为等）卑鄙、丑恶"（《现代汉语词典》第7版）。显然，无论是将月球（亮）视为石头，或是视为"神圣之物"，此译都难以得到可证性的理解。翻译理解与表达过程并非简单地随意译出原文语词概念多个基本义项的某个义项的意思，需要译者参照上述所列的理解之维的多个参照项，进行可证性辨析和语境适切性选择。

3. 翻译表达思维运作之维度：语境适切性原则与风格美的艺术再现

（1）"英汉语言文化差异辨析+语段主题"及其倾向统摄下的选词择义：将英文原文The moon is a stone和numinous分别译为"月亮是块石头"和"神圣的"，在选词择义上显然不适切本段主旨与语境。量词"块"在汉语中一般指方形或不规则形状之物，此处用以状貌满月（第二段有full moon之美的描写）的意象，不符合审美情貌。可不必译出量词，宜译为"月亮乃圆石"。"神圣"意为"极其崇高而庄严；不可亵渎"（《现代汉语词典》第7版），numinous宜译为"神性"，英语传统文化中有将月亮视为有灵的"月亮女神"（moon of divinity）之说，"神性"在外延上可以与"神圣""超自然""神秘""有关神的"通约。从语段主题统摄机制看，例5.1的It is a highly numinous stone...作为本段的段旨句，具有内在的语义连贯性和对全段词句语义的统摄和照应性：即使接受"月亮是石头（冰冷的没有感情的球体）"的说法，也是具有神性的石头。它能将月辉洒遍大地，能影响地球上人类的生活；它还能像人一样，诉说自己灵魂深处的孤寂：日夜运行于寒冷的太空，颇显孤寂；与其他星球（如太阳）相比，又显得"渺小"，只有夜晚才敢露出真容，显得不纯不洁。此解读能解释"神性"之"性"在语段语句发展中的内在逻辑连贯的细节体现。在理解与表达过程中，对有些含义晦涩和难以印证的内容，有时需要译者依赖语境信息和与之相关的各种背景常识，做出主客观理据相统一的理解与解读。理解需要知识，解读需要智慧，需要符合经验逻辑和情态逻辑的印证，在语境中实现主题及主题倾向统摄下的语义连贯。当然，不同的译者有不同深度和维度的主观倾向性理解和解读，但必须是符合主客观逻辑的理据性解释或说明，因为一切辩论都归结于逻辑，只有逻辑才是可辩论的（刘永福，2002），而逻辑涵盖事理和事态逻辑、情态逻辑、经验逻辑等。

（2）"句法结构语义的语境化含义充实+散文概念的意象性"与"情感的统一+汉语散文行文的语义渲染与音韵"的融合。其一，语境照应性含义充实：句②的抽象结构 about which and because of which 的理解与表达与上文有关月亮（球）的认识和说法（科学观+人文观）形成照应，故可译为"正是有关和由于对圆石之月的说法不一"。最后一句增译"在宇宙中的"，能使读者理解其内在的语境连贯意义。其二，句③的 give us the peace that passes understanding 是指作者对月亮冷辉照耀下的大地万物呈现出的万籁俱寂的感觉，与下句的 inspires a kind of awe（让万物敬畏）的描写具有内在连贯性，故宜译为"难以言说的宁静"而非"超越于理解力的安宁"（措辞不当）。"安宁"的语义大于"宁静"，如"社会安宁"（没有动乱）。此段描写寒冬柔和的月色下的景象，故"难以言说的宁静"更适切作者感受之意境。

为了顺应中文散文风格特征，译者选词择义应突出概念意象的形象与情感的统一（参见以下重译的加粗部分文字），而非反复重复同一概念，如原译的"月亮"和"月光"。

　　重译：月亮乃圆石，然为极其**神性之圆石**。或更确切地说，正是有关和由于**对圆石之月**的说法不一，不管男人或女人，都深感其极为**超然之神性**。正如此，它**散发的柔和月色**赋予我们以**难以言说的宁静**；普照大地的月华，让万物敬畏。寒夜，**圆石之月**将冷辉遍洒大地，在灵魂深处倾诉无望的**孤寂**，直抒它在宇宙中的渺小与不洁。（笔者译）

5.2 "解码—自证/他证—编码"认知过程研究的拓展维度

在很多文献中，翻译的解码与编码或理解与表达之间的关系及其内在的诸种联系未能得到应有的充分深掘，未能从实践中归纳概括出一系列能反映事物本质特征的具体概念，将认知思维及其依赖的诸种要素之间关系之维度全面系统地描写出来，构建出一个相对完整的理论图景，为感兴趣的研究者提供研究路径和可行的研究维度及相应的研究方法。逻辑思维是能够把握具体真理的，而把握具体真理的思维形式就是具体概念，具体概念要把握具体真理就必须是体系化的，不体系化就无所谓具体（彭漪涟，1999：24）。基于这种认识，本书创新性地提出文本翻译过程中"义-意"识解体认的连续统："解码（理解）—他证/自证—编码"多维认知网络框架——确证所需的各种潜在知识结构。将该框架多维要素整合为源语理解（解码）和目的语表达（编码）拓展维度流程图（见图5.1）。

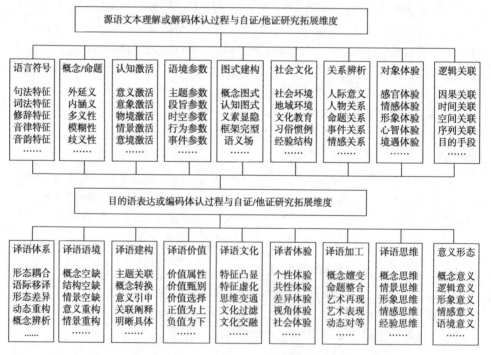

图 5.1 "解码（理解）—他证/自证—编码"多维认知/知识框架

5.3　"义-意"体认与建构的翻译过程心理激活链

目前，认知翻译学理论建设仍处于雏形阶段，一是还没有建立起彰显自身理论研究范畴的体系，二是还没有将交叉学科的理论资源与自身的研究对象和方法有机融通，形成自成一体的理论方法论特色，或通过自身的理论方法为其他学科理论方法研究提供可转化应用的参考价值。例如，《认知翻译学》所依据的理论基础基本上是源自认知语言学的核心概念，有关语言本质认识的理论观念有：认知思维对语言的识解具身性、想象性、完形性、经验性、突显性、注意性、范畴性；研究的对象与方法观有：概念隐喻与翻译、概念转喻与翻译、概念整合与翻译、多义性与翻译、相似性与翻译、框架与翻译、认知识解与翻译。这些内容本质上是借助认知语言学现有的概念化或视角化了的理论认识去解释翻译活动的认知思维问题，集中于语言的概念层面。然而，翻译是个复杂多样，具有广延性的认识客体，包括文学与非文学翻译等文本类型，具有多重本质属性，与之相应，翻译理论同样也具有多重属性（曾利沙，2003）。体认哲学观和认知语言学的理论方法还不能为广义的翻译实践研究提供全面自足的理论资源，认知翻译学需要深化和拓展出自己的理论范畴，如"语篇-认知""认知-思维""认知-心理""主体-客体互动机制"等翻译研究的界面理论范畴。谭业升（2020：3）认为，"翻译认知过程研究的目标是描述和解释翻译过程中的心理过程发生和运作机制，扩展现有的认知科学模型"；其中心研究问题是发现翻译与语言之间的互通机制以及其作用的认知资源和认知机制。他提出了六个方面的重要问题或研究任务：①如何描写译者大脑运作所关涉的内容、思维形式、思维形态和工作方式；②如何描写和实证译者大脑识解原文的"义-意"过程以及译文编码的过程；③传统所论的语言解码-编码和翻译过程中对"义-意"的解码-编码有何共性；④不同层次、不同认知能力、不同实践经验、不同理论水平、不同语言文化背景（母语差异者）的译者个体和群体对于同一题材文本的翻译过程是否具有相同或不同程度的认知方式；⑤目前机器翻译的技术水平日益发展，机器翻译的发展瓶颈和局限体现在哪些方面，翻译认知过程认知机制或模型能为机器翻译提供哪些可以转化为人工智能学习原理的参数；⑥人工翻译能随着难点重点问题而通过多维度综合认知思维推导过程，拓展出相应的对策和灵活处理的方法，其研究成果如何内化为机器翻译的思维网络；等等。除此之外，还有一系列相关的宏观-中观-微观层面的认识问题和研究任务需要厘清和系统化描述，尤其是研究者应围绕一切"义-意"识解与表达（解码-编码）的难点从理论和实践的统一上进行深掘，建立起无数的基于实践感性认识的经验模块，将感性认识上升到理论感性和理论理性认识层面（曾利沙，2014b）。

　　从翻译理论与实践研究的本质关系看，任何一种被称为"××学"的翻译理论必然是用来说明翻译现象，深化翻译经验，拓展翻译视角，解决翻译问题，揭示翻译本质，概括翻译原则，归纳翻译方法，印证操作依据，阐明翻译规律，统一翻译认识，为产出理想的最佳译文提供一套可分析、可阐释、可推论、可印证、可描写、可操作的理论范畴体系。不能有效解决翻译问题的"翻译理论"是很难有生命力的。认知翻译学的发展之道在于从以问题为导向的翻译实践出发，针对各种复杂的翻译问题寻求相应的理论认识，并将其融入认知翻译学自身的理论研究范畴内进行深化与拓展，从中衍生并创新出富于创建性的核心理论概念。本节旨在深化和拓展认知翻译过程研究"解码——他证/自证——编码"模式的外延与内涵，提出与之相适应的义-意体认与建构的翻译过程心理激活链模型，将符号学、词汇学、语义学、认知语言学、语用学、建构主义观、心理学、语篇语言学、语境参数论、阐释学、现象学等理论资源加以整合融通，形成一个广延式理论概念化模型。该模型将翻译实践、翻译批评和认知翻译过程研究中自证/他证行为有机地融于一体，以期为解决复杂的翻译实践问题而创建的识解机制提供一套可分析、可阐释、可推论、可描述、可实证、可操作的方法论体系。如图 5.2。

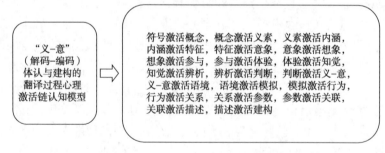

图 5.2　"义-意"（解码-编码）体认与建构的翻译过程心理激活链认知模型

　　图5.2所示的认知模型的理论功能在于能起到显微镜的作用，能将"义-意"的体认与建构加工和确证过程中思维活动所关涉的主客观要素每个环节的心智活动特征放大，展示翻译理解与表达过程认知思维运作的路径与依据的多维度知识与方法。值得指出的是，并非对每个典型译例问题的识解与表达过程都需经过上述各个认知激活环节，由于每个翻译实践问题的性质不同，复杂程度不一，对象

内容有别，识解要素各异，有的只需突出其中若干环节。在这个心理激活链中，有些链条环节的要素是紧密交织的，为了解释方便，只好分开详述。

5.3.1 符号激活概念，概念激活义素

符号学研究的是语言的（双层）结构、言语、所指和能指及其分类、性质、符号的任意性与理据性、组合段与系统、相似与对立、直接意指与含蓄意指、元语言、双重指意系统等（巴尔特，1988：111-180）。符号学的主要观点有：①语言结构与言语的关系体现在物理性、生理性、心理性、个人性和社会性，尤其是它的社会性；②语言的结构等于语言减去言语，指出了个性的言语内容与社会或集体性约定俗成的结构形式的辩证关系；③言语本质上是个性选择和实现行为，说话主体运用语言结构的代码表达个人思想；扩展的言语就是话语，是心理与物理机制形成的，它使言语能将法规和系统的语言组合作用表现于外；④语言结构与语言是一种"图式、规范-用法-言语"的关系，这种认识拓展了索绪尔的语言结构与言语的二分法，使语言结构（图式）概念形式化，使言语概念社会用法化（巴尔特，1988：119）；⑤能指（signifier）与所指（signified）关系，前者构成表达面——语符的声音或书写形式，后者构成词语符号的内容面——指向客观或主观世界的某个对象。随着其他语言学科理论的发展，由此衍生出一系列修正和拓展的意义观。西方翻译理论也从符号学视角探讨翻译的性质，如以符号呈现客观世界，译者与读者阐释文本符号所指意义，再现原文本所指、译文本所指与能指之间的对应关系，并提出了翻译符号学概念，拓展了研究内容。翻译符号学用符号学的自有理论来研究翻译发生过程中的符号转换及其相关问题，既包括言语符号转换成言语符号，也包括言语符号转换成非言语符号、非言语符号转换成言语符号及某一类非言语符号转换成其他类非言语符号，旨在构建以符号转换为对象的符号学理论（贾洪伟，2016）。

符号学理论观与翻译的认知过程研究的紧密关系是，翻译过程必须始于对词语符号的音、形、义（所指与能指）的感知与知觉，以及对词语概念约定俗成的社会性意义与个人选择的语境化含义之间的辨析。翻译是一种跨语言文化的语际转换活动，源语语言符号的音、形、义在目的语中无疑会发生变化，其认知过程研究会丰富和补充翻译符号学研究的不足，这是因为有时语音（语调等）、语形（形变等）本身也具有交际含意，而且语义之外还有联想之含蓄意指，这都是复杂的翻译认知过程研究必须考虑和描述的。以问题为导向的翻译认知过程

研究必须揭示和解释语言符号的"义-意"的变化路径与认知识解方式。阐释如下：

1. 对"符号激活概念"的解析

理解语言始于对词语-语言符号（文字书写符号与声音听觉符号）的激活与识别，语言符号的所指可指向客观或主观世界中范畴化了的事或物或观念或人等。这种能指和所指是语言符号在主观和客观世界中所指对象的关系，但在翻译过程中，语言符号的能指和所指关系并非如此简单，因为语符的能指与所指随着语境的变化而变化，语境因素又包括时空、人际关系、社会阶层、身份地位、年龄、话题、语域等，这些语境因素都会影响语符概念的"义-意"指向，造成词语概念的多样性、多变性和风格性：一词指称多义或多词指称一义，以及附加性文化意义。如汉语中"红薯"这个词语符号的指称对象（可食用的块茎植物）有多种叫法：甘薯、番薯、番芋、地瓜、红苕、甜薯、朱薯、地萝卜等；不同地域或阶层等对同一种事物或同一类人有不同的称谓，如"母亲""姆妈""妈妈""妈咪"等；汉语中自称的"我"在不同历时社会语境中可以用"本人""咱""吾""鄙人""敝人""俺""余""予""在下""洒家""寡人""朕"等。这些词语及其概念都随着各种社会文化语境因素（身份、关系、地位、礼仪、地域等）的变化而变化，这些语言符号虽然所指对象相同，但反映出所指对象具有的不同社会文化或地域文化等特征，故不同的能指（词语）激活了不同的概念语义，其指称意义之上也附加了不同的地域或文化语境化含意，因而这些不同形态的能指在跨文化翻译交际中往往难以得到等值再现，如例5.2。

[例5.2] 英语抽象名词"spirit"（精神）激活的概念可以指向多个抽象义素：①the vital principle or animating force traditionally believed to be within living beings; ②the soul considered as departing from the body of a person at death; ③the Holy Ghost; ④God; ⑤a supernatural being, such as a ghost; ⑥the part of a human being associated with the mind and feelings as distinguished from the physical body（*AHD*）；等等。但在图5.3的语境中，"spirit"却指称美国"精神航空公司"，是实体概念。其所指（原有的多种语义指向）发生了嬗变，指向某个范畴概念"航空公司"；而其能指则被纯粹符号化了，概念自身的诸多义素被抽除，在认知语境中被识解为一种象征性符号（significant sign）。从英汉翻译角度看，spirit在目的语的规范和社会性用法中，宜译为"精神航空公司"，而非对应的音译（斯比瑞特）或意译"精神"，因为汉语中的航班标识一般

都实化为范畴概念"航空公司"。

（a）精神航空公司飞机　　　　　　（b）精神航空公司语符与指称

图5.3　精神航空公司飞机及其语符与指称

语词概念比较复杂，有称谓概念、实体概念、抽象概念、关系概念、种属概念（或基本概念和上下义概念）等。在一定语境中，这些语词概念的指称有时可以互相转换或发生迁移，即概念的跨域性。值得指出的是，一种语言中历时或共时性积淀而成的语词概念语义一般都能在词（辞）典中查到，但词典中提供的词语的概念语义是一种相对固化了的有限意义，一般只能做参考，翻译时还需根据具体情况做出适切语境因素的概念重构。这些语言特点必须在翻译认知过程研究中得到重视，即语词概念的翻译过程并非一种简单的词语对应性移译过程，还需考虑多种语境因素来确定概念语义的特征及其变化。

2. 对"概念激活义素"的解析

语词的语义是概念，概念语义一般是由外延与内涵构成的种差定义结构。从语际翻译看，译者的外语词汇意义一般是通过词典学会的。词典对概念语义的释义或界定通常是宽泛的、涵盖较广的一般性意义，所给定的语义也是多样化的。所谓概念激活义素是指译者在识解一个词语概念时，应从记忆中或从词典中提取出这个概念在词典中可能具有的各种定义（义项），并通过感知或知觉，析取出某个与语境相适切的义素来进行翻译。概念始于对词语定义的激活，定义有多种形态，有科学定义或种差定义、描述性定义、词语定义（即用一个词语去定义或说明另一个定义）。定义由义素构成，如father（父亲）的定义为：the male parent，由"男性"（区别性内涵义素）和"家长"（共享性外延义素）两个义素构成。学习外语，特别是学习翻译不宜只记住英汉双解词典提供的"译文"，最好能记住概念的基本定义方式，尤其是其义素的构成不仅对翻译过程中的认知思维运作起到决定性的作用，而且对语言表达能力的扩展和提升具有重要的意义。如双解词典对英语词语easy基本义项的释义性译文是"容易的""不费力的""舒适的""从容的",但这些"译文"不能解释easy在例5.3中的所指语义。

[例 5.3] The gentleness of the British civilization is perhaps its most characteristic... In no country inhabited by white men is it **easier** to shove people off the pavement.

直译:英国文明的绅士风度可能是最有特色的……在白人居住的所有国家中,数**在英国更容易把行人推下人行道**。(说明:联想图 5.4 所示的英国绅士的形象)

图 5.4 英国绅士

学习或研究翻译都离不开词典,但仅根据一两部牛津或朗文英语词典(英汉双解)不能解决难点重点问题。还有一个重要的事实是,不同词典对同一语词概念的定义或释义方式与义素的选择等有所不同,有的释义简约明晰,如《牛津高阶英语词典》《朗文当代英语大辞典》《剑桥高阶学习词典》《柯林斯高级英语学习词典》《麦克米兰词典》;有的词典释义则比较丰富而详尽,如《美国传统词典》。以例5.3中的easy为例,若译者只记住一般双解词典的基本概念语义如"not difficult;done or obtained without a lot of effort or problems",就造成翻译理解与表达的困惑和误译。《美国传统词典》则给出了十几种释义,第三种释义很有特色,符合上述语境,其中的关联性义素"free from ... trouble"(无麻烦)可以被析取出来进行语境化释义:

free from worry, anxiety, **trouble**, or pain(无烦恼,无担忧,无麻烦,无痛苦)

关联性义素析取:free from **trouble**(~~worry; anxiety; pain~~)

在easy的这个释义项中,worry、anxiety、pain三个义素被排除,只有trouble

得以保留而被析取，在语境中得到可体验性的识解：在人行道上行走时不慎将他人碰出人行道是一种日常"事件"现象，容易引起口舌或肢体之争。但在素有英国绅士之称的英国文明社会中，若不慎将人碰出人行道，和在其他白人居住的国家（如美国等）发生碰撞"事件"相比较，由于英国人的绅士风度，则可能 causing less trouble（产生的麻烦不大）。此例说明，在翻译认知过程的"义-意"形态识解中，译者应细致考察词典提供的概念义素特征，析取与语境匹配的义素，然后在译文中做出适切性表达。

对义素的识别必须辨析其内涵与外延的区别，如museum（博物馆）这个词语（能指）的所指是a building in which objects of artistic, cultural, historical or scientific interest are kept and shown to the public（*OALECD*），其外延义素是 building，其内涵义素是objects of artistic, cultural, historical or scientific interest，用以区别其他概念。语言中的"同义词"或"近义词"（synonyms）差异就在于其内涵的细微差异。如英语中有多个描述walk（走路）的词语：hike、limp、march、pad、footslog、plod、slog、stagger、stroll、stride、tiptoe、trot、wander、wade、wend、head for、stumble、pace、strut、tread、prowl、ramble、stray、lurch、loiter、jaywalk、sleepwalk、catwalk等。这些词语概念的外延都是walk（moving with foot one after another），但其激活的体态和情态义素等却使不同的词语具有了不同的内涵区别特征，适合于描写不同情景下的走路的神貌及方式。概念内涵义素的激活对翻译的艺术形象性表现具有重要的指导作用，这是对语符及其概念"义-意"形态翻译认知过程加以研究并进行确证所需的重要证据形式之一。

5.3.2　义素激活内涵，内涵激活特征

概念内涵义素激活过程描述是为了使认知思维运作具有初始的基本理据。上文从原理角度讨论了语符概念的外延与内涵义素的一般关系特点，但若要深入认识对语符概念的识解，有必要认识内涵义素与语义特征的认知思维关系。前文讨论过概念外延的可通约性，内涵则变化不居，随语境变化而变化。但是内涵义素往往具有结构性，含有多种可定性概括和分类的语义特征，故翻译认知过程可描述和可印证性研究需要突显"义素激活内涵，内涵激活语义特征"这一关联环节。例如，museum的内涵义素的语义特征可定性概括为以下四类，如图5.5。

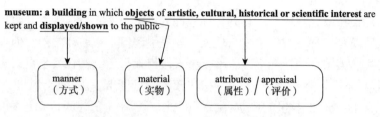

图 5.5　museum 的概念语义特征定性概括

概念的区别性内涵义素的语义特征还可以定性概括为行为、空间、时间、程度、数量、情态等类型。只有把握了这一环节，我们才能详细地描述在特定语境中，何种或哪个内涵义素成分被突显而得到语境化析取。在例5.4的翻译中，语符概念objects（物品）受制于场所概念museum的内涵义素中的displayed/shown的制约（而非所有的物品），"展示/展出"这一"方式"语义特征被析取，在译文中得到突显。这就是译文中对objects的识解（解码）与表达（编码）的主客观理据，或者说是一种他证与自证的理论依据。

[例 5.4] The **objects** in the **museum** are untouchable.

直译：博物馆的**物**品不能触摸。

译文：请勿触摸博物馆展**品**。

5.3.3　特征激活意象，意象激活形象

语言概念义素及其语义特征一旦被激活，随之被激活的就是各义素可能呈现的经验意象（image)，经验意象在特定语境中被再次激活，分别与某个（些）人物或事物的完整形象融为一体，在读者或译者的认知语境中成为一种鲜活可感的画面或图景。"意象"和"形象"在英语中共享一个概念，其英语定义是：a picture that you have in your mind, especially about what someone or something is like or the way they look。但"意象"和"形象"是有区别的，前者是指一种抽象固化的、经验结构化了的picture of sb/sth，后者是指某个现实或虚拟场景中完整的、关联性的"事物或人物之象"。如第四章讨论过的语符概念ankle，其义素特征是the joint connecting the foot to the leg，激活了一种抽象的意象，即人的脚和小腿相连接的部位，不分男女老少，以一种抽象化的图画方式呈现在大脑中（如图 5.6所示）。但是，在小说场景中的男主人公马丁眼里，ankle并非抽象之物，而是一个漂亮姑娘（生命体）有血有肉的性感"脚踝"之具体化了的"形象"（图 5.7），是整体之象的组成部分，能激发异性好感的情态之形象。

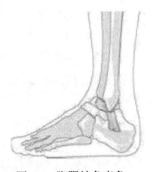

图 5.6 脚踝抽象意象 　　　　　图 5.7 脚踝实体形象

在翻译实践中，译者若无化抽象性之意象为具象性之形象的认知思维能力，那么语符概念的结构义素及其语义特征对他而言就是一些空洞抽象的结构成分或无生命之物，就会忽略这些潜在的具有价值的"意象-形象"统一体在语境中表意的重要作用，不会借此参与"义-意"的体验和建构，其理解与表达也就流于主观印象。一些仅凭英汉双解词典记忆"词义"（中文对应概念）的英语学习者在做翻译时往往会遇到麻烦。例如，前文讨论过的 easy（容易，不难）、cynical（愤世嫉俗的，冷嘲的）。译者在理解或解码这些概念义素激活的语义特征时，必须与现实生活场景中的特定人物的形象与内心情感及人际关系联系起来，辨析其义素特征是否与语境适切，再结合语境参数的制约性在译文表达或编码时赋予其语境化含义——"义-意"重构。

5.3.4　想象激活参与，参与激活体验

在理解过程中，语符概念义素语义特征激活的意象-形象过程是一种想象思维的展开，必然要求译者主体具有通过情景再现或回到虚拟现实生活中的想象能力，只有通过想象才能完形所激活的形象，形成"意象-形象-想象"的思维路径。这种认知思维路径在翻译活动中十分常见，尤其是在遇到要求表达人物内心情感的话语或文字描写时，译者更要设身处地参与到特定的历时或共时性场景或情景中，对语篇描写的场景或情景的氛围进行感知，体认（运用各种感官去领会或感悟）不同人物的心理活动，把握作者对人物性格特征的艺术创作意图。同样以例4.4为证，译者只有设想自己就是马丁，参与到和姑娘面对面交谈的情景中，通过马丁的耳朵去感受姑娘"咯咯的笑声"（听觉刺激），通过他的眼睛去观察姑娘的脚踝特征（视觉刺激），然后辨析含意缺省的语符概念 ankle，体认

原本内心平静的马丁变得有点不平静的心理情态特质，再在译文语境中选择一个适切性的语言形式——性感的脚踝。性感的女性身体部位让男性"心神荡漾"或"心动"是一种主观解读，但在中西文化中具有共性，这也是重构或创译的客观依据。没有这种语境参与和体认过程，译者难以正确识解语符概念或缺省性命题结构的含意，其译文的准确性或适切性则难以得到保证。

语言摹写现实生活，生活丰富多彩，故要理解语言的意义就必须去参与和体认语言所描写或反映的生活，深入语境世界中去把握语言的意义。译者一旦通过想象参与到语篇描写的语境中，必然会激活各种感官，调动起视觉、嗅觉、味觉、听觉、触觉或感觉，去体认各种不同语符概念或话语直接或间接的潜在"义-意"形态。

5.3.5　体验激活知觉，知觉激活辨析

语言识解的过程是体验感知与理性思维相结合的过程，所体验到的语言意义及其激活的形象或想象的事物特征还需要经过认知加工和解释——知觉。知觉是指组织并解释外界客体和事件产生的感觉信息的一系列加工过程，或是客观事物直接作用于感官而在头脑中产生的对事物整体的认识。知觉特性包括整体性、恒常性、意义性、选择性（田运，1996：342）。知觉思维激活的是辨析，因为知觉特性要求认知主体对语言通过概念与句法关系所反映的认识客体的各种属性特征进行辨析，认知主体对认识客体才能获得进一步的认识。辨析是指对同一事物或不同事物属性特征的识别，使之清晰明白；分析就是将认识对象的整体分为各个部分、方面、层次、因素，并对其分别加以认识的方法（田运，1996：72）。在论及知识与确证的关系问题时，语境主义者德娄斯将对戈德曼的相关可选项进行选择的因素概括为两类：一类与认识者的状况有关，另一类与说话者的状况有关，分别将其称为"主观的因素"（subjective factors）和"因由的因素"（attributor factors）（DeRose & Warfield，1999：119）。例如，例5.5中对加粗部分概念义素及其语义特征激活的体认需要经过知觉这一环节，而知觉的认知加工过程必然是一种辨析的环节，由一系列程序构成。但在确证译者对原文概念smile的"义-意"识解与表达不当的辨析环节中，一方面需从认识者（如译者或研究者）的角度去考察本体smile和喻体"wavy, wormy spreads of lava"的可选项的相似点；另一方面有必要明确作者使用隐喻的主观因素（将小说中人物的笑容比喻为死火山山坡下的蛆虫般的片状熔岩）及其原因（客观上说明该人物的笑容

为何与片状熔岩相似)。解析如下:

[例 5.5] And then in the act of his taking a glimpse of the bill **this smile froze solid**, and turned yellow, and looked like those wavy, wormy spreads of lava which you find hardened on little levels on the side of Vesuvius.(Mark Twain:*The Million Pound Note*;引自马克·吐温,2009:516)

原译:这个**笑容**就马上牢牢地**凝结**起来了,变得毫无光彩,恰似你所看到的维苏威火山边那些小块平地上凝固起来的**波状的**、**满是蛆虫似的一片一片的熔岩**一般。(张友松等译;引自马克·吐温,2008:214)

原文选自马克·吐温名著《百万英镑》,叙述的场景是主人公亚当携带富豪兄弟给他的百万英镑现钞前往一家高档百货店,准备给自己买套体面的衣服。以貌识人的中年店员托德将他引入旁边一个卖中档服装的小间,彬彬有礼、笑容可掬的托德看到亚当递给他一张无法兑现的百万英镑现钞,惊得僵住了笑脸。作者幽默地用维苏威火山山坡下凝固的片状熔岩的比喻来描写他的神色。在上述译文中,译者没有对原文提供的信息进行知觉加工,也没有辨析比喻之间的相似性是否符合经验常识,直接按原文语符概念语义进行翻译,造成意象-形象失真。其知觉与辨析问题在于以下几个方面。

首先"笑容"与"凝固"的知觉与辨析:smile是语句主语,look为系动词,like后的文字内容是表语提供的信息。问题是,在现实生活中,谁的笑容(突然僵住不笑时)像死火山山坡下一片片波状的、满是蛆虫似的火山熔岩?笑容和"片片波状和蛆虫似的凝固熔岩"难以联想到一起,不具可体认性。若导演在拍小说的电影,如何找这么一个演员?

其次从经验逻辑思维看,译者应根据语符概念"wavy, wormy spreads"(复数)和little levels(复数)激活的义素特征的意象和火山脚下的熔岩自然形象建立其关联,再将其映射到一张脸上,而且要找到相似的对应位置。

最后是经验常识的印证性辨析:人到中年后,有些人(尤其是男人)的脸部肌肉松弛,皮肤逐渐起皱纹,特别是笑起来时脸上肌肉挤压,造成额头、左右眼角、左右嘴角这几处位置出现纹沟,正是在这种情况下,成片成堆的笑肌看上去像凝固的、蛆虫似的片状熔岩(参见图5.8)。例5.5典型地反映了翻译认知思维所经历的知觉的特性:整体性、恒常性、意义性、选择性,如何提供在语境中对语符概念"义-意"形态识解加以辨析选择的主客观理据性,以及重译所基于的他证与自证的语境适切性原则。

图 5.8　火山熔岩凝固的沟纹

改译：于是，托德瞟了一眼支票，霎时，他那**满面成堆的笑肌僵住了，脸色一片灰黄，就像维苏威火山山坡下片片状如蠕虫的凝固熔岩的沟纹**。(笔者译)

5.3.6　辨析激活判断，判断激活"义-意"

此节中所说的判断激活"义-意"，不是指概念本身外延与内涵语义的义素，而是指通过判断激活出历时与共时语境中潜在的若干与之形成横组合或纵聚合的概念语义和含意。在翻译认知思维运作过程中，辨析只是"义-意"识解过程的环节之一，辨析引出的多种可能性选择结果必然激活判断性思维。"判断"是对事物情况有所肯定和否定的思维形式（田运，1996：280）。辨析和判断必须通过识别事物之间的关联性、紧密性、或然性或必然性等关系特征。在翻译认知思维过程中，辨析与判断的种类非常丰富，既有简单的也有复杂的，既有以文外语境因素为事实逻辑理据的情况（如例5.4），也有以文内语境因素为认知逻辑依据的实例。文本内外一系列潜在的关联性概念的析取需要译者通过经验知识和认知思维的辨析，在基本语义的基础上根据文本内容的需要，在概念语义上融入语境之含意。

[例 5.6] 徐霞客一生周游考察了 16 个省，……为了进行真实细致的考察，他很少**乘车坐船**，……

译文：...In order to carry out on-the-spot survey, Xu Xiake seldom went **by cart** (vehicle/truck, motorcycle/sedan/voiture?) **or boat** (vessel/ship/steamer?), ...（?表示排除的选项）

在例5.6中，译者对语符概念"车"和"船"英译激发的可能指称对象的辨析选择有：车{vehicle, car, sedan, bike, motorcycle, chariot, cart, carriage, limousine, etc.}；船{vessel, ship, boat, sail boat, steamer, canoe, caravel, etc.}。孤立看或置于现代语境中看，"乘车坐船"完全可以从英语横组合中选择任一表示交通工具的概念。但是，在上述历时语境中，译者对译语概念选择的适切性判断受制于历时或特定时空语境的制约，选择有些现代语境中的概念会造成"概念所指的历时语境不相容"，因为徐霞客所处的明代还没有发明汽车、轿车、摩托、自行车、轮船、汽船等，那时也无宽敞的公路，人们搭乘的车辆工具一般是马拉二轮车（cart），在江河中行驶的就是boat或sail boat，这种历时相容性概念的选择就是肯定性判断思维，也是比较简单的判断形式。这种辨析与判断的理据就是事实逻辑，即译者若是选择了car或ship等，则形成一种事实预设（factive presupposition），假定徐霞客时代就已经出现了发动机或内燃机驱动的钢铁交通工具，而且中国各省也都修建了公路、车站和港口，人们可以买票搭乘这些交通工具；若译者否定了这些概念的选择，则说明译者在辨析与否定判断思维中认识到了翻译选词择义的"事实预设"这种逻辑理据，是其认知能力结构的经验理性的体现。例5.7所讨论的辨析与判断是比较复杂的情况。

[例 5.7] I wake up afraid. My wife is sitting on the edge of my bed, shaking me. "They are **at it** again," she says.

I go to the window. All their lights are on upstairs and down, as if they have money to burn. He **yells**, she **screams** something back, the dog barks. There is a short silence, then the baby cries, poor thing. （"Next Door"，参见 Tobias Wolff 的短篇小说集 *In the Garden of the North American Martyrs*；引自 Wolff，2007：3）

对例5.7中的介词短语at it语义的辨析在于激活其多个可能的"义"与"意"。首先激活的是其常用语法义：在某一点（时空语义）。译者的辨析所激活的判断否定了其语法义，依据在于it的指代含义不明而无法翻译，造成语篇意义不连贯。随之，否定判断激活了at it的潜在语境化"义-意"形态，at it具有不确定性的若干潜在的"语义"和"含意"。译者的认知思维过程必须遵循规范的语篇行文规则知识：①在语篇中，非人称代词it具有指代性，与其前面的"先行词"（antecedent）形成前照应关系（anaphoric relation），或与后面的某个"后行词"（follow-up word）形成后照应关系（post-anaphoric relation），这样，at it就可以获得某个照应概念的含义。②辨析与判断有时是反复交织在一起的，不断出现对潜在的"义-

意"形态的辨与析，否定判断与肯定判断。在例5.7中，at it的照应指代语是上下文中某个名词或动词。若为名词，究竟是哪个或哪些名词？是什么性质的名词？如何确定其语义？若是动词，是否确定为该动词的语义？③例5.7中指示代词it的照应语义的确定性是否简单地以先行词或后续词的指称义为客观依据？是否需要通过认知加工？其"义-意"识解与译文表达的主客观依据是什么？这都需要译者具有辨析和判断的多维视角和可自证的主客观理据。但如何激活其语境"义-意"并做出正确判断则需要过渡到下文将论述的"义-意激活语境"的确证环节。

5.3.7 义-意激活语境，语境激活模拟

揭示和描述"义-意"生成机制不仅需要辨析语境参数的重要作用，还须解释辨析与判断是如何在语境中进行的，从而揭示语境思维运作的本质特征和规律性。语境是个非常复杂的概念，具有十分丰富多样的形式。在例5.7中，at it 的指代关联性语符概念不是先行词，通过关联性认知思维推断出是第2段加粗的两个动词yell 和scream。这样at it 的"义-意"就不是某个名词指称语义的对象性内容，而是两个动词的关系内容：（夫妻）互相大声喊叫或咆哮与尖叫。这就不同于语篇语言学所认识的照应性代词是代词与名词之间的对象指代符号关系，而是出现了照应性代词与后行相照应的关联词的概念内容所突显的"含意"（implication），是指一种事态（state of affairs）。yell和scream的主体参数是夫妻，其言语行为特征参数激活的形象是非常态的，可通过经验体认判断这是夫妻在"吵架"（at it=quarrel），从而仿拟出夫妻吵架的场景（图5.9）。到此，我们断定at it不是指代yell或scream的内涵语义，而是获得二者的关系语义，一种对行为关系进行定性加工的概念。

图 5.9　夫妻吵架场景

　　文学翻译是一种艺术再现和艺术表现的过程，译文质量的优劣取决于译者能力结构，如实践结构、认识结构、方法结构、经验结构、知识结构及理论结构的统一与否。译文的形象生动表现需要译者秉承毫发剖析、精益求精的态度，从语境激活的场景去体验感知场景人物的内心情态和环境的氛围状态，通过语境激活场景模拟，在人物关系中去把握语言形式的外延与内涵特征。例如，译者通过仿拟，一方面想象自己夫妻间吵架的行为，去感受婴儿惊哭，狗儿惊吠的场面；另一方面还需转换视角，以隔壁邻居（被惊醒）的身份去体认加工这种情景，赋予"吵架"以"方式+声音程度"的含意——"吵闹"。"吵"的声音可大可小，而"闹"一般是大声的、让人烦的言行事态。"吵闹"的"义-意"形态识解的认知思维特征与定性描述如下：吵架（quarrel/brawl事态语义）+（烦）闹（noisy and irritating方式+程度含意）。至此，我们通过辨析判断、语境激活、模拟参与体认加工过程，最终获得语境适切性的、具有主客观理据的译文。

　　　　译文：我惊醒了，只见妻子坐在我的床沿，摇晃着我。"他俩又吵闹开了，"她说。（笔者译）

5.3.8　模拟激活行为，行为激活关系

　　文学翻译实践及文学翻译批评过程既需要文学或诗学理论知识，也需要语言各分支学科理论知识，尤其是体认语言学的认知思维的导引，才能从理论紧密结合实践的有机统一的途径中获得经验感性和理论感性的认识。麦克杜格尔（McDougall，1991：66）指出，文学翻译实践经验者若漫无边际地批评他人译文中的错误并无多少教益，抽象的理论给文学翻译带来破坏性的后果。对于翻译活动过程的经验实证研究而言，人文科学范式的分析方法非常重要，否则不可能产生理性的研究成果（Hensen，2010：189-221）。笔者认为，上述观点对文学翻译过程的实证研究提出了多维视角和综合方法的要求，尤其是针对文学翻译中存在的译文问题，需要定性概括并以毫发剖析的方式指出其成因，再通过场景行为的模拟来激活人物的关系，把握正确的"义-意"形态识解与表达方式。也就是说，文学批评者应避免抽象而主观印象式的评说，尤其是要注重对他人译文中的不足或局限问题进行定性基础上的辨析过程，剖析其成因，提出能为学术共同体所接受的、可确证的、令人信服的理想译文，再上升为文学翻译的普遍原理性认识，或为文学翻译学习者提供可参性的理论方法论视域。

　　在小说情节语言的翻译中，译者对丰富场景的描写，包括人物的外部神貌、

人物的内在情感、人物的矛盾关系、人与人的矛盾冲突、人与社会的矛盾冲突、人与自然的矛盾冲突等，需要经过一系列体察入微的感知、知觉、联想、辨析、判断、语境再现、模拟体认的过程。有时，模拟体认的过程要求译者在激活的再现语境中再度激活语符语义所提示的行为，并在想象中模拟某种行为方式，通过体认来再现这种方式的特征。

5.3.9　关系激活参数，参数激活关联

在翻译认知过程研究中，对"义–意"识解与表达的主客观理据的一个重要依据就是语境。"意义是由语境决定的"是语言学者和哲学家们已达成共识的命题。脱离了语境，读者或译者则难以理解文本或话语的"义–意"，难以辨析交际目的。语境不仅使语符不确定的"义–意"明晰化和可确定性，还可以利用读者或译者的认知能力，使语言表达更加倾向于经济化和简单化，可用较少的表现形式获得较大的信息传达效果。传统的语境论囿于原理性认识和分类概说，不能解决翻译中的各种难点问题，也缺乏一系列相应的辅助性理论概念，难以对思维运作机制进行可推论性的阐述。由于语境的多变性，作品描写对象的身份、年龄、关系等语境参数的不同都会影响选词择义，需要译者具有运用一定的语境参数来分析和把握"整体视域"（global visions）的能力（曾利沙，2001），在翻译中发挥主观能动性，根据不同对象特点等关联性参数做出适切语境的选词择义。如例5.8：

> [例 5.8] 说起侄儿和莹莹的关系，还真有一段**渊源**。（《无忌的童心》）
> 直译：Speaking of the **relationship** between my nephew and Ying Ying, there is an **origin**.
> 译文：Speaking of their **friendship**, there is **a story** to tell.（引自陈文伯，1999：123）

1. "关系–参数"与"参数–关联"的认知机制解析

对于一般性概念的语际转换，译者首先会考虑到这些概念在目的语中的直接对应性概念，若原文无特别的语体特征，那么这些所谓的对应性概念也就被移译。例如，relation和relationship在汉语中都有直接对应的概念"关系"，在一般英汉互译中，直接相互转换很常见，译者可不必通过复杂的、程序化的认知思维加工而选择其他内涵有别、外延通约的概念。但例5.8中"关系"则不一样，译

文将"关系"和"渊源"分别译为friendship和story，其认知思维必然经历了一种感知、知觉、辨析、判断、关联等过程，是主客观理据互动的结果。我们可从理论上对其认知思维过程进行程序性描写：

先对relation的 relationship 义素及其语义特征进行感知和知觉认识。

relationship：1) the way [外延] in which two people, groups or countries behave towards each other or deal with each other[内涵]；2) the state of being connected [外延] by blood or marriage[内涵]；3) emotional or sexual association between two people [外延]；4)a situation[外延] in which two people spend time together or live together, and have romantic or sexual feelings for each other[内涵]. （*OALECD*）

relation：1) the way[外延] in which two people, groups or countries behave towards each other or deal with each other[内涵]；2) (relations) state of being connected[外延] by blood or marriage[内涵]; kinsman or kinswoman；3) (chiefly formal) sexual intercourse.

origin: 1) the place or situation[外延] in which something begins to exist [内涵]；2) a person's social and family[内涵] background[外延].

通过对义素及其语义特征进行比较辨析，译者应明确这些所谓直接对应概念使用的适应对象和语体规约：关系双方的对象性（个人/群体/国家）、双方身份、关系特点或性质等。relationship和relation具有共享的语义特征，如前三个义项，稍有差异的是relationship的第4个义项和relations的复数用法及其语体的正式用法。这两个词在英语文化中都含有两性关系的内涵，这点与汉语语言文化类似。故用其来翻译汉语的"关系"，需要考虑其所用的场合、人物年龄性别等具体语境参数。

在通过感知和知觉思维，明确辨析概念语义的外延与内涵后，译者的下一步认知思维活动必然要激活情境参数，就是在文中找到潜在制约"关系"使用的概念或命题，这就进一步激活了"关联"思维。

2. "关联"与关联理论区别

斯铂伯和威尔逊（Sperber & Wilson, 1986/1995）在*Relevance: Communication and Cognition*《关联性：交际与认知》一书中提出交际和认知的关联理论，关注的核心问题是交际与认知，它不以规则为基础（ruled-based），也不以准则为标准（maxim-based），它主要不是讨论如何通过语用学理论去解决什么实际问题,而是概括出一条总的认知原则——关联原则。在1995年版本中,关联原则又被修改扩充为认知原则和交际原则。主要观点有:话语的内容、语境和各种暗含因素使听话人对话语产生不同的理解,但听者不一定在任何场合下对话语潜在的全部意义都得到理解,他只用一个单一的、普通的标准去理解话语,这个标准就是关联性。关联性与语境效果(contextual effect)成正比,与处理努力(processing effort)成反比。因此,每一种明示的交际行为都应设想为这个交际行为本身具备最佳的关联性。要找到对方话语同语境假设的最佳关联,通过推理推断出语境暗含,最终取得语境效果,才能使交际成功。

威尔逊的学生格特(Gutt)将关联理论运用于翻译研究,出版了*Translation and Relevance: Cognition and Context*(1991)。他从人的能力(competence)而非行为角度看待话语交际,试图说明人脑信息处理机制在人际交流中的作用。他认识到语境的心理结构作用,认为语境是听者关于世界假设的一个子集。语境并非确切地指话语双方的外部环境中的某个部分,如话语前后的话语片段、环境情况和文化因素等,而是指交际双方关于世界的假设的一部分,即"认知环境"。格特提出了关联推理,指出通过语码产生的语义体现(semantic representation)是抽象的大脑结构,必须通过推理使之充实才能用来代表任何有意义的东西,译者在意义的认知理解过程中起着重要的作用。按照关联理论观,由于认知环境的不同,接受语读者或听众缺乏原文某个概念所承载的信息,因此需要使隐含意义明晰化。但这并非要把话语中所有的隐含意义都解释出来,因为这样需要读者付出巨大的认知努力,尤其是这些信息在语境中并非都能产生语境效果。格特的关联理论为翻译研究带来新的视角,如"刺激取向翻译模式"和"理解取向翻译模式"等。

但本书研究目的在于使用"关联"概念来解决"义-意"识解过程中思维判断的一个方法论范畴(如对各种不同性质的关联性参数的理论表征),是将"关联"与语境参数融通化了。在翻译有关"义-意"识解问题中,语境并非格特所说的"是指交际双方关于世界的假设的一部分"或空泛抽象的"认知语境",而是一系列可直观感知、可定性概念化表征的具体参数的开放性集合。语境参数之间的关联性可直接转化为语符概念义素及其语义特征的心理运算过程(参见5.3.10以及第七章内容)。

"参数—关联"思维是如何激活的?首先,话题和主题是文本或语篇的宏观结构参数,如"无忌的童心"就是该散文的"话题参数"。话题具有统摄性,与"关系"的内涵之间形成认知逻辑的统摄性,即"童心"从逻辑上决定了该散文内容描写的是平时在一起玩耍的两个儿童(莹莹与侄儿)之间的"关系"—— 一种玩伴关系，而非英语概念relation/relationship的内涵特征所提示的人际关系处理方式。话题参数"童心"与"关系"之间是"论域–对象"的关联性，故译文将其创译为friendship (a friend is a person whom you know well and whom you like a lot，*CALD*），是指双方互有好感或相互喜欢的情态概念。其次，制约"关系"的具体内涵还有"渊源"，定性为"情节参数"；"渊源"又与文中情节内容——"事件参数"形成"情节–事件"的内在关联性。"渊源"被创译为story（an account of imaginary or past events，*DK*），story在概念内涵义素特征与"渊源"具有内在的认知关联性，说明两个小孩之间的相互好感是由某个event（事件）引起的。

这说明，在不同语言文化和特定语境中，对于原文中常规性的词汇概念，首先需要译者在进行语境辨析的前提下回到现实生活场景，体验不同人际关系的本质特征，剖析语言词汇概念语义的内涵差异，在目的语中认真细致地选择适切语境的词汇概念（细致地辨析其内涵义素），以符合描写对象的年龄、身份以及关系等参数特点。其次，词汇概念的语义特征往往具有正式、非正式、褒义、贬义、中性、随意、庄重、通俗、粗俗、戏谑等的语体或语义色彩——形成语体参数范畴，而这种语体参数范畴的内容正是译者选词择义理据的一个重要参照方面。在使用过程中，词汇概念的色彩决定了其使用的场合关联性，译者的选词择义也应考虑这些关联特征在目的语语境中跨文化交际的适切性。

5.3.10 关联激活描述，描述激活建构

认知翻译过程主要研究的是"义–意"的解码（识解）与编码（重构）的过程与主客观理据互证的问题，既是翻译理论与实践的关系问题，也是哲学思考的问题，具有本体论、认识论、价值论、方法论、系统论的理论基础。但是，认知翻译学要体现出其认知科学和人文科学的统一，还需要现象学和阐释学理论的关怀（曾利沙，2014a）。现象学关注的是"面向事物本身"，回到认识过程的起点和客观性，去研究对象与构造对象的主观心理经历之间的关系并进行描述，尽量排除未经过验证的先入之见和前提，对具体体验到的现象采取尽可能摆脱概念前提的态度，以求尽可能忠实地描述它们（王岳川，1999：49）。这就要求认知翻译研究应尽可能做到精细化、程序化、运算化、推演化，就像做数学应用题一样，根据特定的原理或定理，将从解题的起点到得出计算结果的终点的心理过程描述出来。

本节力求通过"关联激活描述，描述激活建构"来解析和说明认知翻译过程研究的认知科学方法论中反映出来的现象学与阐释学的理论观。语言的翻译是很微妙的，有时即使是常用的普通词语也会在翻译中体现于非一般的选词择义。这就是语言翻译的丰富性和复杂性，要体味日常语言词汇使用的丰富性和复杂性则需要译者具有丰富的生活知识和经验逻辑判断能力。语言的纵聚合和横组合能为翻译过程中的选词择义提供多种可能性，既可以从横组合（所谓的同义词和近义词等）中选择，也可从纵聚合（包括比喻性修辞语、委婉语、惯用语、暂构语、变异语、个性化语言、经验结构）中选择。但是，适切的选择行为是由具体语境决定的，脱离了语境参数而按照词句的常规语义逐词逐句地进行翻译，就难以做出适切语境的译文选择。故译者需要具有丰富的生活经验逻辑知识，在具体语境中激发各种思维，并以此进行判断与析取，才能准确适切地选择合适的译文用语。如孤立地看，例5.9中的"一种""承诺""永葆青春"分别有一系列英语词汇概念与之对应：种{kind, sort, type, species}；承诺{promise, commit, pledge, give one's word, undertake}；永葆青春{keep young forever, maintain youth forever, remain youthful for good, retain youth forever}，但在例5.9中，这些对应的常规用语都不适切，或不能反映现实生活中的经验知识，或不符合经验逻辑，是机械的简单对应性翻译。结合图5.10阅读例5.9。

图 5.10　化妆品广告代言

[例 5.9]（电视上大多数广告都是化妆品广告。）电视荧屏前都有一个美女在做化妆品广告。每一种[1]化妆品都向你承诺永葆青春[2]。

于是常常有人问[3]："该使用哪种[4]化妆品？"

直译：On TV screen, there is a beauty **advertising** cosmetics. Every **kind** of cosmetics **promises** that you will **will keep young forever**.

So, people often **ask**, "which **kind** of cosmetics shall I use?"

1. 关联思维与"义-意"建构的推导理据

关联思维在经验逻辑思维中起推导的理据作用，人们借此能对语言摹写现实生活的关联性做出经验逻辑判断和析取。语言描写生活经常出现"隔阂"现象，需要关联性经验逻辑的推论。

首先是对"一种化妆品"的"种"的"义-意"形态选择的关联性认识。在日常生活中，如果我们走进百货公司或超市化妆品专区，首先寻找的并非"每一种"（kind/type/sort）化妆品，而是各个不同品牌护肤化妆品专柜，如国外品牌欧莱雅、雅诗兰黛、资源堂或国内民族品牌如铂莱雅等。有些女性消费者崇尚品牌，电视上产品代言人一些是品牌代言人，故一般而言每一种护肤化妆品在经验生活中首先是指"每一种品牌"（brand）。其次，"美女"也并非一般美女，而是那些肌肤娇嫩的美女（图5.10）。她们推荐的品牌护肤化妆品有些是系列的，有面霜、眼霜等不同用途的品种；根据不同的肌肤又分为中性、干性和油性三种适用产品；根据功能又分为提拉紧肤型、抗皱去皱型、润肤保湿型等。至于"于是常常有人问，该使用哪种化妆品"之"问"（ask、enquire）和"哪种"的关联性之识解，需要明确向谁发问或问谁；从经验逻辑看，应该是周围使用过不同品牌而有过亲身体验的同事或行业专家。回答问题之人还必须了解所问之人的皮肤特性及其选择购买的意图关联性。如国外化妆品有的系列是针对西方女性皮肤特性配方的，也有针对亚洲人皮肤特性配方的，故其话语含意的识解应是ask for advice（寻求经验性或专业性建议）。要咨询哪种化妆品好，就是通过各种比较择优挑选名牌产品，逐一咨询适合自己皮肤特性和用途的具体系列和种类（type、kind、sort）的化妆品。"该使用哪种化妆品"的"义-意"识解是指"哪个品牌的化妆品最适合自己"，最后在目的语中建构出语境适切译文：Which brand is the best choice。这就构成了意图或意向关联性选词择义推导理据：意图/意向{**brand**; type; kind; sort}{brands → best choice}。

2. "永葆青春"识解的关联性与"义-意"建构的关联逻辑推论

永葆青春是不衰老，但这是不可能的，因为人随着年龄的增长而逐渐衰老至死亡是不可抗拒的自然规律。人的年龄可分为（生物学或医学角度考虑的实际岁数的）生理年龄、（综合评价身体状况）身体年龄、外貌年龄。护肤化妆品所谓的"永葆青春"不是与生理年龄相关，而是与身体年龄和外貌年龄相关。因为有的20岁的年纪有着50岁的心脏，而有的则50岁的年纪却有着30岁的心脏，这都与平时的工作习惯、生活方式、锻炼保养具有密切关联性。故化妆品广告中的永葆青春应排除生理年龄，其译文不宜译为keep you young forever / for good。化妆品的功能是有效滋润肌肤，保持面部肌肤的活力，其广告诱使意图是让人看上去永远显得年轻，英语国家中的化妆品广告推销也不可能违背事实而无限夸张产品功效。从经验常识看，化妆品广告代言人推销言辞所谓的"承诺"并非信誓旦旦地promise或pledge，而是美女代言人通过展示自己使用该品牌化妆品后的娇嫩肌肤，诱使人"相信"该化妆品嫩肤洁面的神奇效果，故可译为：convince you that you will keep looking young or stay fresh forever.

译文 1：For every TV program, there must be **a delicate beauty promoting** cosmetics. **Every brand** attempts to **convince you of keeping looking young forever**（or staying fresh forever / always remain freshly young）. Consequently, people frequently **ask for advise**,"which brand is **the best choice**?"

译文 2：Most of the ads on the screen are those of cosmetics. For most of the cosmetics ads there must be **a beauty with imposingly fresh skin**, showing you the best effect brought about by the cosmetics introduced. Every brand of cosmetics attempts to convince you that you will **look young forever**. So, people often **ask for advice**, "**which brand** is **the best choice**?"（译文 1 和译文 2 为笔者译）

5.4　小　　结

认知翻译过程研究应力求科学客观性和精细化的描写研究。科学理论之所以是科学理论，是因为它只是希望通过逻辑的手段对材料、事实和客观化的或可以客观化的关系做出解释（莫兰，2002：87）。语言的证据源自对日常经验或现象的感观证据，日常经验或现象的感观证据可作为进一步推断并揭示现象和证据背后隐藏的规律或模式的基础。奥尔斯顿（Alston，1989：584）认为，"证据的充分性"保证了认识论能够无须是义务的，但又能够是评价的和规范的。此观点对认知翻译过程的自证/他证所需的证据来说同样也应具有评价和规范特征。此外，还必须对确证进行目的论解释，说明规范与目的或目标的关联性。不同目的有着不同的"正当性"行为，科恩（Cohen，1984：279-295）从"目的合理性"角度论述了确证的规范性问题，他认为目的是与手段相对的概念，如何达到目的的问题就转化为目的与手段关系的"合理性"（means-end rationality）问题或"目的合理性问题"。本章创新性地提出翻译过程中"义-意"体认与建构多维连续统的理论模式,以"激活链"为核心概念,突出了翻译过程中认识主体所必经的认知思维和自证/他证的路径,即始于语符概念的义素、外延与内涵、语义特征,再到意象与形象、参与体验、知觉与辨析、判断与义–意、情景与模拟、行为与关系、参数与关联,终于描述与建构,并始终贯穿着认知与确证。

第六章

"义-意"体认与建构过程中的认知思维形态

6.1 概　　述

认知翻译思维是个体思维与社会思维的有机统一。在以"翻译问题-解决方法"为导向的认知翻译思维中，个体思维和社会思维具有密切的关系。个体译者或翻译研究者的认知思维运作的导向虽然具有个性特点，但离不开社会群体思维的制约。解释也应考虑社会群体的需要，否则就无法正确解释人们的社会活动，包括社会思维活动（曾杰和张树相，1996：79）。社会的精神需要（包括审美和社会主体在心理、意识、观念方法的需要）对译文的质量都有规范要求。译者或研究者在识解"义-意"形态与表达时都有满足社会群体的目的与需求的倾向。也就是在社会思维结构中，作为思维材料的认知因素（社会认知思维）起着基础作用，但主体本身的需要、动机、情感等非认知因素（社会情意因素）却推动着人们进行思维的动力作用。例如，在对"义-意"识解与表达，有的译者偏向意译，有的偏向归化，有的偏向"译味"等，都反映了一种社会情意因素的推动作用。问题是，译文理解与表达的正确性是一种社会群体性规约，译文质量会受到社会群体的检验和批评，受到行业的监督。因此，译者在处理翻译难点重点问题时，其选词择义必然要经历一系列辨析、判断等的分析与综合的认知思维过程，以求达意准确。本章主要从认知思维形式与思维形态角度阐释对"义-意"识解与表达过程中自证与他证的主客观理据性进行阐释。人们借助语言，运用概念、判断、推理进行思维活动，使感性认识上升为理性认识，反映事物的本质和规律，还能相互交流、传播与继承经验，使知识体系得以形成和发展（曾杰和张树相，1996：45）。

从语言的本质特征看，人们对"义-意"识解的重要理据在于生活经验知识的丰富性和广延性以及认知加工能力，因为语言反映生活、摹写生活，形式多样，但不直接表现生活，而是有一定的隔阂。这种隔阂必须依赖读者（译者）发挥自己的认知能力对语符概念与形式进行一系列激活的思维运作才能进行"义-意"补缺，或者说"含义充实"。从这一角度说，认知思维形式和形态对翻译的选词择义具有路径和规约性导引作用，而择"义"就是对语符概念的义素及其结构特征的辨析、析取、引申和语境化嬗变等的结果。常见的思维形式有知觉、分析、综合、判断、推理、概括、抽象、归纳、演绎等，常见的思维形态有概念思维、形象思维、情感思维、关系思维、推理思维、经验思维、逻辑思维、关联思维、关系思维、认知思维、预设思维、交际思维、文化思维、整体思维、多维思维、变通思维、审美体验、译创思维、批判思维，等等。在认知翻译过程研究中，若无这些工具性思维形式和形态的参与，认识活动就无法有效展开，甚至寸步难行。

在认知翻译过程研究中，对"义-意"的识解还离不开一种特殊的思维形态——图式（schema）。图式是一种根据经验建构的知识结构或一种类属知识（generic knowledge），代表各种成分之间的一种有序的典型关系。如"餐馆图式"={场所；顾客；（男女）服务员（引座）；递送菜谱；点菜；上菜；食用；结账买单；离开}，该图式中各成分概念的关系是一种时序排列，相对固定。图式结构中的抽象成分概念可在现实语境中根据具体的场所、人物来填充，故每个抽象概念就是一种可以置入实体的"槽"（slot）。图式有概念图式、认知图式、知识图式、内容图式、形式图式等类型。不同民族的语言使用者通过对概念语义特征的掌握，对共同熟悉的事物都有相应的图式知识，能在由概念构成的认知结构中自动进行认知补缺，使之整体连贯，这是一种对相关信息进行组合、充实、完形的心理过程。就经验知识而言，概念是知识的储存形式，知识是人的认知内容，以一定的认知图式结构或结构单元——知识实体（knowledge entities）被获取、储存和利用。知识的获取、储存和利用可表述为建立、组织、重排、简化、详述或者概括"概念-关系结构"的各种操作程序。对于翻译的认知过程研究而言，理性知识概念是研究必用的分析工具，认知概念框架包括：概念、定义、前提、预设、蕴含、外延、内涵、命题、种属、属性、范畴、推理、话语含意、认知图式、语义场、语义激活、桥接等，这些理性概念有助于揭示研究对象与内容的本质属性及其关系，有助于剖析翻译过程中对"义-意"识解的认识机制与主客观理据性，说明理性状态下的译文质量形成的思维规律与方法论规律。下文重点论述几种常见的思维形态和思维形式在描述认知翻译过程中自证与他证的主客观理据性和相关学科理论知识运用中体现的多维视角导引性。

6.2 认知思维运作原理与思维规律表征

翻译理论与实践中有许多经验之谈，能帮助翻译实践者认识翻译的一般原则和要求，其理据取决于经验者认识视角下的语言及相关知识。但经验之谈者往往点到为止，未能触及问题的本质，难以让人举一反三，触类旁通。下面考察例6.1和例6.2的经验认识与理论认识的本质区别：

[例 6.1] 人民生活水平不断提高。
Living standards **for the people** in both urban and rural areas continued to rise.
[例 6.2] 农业大丰收
There have been good harvest **in agriculture**.

平卡姆（Pinkham，2000：3）在讨论上述两例的英译时，指出"人民"和"农业"属于不言自明的冗余概念。她说加粗部分短语可以删去，其解释是：The notion of living standards applies only to people; "harvests" implies agriculture: there are no harvests in industry。她收集了一系列例证，指出这类译文表达可略去一个结构性成分"介词+（the）+名词"，她将此类翻译现象概括为"unnecessary nouns and verbs"（不必要的名词和动词）和"unnecessary intensifiers"（不必要的强化语）。这是从修辞角度做出的经验性归纳说明，问题涉及英语行文的简洁性，反映了西方读者对英语文字表达应避免累赘冗长的可读性要求。但她没有揭示出客观对象的本质特征及其思维规律，没有形成理论概念性表征。没有说明概念识解和语境之间有何种认知心理表征特点，如何对其进行论证和描写，如何通过心理空间中的概念语义场等概念框架阐释概念的冗余性等。图6.1从理论感性认识剖析 harvest 和 agriculture 的认知机制与心理图式表征：

思维运作原理与思维规律解析

英语民族读者在习得词语时，首先习得harvest和agriculture的概念语义（或定义），学习者在不断重现、刺激、辨识、储存、记忆等过程中，也在认知思维空间中逐渐建立起相应的知识图式结构，或构建起概念语义场（图6.1）。对于 harvest 来说，语言习得者对其概念语义场的建构（conceptual field construction）

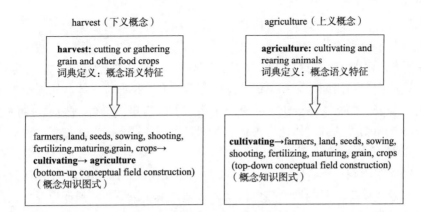

图 6.1 词语的概念图式或概念语义场

过程是从下至上的，即首先从下义概念harvest的语义特征cutting or gathering grain and other food crops扩展至整个知识图式结构，包括farmers、land、seeds、sowing、shooting、fertilizing、maturing、grain、crops、cutting or gathering等在内的概念关联性"知识实体"。然后，再与其上义概念cultivating（种植）"桥接"起来，最后由cultivating往上联结其上义概念agriculture（农业），从而在认知思维中构建出harvest与agriculture共现的相对完整的概念语义场。这一切都是在生活体验中逐步建立起来的经验知识。

对于上义概念agriculture，学习者首先习得其概念语义特征cultivating and rearing animals（词典定义），然后在不断重现、刺激、辨识、储存、记忆等过程中，构建出两个认知图式：cultivating（农作物种植）和rearing animals（畜牧养殖）。在信息接受中，agriculture触发接受者激活其概念语义场，在认知思维中迅速推衍出cultivating这个下义概念的认知图式及其他关联性知识，包括farmers、land、seeds、sowing、shooting、fertilizing、maturing、grain、crops等。

当agriculture与harvest共现于同一语句时，前者为冗词，传达的是冗余信息，因为在这两个词语的概念语义特征所激活的概念认知图式中，各自认知结构中的知识实体是交叉的、重叠的。正是由于这种语词、概念、语义特征、语义场和知识图式在信息接受者认知思维运作中的内在规定性，英语受众在读到harvest一词时才会将其理解为"农业大丰收"，而不会误解为"工业大丰收"。这说明英语概念harvest的搭配性范围较窄，而汉语语词"丰收"较广，虽无"工业大丰收"之说，但也可以用于其他转义。我们将这种现象理性地概括为经验规则概念"上义概念式冗余"，即当一个下义概念与其上义概念共现（co-occurrence）于一个语句中，且取其下义概念时，其上义概念为冗余性概念。相反，若在翻译中取其上义概念，其下义概念则为冗余性概念——"下义概念式冗余"（曾利沙，2009）。

　　在语言运用中，语词概念之间的蕴含性是一种很普遍的现象，在话语交际或信息传达过程中，一语词为另一语词概念所蕴含，有时是通过主体认知思维推导运作下的心理表征的方式体现出来，有时是通过主体感知、知觉、激活、构建概念语义场或认知图式的方式体现出来；有时则是以循环概念定义性蕴含的方式体现出来。就其对中译英的理论与实践指导作用看，译者在选词择义过程中须遵循"经济简明"原则，译者应做到对不同冗余信息的形态特征有个比较全面的理论认识，从经验认识上升到理论感性认识，从理论感性认识上升到理论理性认识，最后形成系统性的技术理论范畴。例如，曾利沙（2009）将汉英翻译过程中的冗余现象的认知思维理据归纳为以下概念化表征：冗余信息类型及其特征的概念化表征{孪生式功能词冗余；概念语意不言自明式冗余；语法形态表意范畴式冗余；概念语义蕴含式冗余；前提概念式冗余；强化概念式冗余；全能搭配式冗余（短语结构搭配式冗余）；概念语义重叠式冗余；镜像反映式冗余；语法特征式冗余；前照应式冗余；语句命题重复式冗余；迂回式语句冗余……}

6.3　"义-意"体认与建构的认知思维形式与形态

　　认知翻译过程的实证研究离不开思维形式与思维方法的概念化表征。"认知即经验知识的习得和范畴化，这个过程涉及感觉、知觉、模式识别、视觉表象、注意力、记忆力、知识结构、语言构造、问题解决等认知心理机制"（张维鼎，2007：61），缺乏了这些思维活动形态与内容，研究者难以描写翻译活动中"义-意"识解过程所反映的认知机制，难以反映识解过程中译者大脑这个黑匣子中发生的"义-意"激活的知觉、辨析、判断、推导等程序的科学性与可证性。认知思维形式多样，其思维特征和思维方法也较复杂。下面论述几种常见的认识思维形式在"义-意"识解（解码）与表达（编码）过程中的导引作用和规律表征。

6.3.1　概念范畴思维的认知模型

　　语言的概念都具有范畴的外延属性。语言的范畴化所产生的认知范畴相互贯通纵横交错，形成一个开放而有序的、层级性的、包容的系统（张维鼎，2007：79），语言中的概念范畴可分为基本层范畴、上位层范畴、下位层范畴。在语言运用中，概念是最基本的语言单位。任何概念并非孤立存在，都与一定的概念结成某种范畴关系，既有共性又有特性。概念有抽象概念，也有具体概念，这种抽象-具体关系有时则以上下义关系呈现出来。在语际翻译中，这种概念范畴及上下义关系在"义-意"识解和表达中起到非常重要的理据性导引作用。

[例 6.3] Robots will be able to react in lifelike ways, though we may end up releasing some unwelcome **creations**——**like Hal**, the murderous computer of the film *2001: A Space Odyssey.*（"Machine Rage Is Dead …Long Live Emotional Computing" by Robin McKie；引自《英语世界》，2006 年第 3 期）

　　译文：机器人能像真人一样做出反应，虽然最终也许会造出某些不受欢迎的**作品**——**就像**电影《2001：太空漫游》中的杀人电脑哈尔。

1. 认知模型建构及其原理解析

例6.3的creations不能译为词典释义"创造物"，译者将其译为"作品"必然经历过一定的思维推论形式，否则就是纯粹主观认识的结果。故我们有必要对creations生成"作品"的认知机制及其思维推导过程与理据做出描写，从中抽象概括出具有普遍意义的认知模式。程序性描写如下：①先考察creations的词典释义：action[外延]of causing sth to exist; making sth new or original [内涵]（创造或创新行为），其复数形式则指things that are created or caused to exist，或pieces of creations。②从参数理论看，creations之所以生成"作品"，必然受制于潜在的关联性参数。在上下文语境中，其参数为关联触发词（triggering word）"like"。在语言运用中，like与such as等常以关联性参数触发词出现，触发的是上义概念与下义概念间的关系，即前面的词一般是上义概念，后面的词是下义概念。此处的下义概念并非单个概念，而是一个相对具体的概念组（mix），如在the murderous computer of the film中，film与murderous computer之间又具有上下义范畴关系。该概念组与其上义概念之间必然具有某种共同的认知关联性语义特征。③在语篇翻译的概念语义生成机制中，下义概念对上义概念的语境语义的生成产生制约。但其映射机制不同的是：作为参数因子的下义概念不是以其自身某个（些）语义义素投射给上义概念而使其获得下义概念的语义义素特征。我们可考察上述下义概念组中各概念的语义义素：film: motion picture//computer: electronic device for storing and analysing information fed into it, making calculations, or controlling machinery automatically // murderer: person guilty of murder（义素特征分析略）。显然，没有一个义素能合适地映射给creations。

2. 认知模型建构

首先，我们要对下义概念组the murderous computer of the film的认知语义特征进行范畴层次性的抽象概括。因为film作为创作之作品，在认知语义场中是一个下下义（sub-subcategory）概念，而从"创作物"这一基本范畴看，murderous computer本身又可作为film的一个下属范畴。从概念范畴体系看，film与creations之间还隔着一个相对抽象的次范畴概念。从概念范畴理论看，语篇中一个较高层次的抽象概念不能直接获得较低或低层次范畴的概念语义的映射。在认知上，我们必须将film这一具体概念抽象为较高层次的范畴概念——"作品"（通过艺术思维创作出来的产品）。然后，将这种抽象出来的范畴概念语义映射到creations之上。这样，creations则间接性地获得"作品"的范畴化概念语义。其范畴层次的映射关系如图6.2。

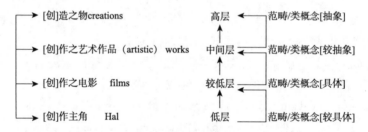

图 6.2　范畴的层次关系

图6.2所示的四个层次的范畴概念是通过"创造物/创作物"（sth that is caused to exist）这一基本范畴派生出来的上位与下属范畴概念。这说明，在考察语篇中特定的语词或概念时，我们必须对所要操作的概念自身的语义范畴特征进行必要的语义特征分析和判断。从概念的范畴语义特征看，creations为高层次上位概念，具有高度抽象性与概括性，而film、Hal、the computer murderer则属于较低和低层次的下属范畴概念，它不能将自身的义素直接映射给受其制约的概念，必须通过对其进行语义范畴化概括后才能间接实现其映射（曾利沙，2007a）。

6.3.2　命题语义推导思维与规律表征

语言的基本单位是词，词除了其形式具有词义指称的对象内容外，还有作为一类词性具有的语法功能意义。科米萨诺夫（2006：30）认为词汇意义的结构可以区分若干宏观成分，构成词汇单位的事物—逻辑意义，或称为所指—意谓意义（简称为"所指意义"）。词的指称意义在语句中构成命题的结构成分。在数学中，一般把判断某一件事情的陈述句叫作命题。在现代哲学、数学、逻辑学、语言学中，命题（判断）是指一个判断句的语义（实际表达的概念），这个概念是可以被定义并观察的现象。命题不是指判断句本身，而是指所表达的语义。当相异的判断句具有相同语义的时候，它们表达相同的命题。命题有真假命题之分，作为认知思维活动的最小单位（原子句），命题以显性和隐性的形式存在于语言中。如显性命题"失败是成功之母"是个完整的陈述句，由系词将主词和谓词联结起来；隐性命题如Jack's arrest by the police shocked his mother，该语句隐含了两个命题语义结构：The police arrested Jack **and** his arrest shocked his mother。命题分析是认知翻译过程中常用的思维形式，也是描写语言形式与"义—意"识解辨析和判断思维关系的工具。例如，英语动名词短语"V-ing+NP"是一个缺省的命题结构，可转化为一个完整的命题语义结构：growing tension（不断发展的紧张局势）→The tension is growing.（局势日益紧张。），其命题结构形式适合汉语的审美习惯。

命题语义结构性缺省的识别特征可通过句法或词汇特征进行识别。韩礼德（Halliday，1994）根据动词的性质将命题语义结构性缺省的识别划分为"物质、言语、心理、行为、关系、存在"六种过程（processes），我们将这些可识别的句法过程形态作为深层命题语义结构的显性标记，用以描写文本中任一句法结构，或用以标记语句中隐性蕴含着"过程"的语词概念。形式上分别用S-m（Syntactic Markers，句法标记）和L-m（Lexical Markers，词汇标记）表示。不管是显性还是隐性标记，命题语义逻辑上都具有述谓动词的特征，故S-m与L-m的机制在于译者通过它们可直接或间接地推导出一个核心或简单命题逻辑结构 $f(a)$ 或 $f(a,b)$，并由此进一步推衍出相应的外位命题题元（曾利沙，2001）。下面对S-m与L-m的命题推导机制做一实证分析。

[例 6.4] [It was in the Yeshiva at Oswiecim that I first broke with my own religion.] I remember it all as though it were yesterday. I **can** still **feel** my cheek **stinging** from the **slap** of the mashgiach, the study hall supervisor, as I **trudged** in the snow on the town square..., **having been ordered** out of the bet midrash for **imprudent heresy**.（引自蔡基刚，1996：16）

语言摹写现实生活，可用简单陈述语句按照生活的原样进行描写，但势必造成语句堆积，冗长累赘，不具可读性。故更多的语言摹写生活是以间接和压缩的语言形式进行，以名词或形容词或动词等词法和句法形式突显不同的命题语义信息内容。在叙述文中，汉语习惯于将一连串相继发生的事件（命题语句），按其时间先后顺序进行描写，但英语则可充分利用句法结构和词法特征，将一连串相继发生的事件以逆序重组的方式压缩到一两个语句中（如例6.4）。在汉译时，译者要对上述语段以英语句法结构为单位进行汉译是不可能的。译者只能先确定上述原文隐含的命题，然后按其历时性事件发生的时间顺序在汉语中进行重构。例6.4加粗部分蕴含8个命题结构，对命题结构分析如下：

S-m：can (aux.v.) feel (v.)[1][2], stinging(v.)[3], trudged(v.)[4], being ordered (v.) [5]

L-m：slap(n.)[6], (for) imprudent (adj.?)[7], my heresy(n.?)[8]

（注：aux. v.代表助动词；v.代表动词；n.代表名词；adj.代表形容词；?表示隐性命题标记性词汇，在认知语境中可扩展为一个命题陈述句。[1][2][3]等是命题序号。）

对上述句法和词汇标记的潜在命题语义进行阐释并按历时性发生顺序重组如下：

I said something[8]. The mashgiach regarded my words as imprudent heresy[7]. He slapped my face[6]. He ordered me out of the bet midrash[5]. I trudged in the snow[4]… My cheek stung[3]. I felt it[2]. I can still feel it at the moment[1].

对原文缺省的命题语义结构经过逆序推导后，还原生成增生的顺序性命题译文形式：

译文：[那是在奥斯威辛德的法学堂，我最初与宗教信仰决裂。那情景记忆犹新，宛如昨日]我当时在讲经堂说了些什么[1]，学监认为我竟敢无礼，有辱教义[2]，(他)狠狠地掴了我一巴掌[3]，并将我赶出了讲经堂[4]……我只得拖着沉重的步子走在市政广场的雪地上[5]，脸上感到针戳般疼痛[6][7]。此刻我仍能感到当时的那种疼痛[8]。（引自曾利沙，2004：79）

（注：[1][2][3]等是命题序号；译文命题[2]蕴含命题[1]，[6]与[7]为复合命题结构）

认知翻译学理论研究的一个重要任务就是为这种双语转换过程中主体的"义-意"给定行为构建一种可阐释的概念化的操作理据，并对主体这种阐释性的思维轨迹与形态做出理论描写，形成规律性的理论表征，从而使该理论具有解释性、操作性及可参照性。严格说来，上述经解析的命题结构[1]与[2]及[7]与[8]中的所谓识别性标记语不是自足的S-m或L-m。imprudent和heresy本身不具有"过程"（动词）的词汇语义特征，之所以能从它们推衍出两个言语过程以及从can feel中推导出两个表过去和现在的相同的心理过程命题结构，是借助"命题语义逻辑前提性缺省"（presupposition default）这一概念作为辅助性推导机制的结果。

在例6.4中，我们发现有时句法或词汇特征标记语自身并不能有效说明或揭示潜在的文本命题语义结构缺省性增生的机制，如(for my) imprudent heresy蕴含的两个命题结构，不能完全通过该词汇特征自身推导出，必须借助命题语义逻辑前提性缺省这一概念才能推导出其潜在的命题语义结构。heresy意为belief or opinion contrary to what is generally accepted, esp. in religion，这种belief或opinion在当时情景下被学监认为是imprudent，在客观上必然以"我"所"说出"的话语为逻辑前提，而imprudent则表示一种针对性的评说，若要为"我"所知，亦必然是学监当时（作为一种训斥）所"说出"的话语为逻辑前提，故在译文中产生这种互为因果的增生性命题结构[7]与[8]。在对[1]与[2]的推导中，我们将still视为一标记性的命题语义逻辑前提缺省性触发语，能触发某个前提事实或情况的缺省，即以过去必然存在或发生过的相同的感受或状态或事实等为前提。英汉两种语言里有许多类似的前提触发语，如"他又来了。"这一语句的命题值为真以他"以前来过"为逻辑前提。

例6.4英文用历史现在时进行叙述，形象地重现当时情景，故can still feel蕴含两个不同时间点上的心理感受过程命题语义结构。我们将这种"命题语义逻辑前提性缺省"表征为"命题语义结构缺省性增生"，是一种辅助性推导机制。这类情况在文本翻译过程中很常见，并将其作为一个相对独立的次范畴，该次范畴又包括若干不同特征的子范畴，如例6.4中[7]与[8]的缺省特征可归入"交际性前提缺省"子范畴，[1]与[2]则属于"事实（或情况）性前提缺省"的子范畴。在范畴这一概念化表征中，我们通过直观地洞察对象本质，将变化多样的众多对象中一般、稳定的属性以概念化形式提升出来，予以系统表征。（参见曾利沙，2004）

6.3.3 预设或前提推导思维认知机制

波塞尔（2005：175）认为，预设是任何一门学科中都存在的语言现象；预设是一个重要概念，既是一种推论的基础，也可在一定条件下成为范式理论研究的内容。预设或前提是一种潜在的已知信息，或是交际双方共享的背景知识。在交际过程中，预设是一种关系推理思维，它以话语中某些词句为基础进行推理，那些能作为预设基础的词句被称为预设触发语（Levinson，1983）。在语用学文献中，预设被分为存在预设、事实预设、词汇预设、结构预设等（Yule，1996）。预设思维是语言交际中的常见思维形态，对翻译过程中的选词择句具有理据性的阐释作用。译者在翻译过程中发挥的主观能动性不仅具有审美动因，而且具有思维动因，往往受不同语言使用者思维方式和思维特征的触发。例6.5、例6.6中译者主体性发挥的本质就是预设思维动因所致。

[例 6.5] 做叶比做花也不差，**永远青翠**。（引自陈文伯，2004：400）

译文：A leaf is no worse or even better than a flower, as it **remains green for a longer time, especially that of evergreen**.（引自陈文伯，2004：401）

[例 6.6] 她总是把伞挂在门边的把手上……。（引自陈文伯，1999：145）

译文：**Whenever she carried an umbrella**, she habitually hung it on the handle-rail...（引自陈文伯，1999：145）

汉语属于意合性语言，对语词概念和行文表达的逻辑规范性包容度大，英语属于形合性语言，对语言表达形式的逻辑性要求做到规范。如汉语语句"她是男人们梦寐以求的妻子"属于有悖预设逻辑的表述，"妻子"是指已婚女人，男人们不可能渴求已为人妇的属水的女人。其交际意义是指"属水的女人男人们认为是能成为贤妻良母的女性"，在英译时应避免在目的语中出现预设不当的译文形式。在例6.5中，原文所说的做（植物）叶子永远青翠是全称命题判断，有违事实逻辑，若在英译时按原文移译对英语读者来说形成不当预设。其隐含的正确预设（前提）应是指四季常青一类的植物叶子。译者增译了加粗部分文字，体现了其预设判断思维能力在"义-意"识解与表达中的作用。在例6.6中，"她"上班乘公交车总是把伞挂在车门边的把手上，其前提条件是必须随身带有雨伞为逻辑前提，故译者增译了预设（前提）所蕴含的内容（见加粗部分文字）。

6.3.4　"含义-意向"推导认知机制的可证性

认知翻译过程研究的一个重要任务是通过典型案例分析，发现现象背后的本质特征。所谓的本质是观念的，是现象中稳定的、一般的、变中不变的东西（倪梁康，1999：26）。对于文本"义-意"识解与表达而言，"含义"与"含意"

是相互关联的一对概念，有时可不区分，但为了描述的精细化和明晰化，其区分可有助于深入认识"义-意"识解认知机制的本质特征。在胡塞尔的现象学理论中，"含义"是与"意向性""意指""含义充实""统摄物""构形""激活"等若干理论概念相关联的术语，用以解释有关文本意义的理解、生成、建构、确定、转换等哲学问题。对于胡塞尔而言，含义充实（signification-filling）是指每个表述本质上都意指一个含义，都与一个对象之物的关系得以现时化和现实化。在直观中，表述所意指的与对象之物的关系得以现时化和现实化，直观使表述的意向得到充实。他将与含义赋予之行为融为一体的行为称作"含义充实"的行为。如果含义之意向得到充实，被意指的对象便"作为被寄予的对象"而构造出自身（倪梁康，1999：77）。例如，命题语句"我昨天进城了。"（I went to town yesterday.）中的"我"这个指称概念指向一个不确定而空泛的自称概念；"城"指向"有大量人口居住的地方"或"人口中心地区"这样一种抽象而空泛的关系概念；"昨天"只是时间流中某个空泛的"时段"。它们只能在当下体验中才被确定，之前只是以"含义意向"的形态存在着，是一系列有待于被突显和指向充实的概念。"我"必须被一个在特定时空中的、当下可体验性的对象来充实（如特定的某个被称为张三或李四等具有社会身份、年龄、职业、社会关系的人）；"城市"必须被一个具有坐标特征的空间区域来充实（具有空间位置、规模大小、繁华程度等的体验性）；"昨天"必须以某个特定的"今天"为参照物进行含义充实。整个语句必须被一个具有连续运动的个体事件来充实，发话人自称的"我"与"城"在听话人的直观中被充实为具体关系对象，"进城"可以获得含义充实，往返于这个城市的道路与交通工具等。这便是一种现时化和现实化的体验式理解过程。这是用于原理性说明的实例，在译文表达时不必经历这么复杂的思维运作过程，直译即可。但例6.7中的概念impressions的"含义意向"只有在当下语境中才能被体验与建构（语境化含义充实），既是认知翻译过程研究的典型实例，也是翻译理论与实践研究的重点内容之一。

[例 6.7] Miss Sedley was almost as flurried at the act of defiance as Miss Jemima had been; for, consider, it was but one minute that she had left **school**, and the **impressions** of six years not got over in that space of time. （《名利场》*Vanity Fair*；引自萨克雷，2013）

荣如德译：塞德立小姐看到如此放肆的行为，几乎与杰麦玛小姐一样震惊。试想，她离校才一分钟，六年**学业**造成的**影响**岂能在这样短的时间内化为乌有？

1. "含义-意向"推导思维解析

英语概念impressions的释义是：an idea, a feeling or an opinion that you get about sb/sth, or that sb/sth gives you（*OAED*），其义素idea、feeling、opinion 的含义是空泛而不定的，在此语境中不能译为英汉词典的释义"印象"。按照胡塞尔的说法，impression是个有激活和构形的含义充实性概念，即"含义意向"性"意指"。其推导思维过程如下：

（1）设impressions为因变元y，school为自变元x；建立一种函数关系，求解x对y的含义赋值的运算过程。

（2）激活impression 和 school的义素语义特征：前者见上文释义；后者为：school = a place where a good level of knowledge, skills are imparted or children receive standard education，析取其关联性语义knowledge 和 standard education。

（3）再激活standard education 的义素语义特征：standard = a **level of quality**, especially one that people think is acceptable（尤其指可接受的品质标准/水平/规范）a **process of teaching, training and learning**, especially in schools or colleges, to improve knowledge and develop skills（尤指学校教育）（*OALECD*）。

（4）建立自变元x（school）关联语义（Relevant Sememes，RS）对因变元y（impressions）的空泛含义进行含义（作者选择此概念的意向性意指）充实的映射机制，如图6.3。

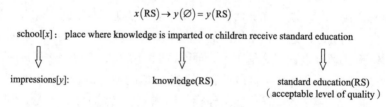

$$x(\mathrm{RS}) \to y(\varnothing) = y(\mathrm{RS})$$

school[x]：place where knowledge is imparted or children receive standard education

impressions[y]:　　　　knowledge(RS)　　　　standard education(RS)
（acceptable level of quality）

图 6.3　自变元 x 对因变元 y 的映射机制

2. impressions 的语义赋值及其理据

在推导出概念的含义来充实内容six years' standard education in developing an acceptable level of quality received at school之后，再根据学校教育的经验性体验，推知quality的内涵还包括对学生的行为品德规范（如社交礼仪）等教养或修养，是对impression的义素语义idea（观念）和opinion（意见；主张）的含义-意向的充实，指学校奉行的社会价值观和学生应遵守的社会礼仪的主张等教育。通过分析与综合的具有主客观理据的"含义-意向"推导思维，得出语境适切的译文。

译文：看见她的这种**逆反行为**，塞特利小姐几乎和杰迈玛小姐一样诧异。你想想，她才跨出校门一分钟，六年来的**礼仪教育**哪能一刹那间就全忘掉呢？（笔者译）

6.3.5 经验逻辑思维与批判思维

从意义本体论看，文本翻译表现为一种辨"义"与析"意"的认知思维过程。翻译活动是一种社会行为，其译作必然要受到特定群体的检验和批评，翻译批评又必然是基于意义本体论、认识论和价值论层面的批评，有其客观的逻辑基础，如概念逻辑、命题逻辑、句法逻辑、语篇逻辑、认知逻辑、经验逻辑、情感逻辑、形象逻辑、情景逻辑、事态逻辑、关联逻辑、艺术逻辑、科学逻辑、辩证逻辑等（陈波，2000；韦世林，1994；彭涟漪，2000a）。若消解了翻译的逻辑特质，对意义的确定除了囿于词典释义外，就成了一种纯粹主观直觉的结果；若消解了译学理论的逻辑特质，也就消解了其体系性与内在联系性，翻译理论就成了一些互不关联，甚至相互矛盾的概念或命题；若消解了翻译批评的逻辑基础，翻译批评也就成了批评者主观片面与印象式的自我言说。

翻译过程中的逻辑思维不仅体现在对原文语言中的逻辑辨析，也反映在译语语境中的逻辑辨析过程。翻译活动涉及的题材内容非常广泛，反映的社会生活十分丰富，译者若要正确识解和表达原文"义-意"的形态，在阅读理解阶段首先应认真反复细读原文，在获得总体感知的前提下，对原文全文各段各句的显性或隐性的"义-意"做深层次的掌握。唯有如此，译者才能将原作者的创作意图、表达风格以及特定的思想倾向性在译文中再现或表现出来。但是，翻译过程实质上是一种动态的"忠实"（曾利沙，2014a，2014b），尤其是当语言文化差异越大，就越需要译者给予创造性的艺术再现和表现。同时，译者应具有批判性思维能力，还应以双语身份进行视角转换，辨析原文作者用词遣句的不当性，甄别不符合经验逻辑的表述方式，并做出相应的修正或调整，以符合目的语受众的认知要求或审美习惯。

[例 6.8] 这秋蝉的**嘶叫**，在北平可和蟋蟀耗子一样，简直**像**是家家户户都养在家里的**家虫**。（引自陈文伯，1999：31）

译文：Because of their **ubiquitous shrill noise, these insects** in Peiping **seem to be** living off every household like crickets or mice. （引自陈文伯，1999：35）

[例 6.9] ……**髻似飞云，面如粉黛，青春健美，秀目顾盼**，雨中淋透的

花季少女，突然开错门而致歉的慌张神情最美。（引自陈文伯，1999：133）

… A girl dripping wet from the rain when the door opens, discovering her own mistake, hastily apologizes—**eyes** animatedly expressive, **face** as fair as a lily and **hair** curling like floating clouds, the graceful figure overflows with **blooming youth.**（引自陈文伯，1999：132）

[例 6.10] 微笑，永远是微笑者个人的专利，它既**不能租**，又**不能买**。（引自陈文伯，1999：195）

译文：Smile is **inseparable from its owner**, for it can **neither be rented nor bought**.（引自陈文伯，1999：195）

在例6.8中，从中文句法结构看，嘶叫作主语显然不符合认知逻辑；从句意判断看，秋蝉的嘶叫和蟋蟀耗子是北平人养在家里的家虫的说法，不符合经验逻辑，没有人把耗子和秋蝉作为宠物一样养在家里。陈文伯在识解语句的命题逻辑语义时，运用了认知逻辑思维，对原文的不当逻辑错误做出了修正，重新选择了主-谓-宾的句法结构，并将养在家里的家虫改为living off（生活在居家附近）。

在例6.9中，中文加粗部分的四个短语结构的表意顺序有悖生活体验逻辑：姑娘开错门，屋内主人首先是观察（注视）到她的头发特征，然后是脸部特征，然后下移至身材特征，再上移至面部观察她的眼睛。在正常情况下，我们在观察一个人的特点时，一般都是首先注视其眼睛，然后是脸部特征，其次是头发特征，再其次是视线下移至身材特征。陈文伯在识解句法语义之间的逻辑顺序时，运用了生活经验逻辑批判思维，对译文命题语句的顺序重新做了有序的调整，使得译文通顺流畅而达意。

在例6.10中，原文"个人的专利，它既不能租，又不能买"有悖事实逻辑。在商法中，专利是可以买卖的，但有一定的期限。英译时不能按照有悖逻辑的句法语义移译。译者运用批判思维，找出其有悖逻辑之处，故采用变通思维将其译为inseparable from。

6.3.6　交际语用意图推理思维

语言表现现实生活，摹写现实情景，反映人的思想活动。但语言形式与内容并非总是正确的，其表达的思想或意图有时是间接的。语言哲学家奥斯汀在其言语行为理论中将话语的同一言语行为分为三个方面或三种可定性概括的言语行为：一是表达性言语行为（locutionary act），指把一句话表达出来的行为；二是施为性言语行为（illocutionary act），指通过所说语句来达到某种目的的行为，如意图、警告、请求、允诺等；三是perlocutionary act（成事性言语行为），指语句对接受者的行为、信念、感情产生影响后完成的一种言语行为（Austin，1962：100-107）。瑟尔（Searl，1985：30-57）增加并讨论了指称行为和述谓行为构成的命题行为。这种间接表达"义-意"的言语行为在有关交际话语翻译认知过程研究中具有思维路径描写的可证性。

[例6.11] "你不要命了？这水有一人多深呐！"（引自陈文伯，1999：207）

译文："Are you crazy? The water is **deep enough to drown you**."（引自陈文伯，1999：328）

[例6.12] 鲁大海：（抽出手枪）我——我打死你这老东西！

鲁贵：（站起，喊）枪，枪，枪，（僵立不动。）

鲁四凤：（跑到大海的面前，抱着他的手）哥哥。（引自王佐良，1989：184）

译文：Hai (drawing his pistol): I'll—I'll kill you for that, you old swine!

Lu (leaping to his feet and shouting): **Help! Help! He'll shoot me!**（He stands petrified with fear）.

Feng (rushing across to Ta-hai and seizing his wrist): Ta—hai !（引自王佐良，1989：185）

[例6.13] "Wanna go to a movie with me sometime, Jess?" asked Davey Ackerman.

"**The name is Jessica**. And no, I wouldn't , I don't go out with juveniles."

译文："杰斯，想不想什么时候和我一起去看场电影？"戴维·阿克曼问道。

"**名字是杰西卡**。不，我不和你去看电影。我不和未成年的孩子出去。"（引自范家材，1996：28）

语义和句法构成语言的内容和形式两个平面，是对语言的一种静态认识，还不能全面揭示语言在社会交际过程中以言行事（Levinson，1983）的动态特征。如果将人们如何动态地使用语言纳入对话语的认知范畴，那么就构成语言三平面之说：语义、语法、语用（范晓，1996）。在翻译操作中，对话语的语用平面进行多角度分析是准确有效表达的前提之一。在例6.11中，说话者并非想对听话人提供水有多深的信息，而是想表达一种"警示"的交际意图之含意。故译文表达的是其语用含意。在例6.12中，鲁贵在受到生命威胁时，喊出来的却是："枪，枪，枪"。"枪"的指称语义是一种武器，此处是指"手枪"（pistol）。但在此语境中，鲁贵的意图并非想告诉在场的人这是一把枪，而是想表达一种"求救"的语用意图之含意。故王佐良将其译为英语民族的人在遇到生命威胁或危险时习惯的求救方式："Help! Help!"。在例6.13中，男孩戴维以昵称Jess称呼女孩Jessica，想套近乎。但女孩对戴维毫无好感，首先冷淡地纠正他的称呼，不给他套近乎的机会。从交际意图看，她并非想要告知她的名字，而是表达一种施为的言语行为，要求对方称呼她的名字，而非昵称。从言语行为看，则表达一种要求，其语言选择由语用意图决定。直译不能表达原文那种交际效果，且整个话语的衔接不是很达意，宜译出它的语用意图之含意。

改译："杰丝，什么时候想和我一起去看电影？"戴维·阿克曼问道。

"（请）叫杰西卡。而且你别想，我不会和你去。我才不和小年轻出去。"

（笔者译）

6.3.7 事理逻辑推导思维

文学作品中有许多抽象简约或命题语义结构缺省的语言形式，可造成审美张力。但对于译文读者来说，若不具有与原文读者一样的可以共享的语言文化背景知识，这种审美张力难以传达给读者。故译者在识解和表达其"义-意"的过程中，必须运用认知思维能力去化抽象为具体，化简约为丰盈，对含意加以充实或补缺，将深层的命题语义完形为表层语义结构，才能使译文符合受众的审美需求，化解其不必要的认知努力。例如，例6.14中的or too poor... scold them into harmony and plenty的句法形式语义是"或在太穷之时……把他们骂入一种和谐和大量丰富的状态"。在目的语中，原文的审美张力荡然无存。

[例 6.14] Elizabeth soon perceived that though this great lady was not in the commission of the peace for the county, she was a most active magistrate in her own parish, the minutest concerns of which were carried to her by Mr. Collins; and whenever any of the **cottagers** were disposed to be quarrelsome, discontented or **too poor，she** sallied forth into the village to settle their differences, silence their complaints and **scold them into harmony and plenty**. （J. Austen, *Pride and Prejudice*；引自简·奥斯汀，2006：209）

译文：伊丽莎白立刻就发觉，这位贵妇人虽然没有担任郡里的司法职使，可是事实上她等于是她自己这个教区里最积极的法官，一点点芝麻大的事都由柯林斯先生报告给她；只要哪一个穷苦人在吵架，闹意气，或是穷得活不下去，她总是亲自到村里去调解处理，镇压制服，又骂得他们一个个相安无事，不再叫苦叹穷。（王科一译；引自简·奥斯汀，2008：195）

事理逻辑思维推导解析：译文要为受众所乐于接受，必须符合受众语言习惯和审美偏好。译者需通过认知识解能力化抽象表述为具体描述，化陌生化表达为喜闻乐见的语言形式，对缺省的命题语义进行含义充实或含意补缺。这种认知加工行为必须依赖逻辑推导才能不至于成为主观臆断。我们可将上述两个命题语义缺省的语言形式进行事理逻辑推导，程序描写如下：

事理推论一：①大前提：人过于贫穷时，容易发牢骚、吵架甚至偷窃而龃龉相向，闹得社区或邻里不得安宁；②小前提：如今村民们日子过得太穷；③推论：村民们经常满腹牢骚，吵架等而闹得村里不得安宁。

事理推论二：①大前提：凡是拥有决断权威之人能制止受其制约之人的出格言行，或有对其进行威胁和训斥的权威；②如今有贵妇人（女地主）拥有租地决断权（穷苦农民无自己的土地，靠租地主家的田地交租过日子）；③推论：贵妇人能凭其权威，通过调解、威胁和训斥制止村民们满腹牢骚、吵架或叫苦叫穷等影响村子安宁的言行。

译文"骂得一个个相安无事"和"不再叫苦叹穷"是一种情感事理逻辑的"义-意"引申：既然村民们惧怕贵妇人的决断权→只能接受其调解、威胁和训斥→结果就是村民们不再闹事→不再闹事也就是相安无事→相安无事也就是村民只能忍让，将穷苦怨言闷在心里→闷在心里就是不再公开叫苦叹穷。在文学翻译批评理论中，译者的这种创译被认为是艺术再创，但任何艺术再创都是基于一定的事理或情态逻辑的推论，既具有主观性，也具有客观性，是对具有一定共享经验知识的反映，这种共享经验知识能在原文和译文读者之间产生。

6.3.8 情感逻辑推理思维

尧斯认为，文学作品的意义与价值不只是作者所赋予的，或作品所囊括的，也包括读者阅读所增补和丰富的。一部作品的现实价值正是体现在所有读者对其欣赏、评论的总和之中（朱立元，1989：16）。文学作品对人物性格、阶级身份、社会关系、举止言行等描写往往贯穿于各种情感因素中，将其对社会生活的各种情感体验形象生动地刻画出来。但小说语言可能是最复杂丰富的语言，各种特色化或个性化语言形式层出不穷。小说语言的特色性源于作者对丰富多彩的社会生活场景的体验性再现，并非简单地给予直白的描写。对译者而言，只有在语言文字被激活的场景中才能深刻体验原文内容形式所表现的场景，通过体验不同职业、不同性格、不同际遇的人物的内心情感，才能在这种再构的场景中把握作者的意向意义，在目的语中做出相应的艺术表现。

[例 6.15] The room service waiter was long departed, and Serebin had become aware that Turkish coffee was only a **partial ameliorant** for Turkish vodka—a minor lapse in the national chemistry—and had to be supplemented with German aspirin. The **fat slice of pink** watermelon was **an affront** and he ignored it. （*Blood of Victory: A Novel* by Alan Furst；引自 Furst，2002）

译文 1：房间的服务生走了**很久**了，萨拉宾发现土耳其咖啡只是土耳其伏特加**稍微改良的产物**——也许是这个国家的化学出了差错——得配上德国的阿司匹林才能喝下去。**厚厚的一片西瓜泛着粉色，像是一种冒犯，萨拉宾选择无视它。**（笔者学生译）

译文 2：房间服务生已不见了**踪影**，萨拉宾才发现这土耳其咖啡**尝起来竟跟土耳其伏特加差不多**，想必这个国家的化学配方有点问题，还得配上德国的阿司匹林才能咽得下去；西瓜切成厚厚一片，**肉瓤半生不熟，泛着粉色，简直是对他的大不敬，萨拉宾连正眼也不瞧一下。**（笔者译）

情感逻辑思维推论理据解析：

经验生活体验与文本隐晦意义理解与表达的问题：例6.15的难点在于最后一句"The fat slice of pink watermelon was an affront and he ignored it."令人感到困惑的是：一片很肥厚的西瓜是一种冒犯，他不理它。这与上文语义不能产生通顺易懂的语义连贯。小说语境事态是：第二次世界大战时期的一位克格勃间谍萨拉宾，出外执行间谍任务时住进土耳其的一家高级宾馆，服务生送进来一杯咖啡和一片西瓜后，不打招呼就离开了。他尝了尝咖啡，难喝，但问题是一片厚厚的粉色西瓜为何是一种冒犯，这超出了一般读者的认知。译者若不能在形象思维中还原再现这种特定场景下的人物心理的情感逻辑，正确的理解与表达就无从谈起。

译者参与意义建构问题：文学作品具有意义不完整性和隐晦性的语言特点，具有审美张力，需要读者根据语境给予动态的有理据的意义建构，才能使译文意义贯通，明确作者所要表达的意向性意义（曾利沙，2014a：55）。文学语言的主观识解必须以语境分析（contextual analysis）为客观依据：一是经验常识，粉色西瓜一般是半生不熟的颜色，而且瓜的籽也呈白色，瓜瓤吃起来比较硬且不甜，何况是切得厚厚的一片半生西瓜！二是作为克格勃高级间谍一般都住高级宾馆，以便掩护身份。高级宾馆的服务人员训练有素，按道理对宾客一定是周到贴心，但这家宾馆的服务却让萨拉宾感到不悦：服务生送他进房间之后就不见人了，留下的是味道怪异的咖啡和一大片厚厚的半生不熟的西瓜。译者自己可以体验这种场景：其内心情态一样可感同身受。

译文表达应力求毫发剖析，措辞必须考虑概念内涵语义特征，以便更细腻、更突出特定语境中的人物情感特质。译文1略译了pink，表达不到位，显得生硬；译文2"简直是对他的大不敬"，意指这家高级宾馆对有身份的宾客不尊重，送上的食品和饮品让人不悦，宾客的反应自然是"连正眼也不瞧一下"（瞟一眼就让人不爽）。这种在情感逻辑推导之下的译文能达到语境适切，符合汉语读者的审美偏好，也可以说是经验常识的逻辑推论下的语境化含义充实。故一片厚厚的粉色西瓜引出对萨拉宾的"冒犯"或"不敬"的"义-意"识解是通过情感逻辑思维推导出的，这种逻辑推导的客观性就在于这种微妙的心理活动不是某个人特有的，而是具有普遍性：任何一个有身份的人受此对待都会认为是对自己的不尊重，有失体面。

6.3.9 形象逻辑推导思维

以下典型实例选自*Love Comes First*，这是美国小说家埃米莉·吉芬（Emily Giffin）的一部家庭剧小说，主要讲述两个姐妹在其兄弟死后，关系恶化，最后又重归于好。小说特点是从女性角度讲述问题，围绕家庭展开，语言简单朴实，口语化用词和俚语使用的风格很明显。小说涉及很多关于美国历史和美国文化因素，其语言理解有一定难度。文中有很多词在不同地方重复使用，而在不同语境却具有不同的语境化含意，尤其是一些行文简明的语言概念与句法形式，需要译者运用形象逻辑推导思维才能理解。

[例 6.16] Josie **relishes drama** [1]that involves her **stable** of men[2], past or present.（Emily Giffin: *Love Comes First*，Chapter 2, Ballantine Books, 2017）

译文 1：乔茜喜欢描写她的男人的喜剧，无论是过去的还是现在的。（有道翻译）

译文 2：乔茜喜欢戏剧，涉及她的过去或现在的男人。（谷歌翻译）

译文3：无论是过去还是现在，乔茜每每提到她**稳定的异性朋友**[1]，就**像说戏曲一样，津津乐道**。（笔者学生译）

译文4：乔茜**像说戏文一样，绘声绘色地描述**[1]她如何**在一群昔日和现任男友之间周旋**[2]。（笔者译）

形象逻辑思维推导理据解析：

"义-意"识解与表达的错误问题：译文1、2是机器翻译的结果，都误译语言点[1]，均漏译语言点[2]stable of的结构形式与内容；学生对语言点[1]的翻译形象生动，体现了人工翻译的形象思维，但对语言点[2]的识解与表达缺乏形象逻辑思维的推导，不仅误译past or present 的修饰关系，还将动词relish增译了"无论是过去还是现在，……每每提到"，译文不能准确地艺术再现原文人物的性格与形象特征。

简约搭配结构语言形式"义-意"形象化识解与表达问题：①relish的内涵语义特征是 (for) great enjoyment, especially of food, pleasure and satisfaction（出自 *LDELC*），relish drama 的搭配语义是"从戏剧中获得乐趣"。机器只会从词典提供的若干概念中选择简约概念（如喜欢）并且按照语法搭配形式去转换。relish作名词用意为a substance eaten with a meal to add taste or interest（开胃小菜；调味品）（*LDELC*），引申义为a strong appreciation or liking；作动词时，不同词典有不同释义：to take keen or zestful pleasure in// to enjoy the flavor of sth（*AHD*）。根据上文语境，此处指乔茜非常喜欢谈论别人的隐私，就像描述戏剧中谈情说爱的男女主人公一样。学生将其译为"津津乐道"是一种形象逻辑思维推导的体现，不仅形象地再现乔茜喜欢谈论别人隐私的人物性格，还将其谈论时像评论戏曲中人物那样说个不停和乐于其中的人物形象生动地表达出来。译文4"绘声绘色"隐含了对乔茜惯于议论他人隐私的语言表述能力的评价，使得人物形象立体化了。②对stable of men的识解与表达需要充分运用形象逻辑思维，并结合句法的关联逻辑。句法关联逻辑：past or present 是后置定语，来修饰stable of men，说明她有许多男友，包括以前的和新结识的；stable是指固定或恒常的状态，一个女人要同时稳定地维持与多个男友的关系——谈情说爱，就一定要能够平衡他们之间的关系，必然要有善于在他们之间进行"周旋"的本领。译文4就是对原文简约概念结构隐含的形象"义-意"识解与表达的艺术再现和表现。将译文3和译文4形象逻辑思维推论理据描写如图6.4。

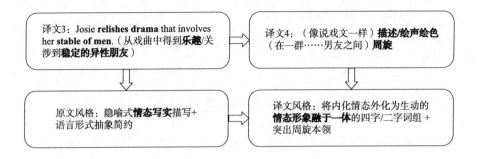

图 6.4　逻辑思维推论过程

6.3.10　关联逻辑推论思维

由于英语的形合性特征，其抽象性语言形式往往成为"义-意"识解和表达的难点和重点。对于此类典型问题，认知翻译过程研究的任务就是将概念义素及其语义特征和句法结构形式的关系放大，明晰地阐释其概念内涵特征与外延框架在语句中的内在逻辑或情景关联性，并将其中蕴含着的认知思维关系揭示或表征出来。例如：

[例 6.17] Jack sought distraction of distance.

直译：杰克寻求远距离的分心。？①

此句的表层结构语义晦涩难懂，属于含义缺省性语句，在英语中具有高度审美张力，需要调动认知加工能力才能获得其深层的命题结构语义，从而实现交际目的。但这种抽象的审美张力并不符合汉语的习惯，必须使其深层命题结构明晰化才能理解其"含义意向"，即将话语/语篇层次所反映的不同语言使用者的思维与语言的个性或差异性与普遍性或共性的关系揭示出来。关联逻辑推论思维的描写能感性直观地揭示该语句的内在语义联系及其抽象的编码过程，从而达到语言解码与编码的体验性与建构性之原理。识解与表达过程如下：

第一步：从词典释义获得概念的关联性义素，置于语境内形成可直观的图式关系，如图6.5。

---

① "？"表示此例直译值得质疑，语义晦涩/不通顺。

概念distance的语境化命题结构扩展：

Jack _____ | sought (try to reach) _____ distance（Jack）

distance 的概念语义：**space** between two places or points; distant place

⇩

据此得出命题（原子句）结构[1]：Jack tried to reach a distant place.
（or get away to ...杰克寻求空间距离——离开此地而去他地。）

⇩

distraction的概念语义扩展：

distraction的概念语义：distracting or being distracted or stop from **concentrating on sth**

⇩

将关联义素代入语境中得出相应的命题结构[2]：

Jack sought distraction. → Jack tried to distract himself or stop himself from concentrating on something. （杰克寻求精神上的散心或放松。）

图 6.5　关联性义素辨析

　　第二步：将两个命题结构合并，从内容上将其联系起来，进而分析体验特定人物——杰克的内心活动与其特定行为之间的因果联系，即人的任何行为或活动都有其潜在目的或原因或方式：For what did Jack try to get away? Jack tried to distract himself or stop himself from concentrating on something.

　　第三步：语境化命题结构的拓展与关系建构：Jack tried to get away so that he could distract himself（or stop himself）from concentrating on the currently unpleasant（or distressing）affair. Or: Jack tried to get away, for he wanted to distract himself（or stop himself）from concentrating on the currently unpleasant（or distressing）affair.

　　第四步：根据汉语的表达习惯，形成相应的具有内在逻辑关联的复合型结构译文：

　　　　译文：杰克想一走了之，**免得心烦**。
　　　　或：杰克想离开此地，**好让**自己清静清静。（笔者译）

6.3.11　宏观-微观多维度综合思维

　　上文所论的"义-意"识解与表达所关涉的认知思维运作都是基于局部的典型译例，实际上翻译都是在基于语篇层次的整体阅读视界下展开的思维活动。没有从整体上把握语篇内容，有时对难点词句的翻译就无法进行。故基于"义-意"识解的认知翻译过程研究需要从宏观-中观-微观互动的多维度综合思维层面展开。接受美学观认为，读者在阅读过程中具有自身的期待视界，读者打开全部审美经验的期待视界来迎接作品，他的世界观、人生观、他的一般文化视野，以及艺术文化素养（特别是他的文学能力）综合起来组成一张经纬交织的审美期待方面的绵密网络，它用"无数双眼睛"盯住作品的每一个细节，每一个文字，根据经验去解读作品、体味作品，同时又将不符合经验的意象、意境、意义、意旨排斥在外，或"过滤"出去。在功能上，起着选择、求同和定向的作用（朱立元，1989：138）。这里所说的"解读"就是对"义–意"形态的识解；"体味"就是基于感官经验的对"义–意"的体验过程；"排斥"就是对"义–意"的辨析与判断思维形式的内在体现；"过滤"和"选择"就是对"义–意"的有理据的析取思维形式。这些思维活动在语篇翻译的各个层次展开，微观层面词句"义–意"的识解与表达需要从宏观维度进行辨析与判断。

[例 6.18] "You fool, why do you catch at a straw?" **calm good sense** says to the man that is drowning. "You villain, why do you shrink from plunging into the irretrievable Gazette?" says **prosperity** to the poor devil battling in that black gulf.（引自萨克雷，2012：84）

译文 1："你这个蠢货，都要灭顶了还抓什么稻草？"**安全而平静的人**对这个即将灭顶的人说。"你这个恶棍，早晚都要让《伦敦公报》披露出来，你躲闪什么？"**事业昌盛的人**对掉在泥淖里挣扎的可怜魔鬼说。（引自萨克雷，2017：201）

宏观–微观互动多维度综合思维解析：

小说主题倾向等内容的概括思维：任何语篇都受主题的控制和支配，对词义语境化内涵的理解与解释都必须以反映主题的宏观命题结构为依据，即作品主题必须得到微观命题的说明，二者之间具有认知关联性（陈忠华、刘心全和杨春苑，2004：181）。《名利场》是一部讽刺小说，是英国19世纪批判现实主义小说家萨克雷的成名作，展现了英国19世纪初期上流社会的全景式画面，其主题是"揭露和讽刺中上等社会各类人的丑恶面目与本质特征"。

小说人物性格特征与作者创作手法之意图辨析：作者分别对追名逐利之徒、忘恩负义的暴发户、闯荡江湖的骗子、脑满肠肥的寄生虫、堕落空虚的纨绔子弟、无情无义的亲朋等不同类型人物进行了讽刺性刻画，构成了许多次级主题倾向。如上述引文就是对"忘恩负义的暴发户（债主）"冷酷、自私、落井下石行为的讽刺。具体而言，作者是通过借代手法揭露这类人物的可鄙面目，鞭笞丑恶的社会现象。

人物性格特征与语境关联性思维：语境关联性信息——例6.18的背景是阿梅莉亚的父亲塞特利原是个很成功的证券经纪人，后来由于公债跌价，一夜间变得倾家荡产。老奥斯本曾受到塞特利的恩惠才得以摆脱卑微的出身，一跃成为伦敦的商业巨头。按常理，他本该报答恩情，向塞特利伸出援手。但恰好相反，在债权人会议中，对塞特利最强硬、最狠毒的就是老奥斯本。一来他想用证实对方"行为恶劣"的办法来掩饰自己的忘恩负义，二是因为在老奥斯本这一类人看来，破产是最大的罪过，而且还连累自己受损失，当然不能放过。例6.18英文加粗部分是作者以借代的修辞手法对特定典型人物的讽刺性描写，翻译时要求译者主体充分表现特定社会语境中的这种关联性人物的特征和受话者的对比照应关系，以及发话人幸灾乐祸、漠然，甚至落井下石的口吻。

例6.18英文加粗部分概念是用某种抽象特征代替具体的人，语言活泼，形象生动，明褒暗贬。孤立地看，calm good sense 和prosperity 和say搭配，发话者是指具有calm good sense和prosperity特质之人，也就是译文1中的"安全而平静的人"和"事业昌盛的人"。但译者的这种囿于概念思维的译文造成语境不适切，必须从主题倾向规约下的社会语境关联性融合角度进行识解，力求译文表达产生语境关联性融合，突出次级主题倾向——作者意图在于辛辣地讽刺名利场中典型人物性格特征及其忘恩负义的人际关系。译文1中"安全而平静的人"和"事业昌盛的人"语义过于正面化，没有表现出原文的讽刺口吻，未能突出债主那忘恩负义的漠然神态。译文"安全而平静的人"和"事业昌盛的人"都没有很好地表现出原作的主题倾向，没有表现出关联性语境中典型人物的典型特征、人物神态、人物关系。prosperity在当下语境中应是指那些敛财有术、已经发达暴富的债主，说话的口吻让人感觉出一副春风得意的神态。

改译：**处境无忧、镇定漠然者**劝那溺水者说："你这笨蛋，死到临头还抓住根稻草又有何用？"；而那**敛财有术、春风得意者**则冲着在丑闻深渊中挣扎的可怜虫叫嚷："你这混蛋！干吗还遮遮掩掩？反正早晚要给《公报》抖搂出来的，不如趁早说出来吧！"（笔者译）

下面来分析例6.19。

[例 6.19] Old woman; full feeder; nervous subject; palpitation of the heart; pressure on the brain; apoplexy; off she goes. (*Vanity Fair* by W. M.Thackeray；引自萨克雷，2012：309)

译文 1：老太婆年纪大——吃得多——容易紧张——心跳——血压高——中风——就完蛋啦。（引自萨克雷，2016：198）

译文 2：上了年纪的女人，饭吃得多点，神经稍稍紧张一下，心脏狂跳一阵，脑子溢出点血，中了风，说完就完了。（引自萨克雷，2017：220）

社会语境人物关联性思维与译文创译理据：①此句是给克劳莱小姐看病的医生Dr. Squills对药剂师Clump所说的话。医生向Clump一一列举了克劳莱小姐的病情，意在提醒他如果这有钱的女人死了的话，他就别指望每年能收入两百英镑，借此让他阻止为了得到遗产的别德太太对克劳莱小姐终日严加监控的行为（因为那样只会使她的病情恶化）。可以看出克劳莱小姐身边的每个人都是瞅着她的钱，并不是真心为她的健康着想。②句法特征与命题逻辑思维：从句法形式看，原句体现了医生个人口语的风格特点，除了最后一个并列成分出现谓语动词以外，分号隔开的其余各个成分都是由名词短语（隐性命题）组成的；从认知语义特征看，这些名词短语具有完整的命题结构，相互之间并非并列关系，而是形成一种内在的因果链，说出了克劳莱小姐身体症状的原因与可能的严重后果；从风格形式看，医生用一连七个短语，有告诫之语用意图，语气郑重其事，略带俏皮，如off she goes。③译文1在各并列成分间使用破折号，失去了口语特点，在汉语中不能表现医生话语风格特征和语用含意，容易造成读者的认知困惑。例如"心跳"：一个大活人谁没有心跳？"血压高"是否说克劳莱小姐当下血压升高？palpitation of the heart 在此处的语境化内涵是指非正常心跳现象，即某种原因使心跳突然加速。"血压高"与"中风"并置，是否"血压高"必然引起"中风"？译文1和译文2都将nervous subject译为"紧张"，该词不能体现语境人物的关联性内涵——克劳莱小姐的性格特征有过于敏感而情绪不稳定、易激动烦躁等。④此处关联性语义特征可取"烦躁"，其会话含意是："烦躁"一般是外在环境或他人招惹所致，医生意在通过克劳莱小姐的性格特点而告诫Clump不要引起她烦躁而激动，以免出现意外。译文2在"饭""神经""心脏""脑子"等成分后加上"吃得多点""稍微紧张一下""狂跳一阵""出点血"字眼，好像是在叙述一些短暂现象或事实，语气轻描淡写，失去了原文的语用含意和话语风格特征。

改译：这个老女人，贪嘴好吃，又易烦躁，一烦躁就心率加速，一加速就脑压升高，一升高就会引起中风，一中风说不定就抽过去啦。（笔者译）

6.4　小　结

本章从"义—意"体认与建构过程中的认知思维形式与思维形态方面详细剖

析了翻译过程中各种不同的认知机制模型。这些认知机制模型的建构方法是从下而上的典型归纳法，即从典型案例分析出发，通过阐释文本"义-意"形态的识解与表达过程中所关涉的各种思维推论的主客观理据，发现以"义-意"识解问题为导向或需要艺术再现和表现的翻译实践离不开对各种丰富多彩的现实生活的经验积累和体认加工，认知加工的客观理据就是对语言摹写现实生活的解释，解释又依赖于结构化了的知识（例如有关护肤化妆品"种类"的知识结构以及图式知识结构等）。本章所援引的典型案例虽然形象生动地反映生活、摹写生活，但并不直接表现生活，具有"义-意"隔阂，译者必须发挥自己的认知加工能力才能弥补这种隔阂，其导引机制就是各种思维形式和思维形态的推论。从认知翻译过程研究看，要完成对各种认知机制的规律表征，研究者必须具有交叉学科的理论知识作为分析工具，即化理论为知识，化理论为方法（曾利沙，2003）。这些工具性概念可以构成一个认知概念框架，包括概念、定义、前提、预设、蕴含、外延、内涵、命题、种属、属性、范畴、推理、话语含意、认知图式、语义场、语义激活、桥接等。只有借助主体构造的知识概念才能揭示客观对象的本质特征及其关系，有助于剖析翻译过程中对"义-意"识解的认识机制及其主客观理据。

第七章

语境参数理论框架下的翻译认知过程研究

7.1 概　说

认知翻译学理论发展需要拓展自身的理论范畴。若能发现并确立一个研究领域的基本范畴，可以说科学研究就迈出了最关键的一步；而对于一个领域来说，研究者若能掌握它的基本范畴，就会对研究路向产生一种豁然贯通的感觉，在思想认识上发生飞跃（冯契，1996：425）。钱冠连（2001）认为，在学科理论研究中，谁若成功提出有理据的新的范畴化研究，就是一种原创。认知科学的发展为认知翻译学理论方法论研究提供了方向指导。科学发展史表明，一门科学要发展并要证明自身存在的合法性，必须遵循一定的理论价值观和方法论体系。伊雷姆·拉卡托斯指出，"科学不是由孤立的理论，更不是由一些彼此独立的命题所组成，而是一个由十分坚韧的硬核（基本概念、定律和理论）和保护带组成的理论系列"（陶渝苏，1998：79）。基于此种认识，认知翻译学研究，尤其是认知翻译过程研究的目标就是发现和揭示翻译活动的区间规律和一系列普遍适用的原则，不仅为翻译实践与理论的深入研究提供可参性理论方法，还应为人工智能翻译的技术发展提供复杂"义–意"形态识解与表达的可分析、可推导的程序化运作认知机制。恩格斯指出，原则不是研究的出发点，而是它的最终结果；这些原则不是被应用于自然界和人类历史，而是从它们之中抽象出来的；不是自然界和人类去适应原则，而是原则只有在适合自然界和历史的情况下才是正确的。这是对事物的唯物主义的观点。

目前，国内外有关认知翻译过程研究缺乏一种科学可证的分析框架和区间规律性表征，其研究方法还停留于引进与运用阶段。谭业升（2020：2）认为，翻译过程研究具有先天的局限性，研究成果多为散论，尚未出现系统的、概括性的论著。尤其是研究框架的缺失，理论方法之间的不一致性，导致翻译过程的实证研究缺乏可参性的科学理论体系。科学理论体系需要正确反映现实事物的一系列概念，列宁（1974：90）认为，人们要认识和把握世界，只有通过一系列概念和范畴。概念犹如一张自然现象之网的纽结，将人们认识世界过程中的各个环节的关系呈现出来。

　　笔者在翻译研究的科学方法论中，将胡塞尔的现象学概念"视域"（horizon）和数学概念"函数"融通，提出了"操作视域"（manipulating vision）与"参数因子"（referential parameters）两大概念范畴，并衍生出一系列可定性、可分析、可阐释、可推论、可印证、可操作、可描写的概念体系。前者的相关概念有"零度视域"（zero vision）、"多维视域"（multidimensional vision）、言内视域（internal-utterance vision）与言外视域（external-utterance vision）。此外，还有"正视域"（direct vision）、"泛视域"（peripatetic vision）、"局部视域"（regional vision）与"全景视域"（global vision）等；参数因子相关概念包括"主题参数"（thematic parameter）、次级主题参数（sub-theme parameter）、"行为参数"（act parameter）、"时间参数"（time parameter）、"空间参数"（space parameter）、"排他性参数"（exclusive parameter）、"事实逻辑参数"（factual logic parameter）、"历时性事件参数"（diachronic event parameter）、"属-种关系参数"（generic-kind parameter）、"特征参数"（feature parameter）等（曾利沙，2002a）。后续的一系列相关研究则从不同维度和层面对语境参数理论在翻译理论与实践中的运用进行了比较充分的拓展与运用（曾利沙，2007a，2010，2011b，2014a，2016；曾利沙和李燕娜，2011）。视域是大脑的一种以客体或对象为转移的内视性思维活动，此概念源自胡塞尔的概念horizon（视野，视界），在语境参数理论中被改造为vision，意指译者内视之"眼"（感知触发的神经活动）所及的范围或维度。文本内的视域活动轨迹有点类似于目前用眼动追踪仪所记录的翻译受试者眼球运动的轨迹，其停留时长所示的概念或短语或语句位置，实际上显示出受试者感知或知觉到的潜在（言内）语境参数；文本外的视域指向对象物是一切科技手段无法确认的，也无法确认与文本内的语言形式之间的关系。视域理论与参数理论的融通能描述和揭示译者在翻译过程中思维运作的维度与阈限。如当译者不顾或忽略语境参数的制约而仅凭概念自身的基本语义进行翻译而导致译文语境不当或误译，这就是"零度视域"下的翻译行为。所谓"正视域"是指译者对翻译过程中的特定操作对象概念的直观（感知与知觉）下的意向性活动的辨析，也就是说文本线性发展中一个个语词的概念语义或一行行语句的命题语义能直接（正面）呈现于译者视域之内就是正视域的直观知觉行为。例如，我们从正面或某侧面直观一张桌子，呈现于我们视域内的桌子（物象构造）是两个面或三个面，即我们所能直观的只是桌子平面和一个或两个侧面（正视域的感知内容），其背面或另一侧面当下是看不到的（必须移动或绕到其背面才能直观到）。但我们的经验告诉我们，桌子是由一个平面和前后左右四个侧面构成的结构体，其他不在视域内的面只是当下以泛视域的形式为我们所感知。同理，我们在识解文本所呈现的语词概念或命题语句时，除了直观地感知和知觉对象的内容及其关系，还必须调动当下看不到的泛视域下（经验结构知识）的部分与整体等相关联的内容。文本阅读或翻译过程中对特定语词概念激活的概念图式或认知图式就是一种正视域与泛视域互补的关系，并结合局部视域和全景视域共同参与对文本"义-意"的识解（解码）与表达（编码）。

最能反映认知翻译过程的就是诸如上述语体特征显著的语言现象，如概念语义的多义性、歧义性、模糊性、空泛性、缺省性、变异性、晦涩性、抽象性、嬗变性等的翻译解码与编码，这是任何先进的科学技术手段如击键记录法、眼动追踪法、脑电技术、功能性核磁共振成像、正电子扫描等都不能解决的问题。因为这些技术不能生成用以描写和解释人脑思维运作过程的主客观理据，理据需要科学系统的、可以证伪及揭示翻译规律的概念表征，概念反映的是事物的本质属性，缺失了这些概念，实践主体就无法认识翻译的客体及主体自身，无法认识主体和客体的翻译研究就没有理论和实践价值。认识翻译过程的整体性、系统性、可印证性、可描述性和可操作性研究以及人工智能翻译的发展必须将视域理论与语境参数理论融会贯通，建立起无数模型化了的经验结构，才能解决"义-意"识解与表达的各种复杂问题。缺乏语境参数理论的原理性指导，无论是人工翻译或机器翻译，都难以体现其"义-意"识解的科学性和推论过程的理据性。

7.2　认知-语篇语言学理论的不足与局限

翻译活动始于对概念"义-意"形态的知觉与辨析等微观视域的认知思维运作，但需要从语篇整体的宏观视域入手加以求证。故认知翻译过程研究需要从认知语言学和语篇语言学其他相关学科汲取理论资源。金岳霖（1983）从分析学问的"学"和"术"的角度提出理论的两种不同用法，有些学问只有学，有些兼术。学而无术的学问是指理论与事实相对应，学而有术的学问是指理论一方面与事实对应，另一方面与实践对应。有学无术的理论是指仅用以理解和解释事实的理论——纯理论。有学而有术的学问是指用以理解和解释事实，也用来理解和解释实践，具有技术性理论特点。从理论的可转化运用的价值看，从相邻相关学科理论中汲取的理论方法需要进行融通和加以拓展才能适合新的学科理论的实际应用。

认知语言学的主要理论研究范畴在于概念的认知体认视角层面，例如《认知语言学入门》（Ungerer & Schmid，1996）介绍的理论研究范畴主要是如下这些："典型论"，"范畴化"，"概念隐喻"与"转喻"，"前景"与"背景"，"框架"与"注意"，其他的相关研究有"相似性"与"语法化"；《认知翻译学》（文旭和肖开容，2019）所借用的认知语言学的理论资源除了上述几个理论范畴外，还有"概念整合""关联论""语篇认知观"。

语篇语言学或语篇（话语）认知观的研究范畴主要有如下这些：文本与语境（van Dijk，1977），宏观结构（van Dijk，1980），语篇系统（主要研究语言系统化和语言模型、语篇三维关系、语篇现实系统、语篇类型的认知描述），语篇世界观（主要研究关于世界的哲学观与语用分析、概念-关系结构、知识空间与语篇的利用、语篇世界建模等），语篇信息论（主要研究"信息结构"的句法表现、功能与心理学理据、语篇信息度），语篇效率（主要研究认知处理经济原则、语篇效率手段、认知关联），语篇宏观结构（主要研究宏观结构的概念，话语主题的确定、建立和变化，话语宏观结构的建构等）（陈忠华、刘心全和杨春苑，2004），语篇特征论（分析语篇意图性、可接受性、情景性、信息性、连贯性、衔接性、互文性）等。

上述有关语篇认知观对认知翻译过程研究提供了从宏观到微观，从下至上和自上而下的理论视域，对若干翻译现象具有一定的解释力，对翻译实践也具有一定的指导意义。但这些理论研究范畴对认知翻译过程研究而言仍存在不足和局限，具体而言有以下几方面。

（1）认知语言学理论认识主要是对微观层面的范畴和概念等的语义辨析，尤其是对隐喻概念的源域和目标域的映射等心理机制及相关研究，尚未建立起一个相对完整的、系统性的理论分析框架，缺乏对"义-意"形态多维度本质特征及其生成过程认知机制的全面深入的研究和理论表征，故认知语言学的有限理论概念和研究方法难以用于指导解决翻译难点问题的系统解决方案，而认知翻译过程还需考虑文本类型、题材、体裁、主题、语言、文化、意义、形式、风格、关系、属性、结构、特征、衔接、连贯、语境等理论知识。

（2）认知语言学缺乏对语篇整体的宏观视域理论，具有只见树木不见森林的视域局限，容易导致脱离语篇主题统摄的片面性和主观臆断解释性，不具有客观可证和逻辑推导性。

（3）语篇语言学以及相关的功能语言学理论则缺乏对微观层次概念义素及其语义特征或命题语义的分析方法，只提供宏观原理性的理论指导，不提供认知机制所关涉的理论知识，如概念内涵与外延、定义、前提、预设、蕴涵、种属、命题、范畴、属性、语用含意、含意推导、上下义关系、整体-部分关系、最佳关联、认知图式等。故语篇语言学理论不能进入认知过程推论和义素辨析与运作等微观视域层面，同样不能用以指导解决复杂翻译问题，其有限的理论方法不能对翻译过程的认知机制做出主客观互动性描写。

7.3 传统语境论的不足与局限

在阅读理解与翻译的"义-意"识解与表达过程中，"语境"是个用得较多的概念，对其最普遍的认识就是文本内的"上下文"。如英语词典定义是：context: **the words**（外延）**that come just before and after a word, phrase or statement and help you to understand its meaning**（内涵）（*OALECD*）// **the part of a text or statement**（外延）**that surrounds a particular word or passage and determines its meaning**（内涵）（*AHD*）。这些释义实质上是语境泛化论的体现，只是空泛地、原理性地说明某些词语或情景、事件、信息，有助于理解某个词语、短语、命题等，我们无法根据这些定义去对文本或话语的"义-意"进行有序和有效的认知加工。例如，在文本或话语中，某个词语、短语、语句前后有多个语词、短语、语句，究竟是哪个（些）词语、短语、语句影响着其制约的语言单位，它们之间是什么关系，译者如何对其"义-意"进行认知加工，在有关翻译教学或研究文献中对以上这些方面的科学系统的探讨和论证较少。

语境是一个兼具使用语言的主体和客观因素的、更为广阔的理论视域。语境包含了语形、语义和语用的全部因素，如话语的主体对象、句法形式、前后关联、背景关联、指称对象的本质意义等语言交流的有序和无序、必然和偶然的所有因素（郭贵春和刘高岑，2003），尤其是将外在的指称关联和内在的意向关联统一起来（郭贵春，1997）。分析哲学家和语言学家们对语境都有过原理性论述，语境分析是传统语境论最核心的研究方法。语言哲学和分析哲学家弗雷格的语言哲学提出了三大方法论原则：语境原则（context principle）或整体原则，即必须在句子中考虑语词的意义；要区别心理学的东西和逻辑的东西；要区别主观与客观的东西（怀特，1981：181）。从康德开始，经由边沁、弗雷格、维特根斯坦到奎因和戴维森，都对语境有过论述。他们认为，任何一个语境要素的独立存在都是无意义的；任何要素都只有在与其他要素关联存在的具体的或历史的语境中，才是富有生命力的。此论说明了语言的意义本质上是一种关系本体论意义。

语言学家们对"语境"进行了类型或要素概括。马林诺夫斯基（Malinowski，1935）区分了上下文、情景语境和文化语境；弗思（Firth，1959）将语境分为社会环境、文化、信仰、参加者身份、历史、关系；海姆斯（Hymes，1972）区分了形式与内容、背景、参与者、交际工具、风格、目的、音调、相互作用语境八要素。范·戴克（van Dijk，2008：95）提出"语境参数"（contextual parameters）概念和语境模型（context model）与心理模型（mental model）的概念，作为理解话语的理论表征，用以分析话语理解与语境的关系。国内学者基本上沿用国外的类型识别法，如王秉钦（1995）和刘会珍（2008）等区分了个人、社会、现实、历史、文化、场合、意图、心理等语境类型。

在翻译研究领域，肖（Shaw，1987：23）首先提出翻译语境（translation context）的概念，许多西方翻译理论家都阐述了语境对翻译的影响（Hatim & Mason，1990；Nord，1991；Gutt，1991；Lefevere，1992；Nida，2001），但这些相关研究仍过于笼统和空泛。曾利沙（2002a）最早提出"语境参数因子"的概念，后又在一系列论文和论著中比较详细系统地论述了语境参数的定义、性质、特点、分类、功能及研究目的、研究方法等（曾利沙，2004，2010，2011a，2011b，2014a，2016，2017c），目的在于将语境拓展为可分析、可描写、可阐释、可推论、可印证、可操作性的理论体系。

7.4 语境参数的性质与定义重构

要了解语境参数的理论方法就必须明确"参数"（parameter）的概念外延（denotation，用[D]表示）与内涵（connotation，用[C]表示）的语义特征。

英语词典定义1：parameter: **something** [D]that **decides or limits the way** in which sth can be done [C]（*OALECD*）; **a set of fixed limits** [D] that **control the way** that something should be done [C]（*LDELC*）;

英语词典定义 2：parameter: **a factor** [D]that **restricts** what is possible or what results [C] // a **constant** in an equation [D] that **varies in other equations** of the same general form [C] // **one of a set of independent variables** [D]that **express the coordinates of a point** [C]（*AHD*）。

从外延语义看，不同词典定义大同小异，参数可指向某个不定之事物或事实，或指向一组确定的阈限事物；其内涵特征是对某事物或阈限事物产生决定或限制或影响或确立的功能。

参数在数学中也叫参变量，是一个变量。在研究特定的问题时，关心某几个变量的变化以及它们之间的相互关系，其中有一个或一些叫自变量，另一个或另一些叫因变量。如果我们引入一个或一些另外的变量来描述自变量与因变量的变化，引入的变量叫作参变量或参数。参数用字母表示，具有常数与变数的特征，参数问题能将思维与运算加以结合进行程序性或可运算描写。

经典函数定义：如果一个变量y的数值随着另一个变量x的取值变化而改变，则称变量y是变量x的函数。一个关于变量x的函数也记作$f(x)$，同时$f(a)$表示这个函数在a点的取值。

现代函数定义之一：若对集合M的任意元素x，总有集合N确定的元素y与之对应，则称在集合M上定义一个函数，记为$y=f(x)$。元素x称为自变元，元素y称为因变元。

现代函数定义之二：一个集合D与另一个集合R之间如果有一个对应法则（映射），使得对于集合D中的每个元素x在R中都有一个或多个确定的元素y与之对应，则称这个对应法则为函数，记作f。同时$f(a)$表示了元素a按照对应法则f得到的结果。

可以将这种函数关系拓展至语境参数论——范式扩展，这种范式能将认知主体的主观认识与对客体属性的客观认识有机统一起来，"客观认识就是对事实、事件或材料的恰当认识，对客体所具有的特性的认识，对两个或几个事件之间可能存在的关系的认识，对确定条件下的行为的正确预测"（莫兰，2002：87）。从认知翻译学研究的理论建构的科学性要求看，笔者将语境参数的定义重构如下：

科学定义：语境参数是指两个或两个以上互为参照且可作关系定性的语言单位。若设语境中某语言单位y为因变元（**Dependent**），语言单位（决定性参数）x为自变元（**Independent**），且y的语义值随x的变化而变化，则y为x的函数；若语境中其他语符概念z等同样对y的语义值产生关联性影响，

则 z 为辅助性参数。

操作定义：语境参数是指语篇或话语中 N 个对某个因变元 y 产生直接或间接制约作用的参数 x（自变元）构成的概念集合，或是指语境中相对于自变元 x 而显性或隐性地存在着的一个或若干具有关联性的因变元 y，产生直接制约作用的是"决定性参数"（Decisive Parameters），产生间接作用的是"辅助性参数"（Auxiliary Parameters），对特定自变元 x 的赋值或意义识解产生关联制约、非关联性排除、语义迁移、语义嬗变、语义升降等作用的语言单位。

描述定义：语境参数是指语篇或话语中以显性或隐性方式存在着的对因变元 y "义-意"识解过程产生制约等作用的言内或言外参数因子，受语境参数制约而发生语义嬗变的语符概念或命题是因变元 y，而影响因变元 y 的语境参数是自变元 x，因变元 y 与自变元 x 之间是参数或语用函数关系，参数之间是多维互参或映射或制约关系。语境参数的制约或映射关系包括宏观-微观命题互参、整体-部分互参、概念义素映射-置入、析出-替代关系、特征映射等认知机制或心理模型。

7.5　语境参数理论的可推论性假设

"语境"可拓展为若干可识别、可定性概括的具体"参数"，参数是有待识别的语言单位之间一种相互联系和相互制约的关系，其关系的本质认识可体现于以下的可推论性假设。可推断性假设之一：在语境中，特定语言单位发生嬗变或迁移的概念"义-意"或命题语义的识解或生成必定受语境中某些潜在的"决定性参数"和"辅助性参数"的制约。这些参数或将其自身的某种（内涵或外延）语义特征映射给发生嬗变或迁移的概念或命题之上，或将语境互参关系特征映射其上，从而使其获得了"当下语境暂构义-意"（currently configured meaning and sense）。其映射机制是一种认知运作与加工整合过程，这一过程必然可进行程序性推论，并且具有科学思维导引性。可推断性假设之二：语境中发生嬗变或迁移的概念或命题语义一方面保留着自身原有的某些可识别的语义特征，另一方面又接受其参数的意义特征的映射，故这种通过认知再构而生成的"语境义-意"必然是一种阐释主体的"暂构义-意"，是阐释主体与阐释客体（对象）之间的一种主客体互动的结果。

7.6　语境参数的语境化认知机制与运作原理

语境参数论的提出、建构与拓展是认知科学理论发展的重要范畴理论之一，该理论侧重于宏观-中观-微观互通、主观-中介-客观并举，自上而下和自下而上兼顾，突出整体视域和微观视域的统一，丰富与拓展及创新了传统语境理论，将其建构为一个融通相关学科理论资源的、学与术紧密结合的科学理论方法论范式，这是认知翻译学理论走向实在论证的可行之路。郭贵春和成素梅（2002）指出，科学实在论曾一度因其理论方法研究者简单追求理论实体的现存性，采用的研究方法割裂了原本完整的科学系统中的三大基本要素（客体、中介和主体）之间的内在联系，忽略了认识中介在认识过程中所具有的双重相关特点，忽略了理论的建构性，而其摆脱困境的出路就是走向整体、走向语境。语境参数理论体现的科学方法论显著特征就是分析与综合、归纳与演绎的统一，而认知翻译过程研究的是文本或语篇整体视域下的"义-意"识解与表达，在方法论上也应体现分析与综合的统一。分析需要理论视角和系统的理论方法，这些又离不开基于实践感性认识的理性认识的抽象概括，从特殊性来认识其普遍原理性。语境参数理论必须建构一个知识化了的理论概念体系，使其既具有可描述性又具有反映客观对象本质特征的理论知识。分析的目的在于将一个模糊的结构体展现出其结构成分，并程序性地将各成分的特性与功能明示出来，然后围绕特定的研究主题对其做出全面系统的探究。语境参数理论正是沿着这一思路进行阐发与拓展的。从可分析性和可实证性方法论原则看，语境参数的运作原理与词典释义的关系可概括为以下规则：

> 词典为语词概念所界定的基本语义（或义项）是从特定语境中概括出的，具有一般化的抽象性特点，不同义项之间具有可通约的外延结构或内涵语义特征；这种所给定的语义结构特征构成了语词概念的"义基"（meaning base）。当某个概念被用于不同语境中，必然受制于不同的语境参数制约，其"义基"所起的功能就是提供在特定语境中词义发生引申、拓展、嬗变、匹配等的可充实性（有待于语义赋值）框架的作用，其语义的确定取决于识解者（读者或译者）的认知能力，其语境化语义赋值或含义充实取决于对制约性语境参数关系的把握和运作（曾利沙，2016：69）。

将语境参数对语境依赖性的语言单位的语义制约的认知机制用图7.1（虚线

框表示隐性或潜在的语境参数）表示。

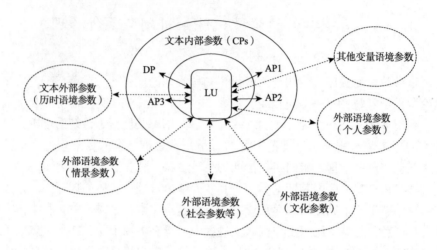

图 7.1　文本内部显性与外部隐性语境参数互动性认知机制

注：CPs=Contextual Parameters（语境参数）；LU= Language Unit（语言单位）；DP=Decisive Parameter（决定性参数）；AP= Auxiliary Parameter（辅助性参数）

下面通过例7.1考察语境参数对文本"义-意"识解与表达过程中的运作原理和主客观思维理据及其归纳性规律理论表征。

[例 7.1] **Analysts** [*x*] **have had their go** [*y*=?] **at humor** [*z*], and I have read some of this interpretative literature, but without being greatly instructed.（*Some Remarks on Humor* by E. B.White）（注：*y*= have their go= try to **do** sth）

求解与运算步骤：

（1）设在语句S中，有语词参数*y*、*x*、*z*。其中，*x*为自变元（具有行为者actor的语义特征），*y*为因变元（具有行为过程action的语义特征），*z*为辅助性参数（必须能满足行为动词的认知要求），三者构成函数关系或关联性参数关系。说明：humor作为自变元*x*的辅助性参数*z*，其互参关系要求*z*必须具有*x*所要求的语义特征作为确证：having components of structures to be analyzed（*y*必须具有可分析的结构要素）。

（2）求解因变元"*y*（语词概念的语境化语义赋值）=?"参数间的函数映射关系的形式化表征如下：

$$F[(x, y)(z)]$$

说明：*x*为决定性参数（decisive parameter），与*y*产生直接映射关系；*z*为辅助性参数（auxiliary parameter），具有确证功能；F是投射运算符（projecting operator）。

演算过程形式化表征如下：

$$f(x) \rightarrow (y) + (z) \rightarrow y(a)$$

说明：x将自身的关联性内涵语义特征（attributes of connotation）a映射给y，而y在辅助性参数辅助下则生成y(a)。"→"表示映射关系。

（3）解析自变元参数（关联行为者）的内涵语义特征：Analysts：persons[D] who are **skilled** [C_1] in a **detailed examination** [C_2] of the **elements or structure of a substance** [C_3] etc.// or **find or show the essence** [C_4] of sth。x可析取的关联性内涵特征：making detailed examination of elements / structures of sth。其内涵语义特征可定性为：C_1=行为；C_2=方式；C_3=目的；C_4=目的。

（4）内涵语义特征投射与运算结果：将x的关联性内涵语义a映射到y的结构成分动词中，使空泛的动词获得语境参数x的内涵语义而生成明晰化的语义特征，完成了从不确定到可确定性的过程。从理论表征看，这就是认识主体对不确定性客体"语义赋值"的认知过程，或按胡塞尔的现象学概念称为"含义充实"，运算结果如下：

Analysts [x] **have tried to make a detailed examination of elements and structures** [y] of humor [z], and I have read some of this interpretative literature, but without being greatly instructed.

译文：分析家们对幽默的**结构成分做了细致的剖析**，我也读了一些相关文献说明，却对如何表现出幽默并无多大教益。（笔者译）

典型归纳性规律表征：

当一个以一般或抽象行为语义特征的语言表达式（如动词或动词短语的行为概念等）以因变元 y 出现在语境中，且与邻近的表达行为者的自变元概念 x 具有决定性的关联，二者构成行为者与关联性行为的互参关系，x 则将自身的关联性内涵语义特征投射给 y，后者获得 x 的语义赋值。

或：在当下语境中，有因变元 y 的语义不可确定，其语义赋值变化必然取自某关联性自变元的语义值，由是自变元则将其关联性内涵语义特征投射给因变元，因变元获得当下的语境暂构义，这种语境化的赋值运算是主客观理据互动的结果。

7.7　语境参数的分类方法与范畴化拓展

刘永富（2002：9）认为，一切研究方法都是分析与综合以不同程度相结合的方式体现。同理，语境参数的设定也是在意义理解整体观下的分析与综合方法相统一的特殊形式。因为基于语篇的翻译必然是宏观微观互通和上下前后照应的"义-意"结构统一体，而局部词句"义-意"的识解与表达必然受制于各种因素，必然需要做出多维视角的精细分析。分析又是为揭示对象的属性特征的综合，最终形成一个理想而有序的整体译本。伽达默尔认为，文本理解认知活动的基础是一种"部分-整体"的理解，根据整体意义理解部分，在解读和解释部分的同时修改整体。意义投射总是以预期和假设的网络为基础的。因此，任何对直接的经验数据的理解都是有理论前提的，理解反映了文化和社会的经验和价值（李红，2002：37）。

在认知翻译过程理论方法中，从可直观和可体验性看，语境"网络"这个隐喻概念必须被明晰化和具体化才能进行具体操作，之所以成为"网络"是因为它是由许多节点连缀而成的一个整体，具有内在的紧密关联性，其中无数的节点就是起互参功能和可定性概括的"参数"。语境参数的设定一方面体现文本意义之间的潜在联系或各种言外相关知识对文本"义-意"识解与表达产生制约的或显或隐的关系网络，另一方面反映出对文本连贯机制运作进行识解的心理表征，使其具有可经验性和可体验性。对语境参数的定性概括在方法论上是分析与综合，同时也需要归纳与演绎并举。归纳是对文本中关联性参数概念自身属性和关系特征的定性和抽象概括，演绎是对归纳出的经验规则所体现的内容进一步做出的规律性表征。考察例7.2a中语境参数的定性概括（参见括号内文字）。

[例 7.2]

a. 她（主体参数）赤着脚，在海边（y = 处所）漫步（行为特征参数），捡到（行为参数）了一枚美丽的贝壳（客体参数）。

b. 许多房地产公司（主体参数）在海边（y = 处所）修建了（事件/事态参数）旅游宾馆（客体参数）。

c. 他家（主体+位置参数）住在海边（y = 处所）的一个小镇（处所参数）。

"在海边"的英语对应形式有by the sea、seaside、ashore、near the shore、on the beach。在例7.2的三个语句中，"在海边"是因变元，其语义识解与表达必须通过确定制约性语境参数才能进行，否则会造成选词择义的语境不当。在关联性参数的制约下，例7.2中a、b、c三个语句中的"在海边"可依次译为：on the beach、by the seaside/near the shore、coastal。

语境参数概念体系可拓展为开放式的常规参数、非常规参数、关联性辅助概念三大范畴。常规语境参数是指文本中最常见的使用频率最高的参数形式，大多数为文本内可直观的显性词句。开放式常规语境参数包括文本或语篇宏观-中观-微观三个层面的参数，概括如下。

1. 开放式常规参数范畴

话题参数[Topic P]；主题参数[Theme P]；次级主题参数[Sub-theme P]；意向参数[Intention P]；行为参数[Action P]；目标参数[Goal P]；方式参数[Manner P]；程度参数[Degree P]；规模参数[Scale P]；性质参数[Attribute P]；来源参数[Source P]；工具参数[Instrument P]；时间参数[Time P]；空间参数[Space P]；处所参数[Place P]；事件参数[Event P]；事态参数[Event Affair P]；属种关系参数[Class-Kind R. P]；属性特征参数[Feature P]；对比（照）参数[Contrastive P]；照应参数[Anaphoric P]（包括前照应、后照应、远距照应）；个体特征参数[Individual Attribute P]（包括历时与共时的时代身份、年龄、职业、地位、性格等）。

2. 开放式非常规参数范畴

开放式非常规参数是指根据经验知识，通过认知关联性判断和推导构建的一系列具有背景信息特征的概念化参数，是特定社会文化语境参数的集合，具有随机性特点，有时很难做出准确的属性定性概括，需要根据具体情况进行定性概括和典型归纳。如例7.3这段新闻报道题目的"义-意"识解与表达就依赖非常规语境参数的集合，可将其称为"图式参数"。也就是说"'C+men' outearn 'A+women'"（直译："C+男人"挣钱超过"A+女人"）"义-意"深层语义的识解与表达需要建立一个具有阐释功能的语境参数集合——认知图式参数。

[例 7.3]　When **"C+ men" outearn**[1] **"A+ women"**

A new University of Miami study further confirms pay inequality between men and women.

If you didn't do so great in high school[2], rest easy! You can still make a decent living for yourself — assuming, that is, that you're a man. Equal pay has been a hotly debated topic for the past few months, and new research from the University of Miami suggests women are paid significantly less than men even if they were much better students[3].

例7.3中,"C+men"和"A+women"语境化"义-意"形态的确定受制于或显或隐的语境参数,词句[1][2][3]是显性参数[Overt P]:事态参数(挣钱多)+行为特征参数(学校学习成绩表现)+事态比较参数(女性员工挣钱少于男性员工),共同触发了一个复合式认知图式:

"学习+工作"复合式认知图式={[学校];[学生(男生/女生)];[课程];[考试];[成绩];[等级(A+;A;B+;B;C+;C;D+;D)];[毕业];[工作];[薪酬];[高低];[男性职员];[女性职员];[薪酬差异]}

在这个复合认知图式中,大部分概念都是隐性的经验知识信息,对题目的识解与表达具有主客观理据性阐释作用,该图式中中括号所示的各个成分概念具有相互关联的解释性。据此,对于例7.3的标题,我们可得出以下译文:

译文:**曾经的绩差男生挣钱(薪资)高于绩优女生。**(笔者译)

3. 非常规语境参数范畴

主要体现为一系列(言外)社会文化关联语境参数集合[R1, R2, R3, R4,R5, R6, R7, R8... Rn]:R1=时空关联[时代(历时与共时)、地域、生活环境、季节等];R2=文化关联(衣、食、住、行、乐、风情之民俗等);R3=社会关联(政治/经济/军事/教育/意识形态等);R4=认知关联(概念逻辑、常理、常识、前提推论等);R5=经验关联(日常生活、农事、体验、季节气候变化等);R6=情景关联(自然景物与人物情感的关系特质);R7=情感关联(人物内心或人物之间的情感关系特质);R8=形象关联(人物形象与自然景物的关联性之特质)……

4. 语境参数理论相关概念范畴

为了更好地对语境参数的运作机制做出可描述性解释,还需要拓展若干辅助性理论概念,这些术语能说明认知主体的思维运作导向及其相应的理据,使认知翻译过程研究更具有科学性和可证性。这些参数概念包括:决定性参数[Decisive P];辅助性参数[Auxiliary P];显性参数;隐性参数[Covert P];义素投射或映射[Projection or Mapping];隐性主题推导[Inference of Implicit Theme];次级主题推导[Inference of Sub-theme]；主题触发语[Triggering Words]；主题倾向触发语[Words Triggering Biased Theme]；次级主题结构链[Chain of Sub-theme]；认知语境参数结构链[Chain of Cognitive Context Parameter]。

认知翻译过程研究的科学性是通过内省的方式将主客观理据直观可证地呈现出来，但为了表达，理论方法需借助概念术语，用以解释思维对象的本质属性和关系属性及其运作功能，这样就能使认识主体把握客体的规律。例如，例7.4对"群众条件"的"义–意"理解与表达需要运用"认知语境参数结构链"这一术语来描写认知过程的主客观理据。

[例 7.4] 没有**群众条件**，要进行**价格改革**是不可能的。

译文 1：Without the **mass conditions**, it is impossible to carry out the price reform.

译文 2：It's impossible to carry out the price reform without **people's support.**

在例7.4中，"群众条件"受制于话题参数"价格改革"，不宜译为 mass conditions，此译易产生歧义，不能与下句形成语义连贯。英语概念condition的义项有三：①particular state of existence（指特定的生活方式）；②present state of a thing（事物的现状）；③thing needed to make sth else possible（使某事成为可能的所需之物）。

在此语境中，第三个义项可被析取，但需要进行认知加工，这一加工过程的认知思维活动可能要通过比较松散冗长的一堆语句来说明，但在理论表征上需要将其精简概括或浓缩为一个"认知语境参数结构链"（或参数集合），表征如下：

认知语境参数结构链$=\sum$[①]｛（政策措施）价格改革→价格市场化→物价变化大→影响民众生活→引起民怨→社会不稳定｝→｛（前提条件）政策宣传→群众认识→（价格改革）必要性、调节性、积极性→争取群众支持（前提条件）→顺利实施价格改革｝

7.8　语境参数的理论职能与认知运作机制

传统语境论囿于有限的几个抽象空泛的概念，这些概念的理论职能在于对语

---

① $\sum$代表参数集。

境的分类、要素及其原理做出说明，其最大的不足就是没有全面深入和科学地拓展语境理论的概念体系和明确其理论职能，未能突出语境理论的可分析、可描写、可推导、可解释、可印证、可操作性运作机制。曾利沙（2016）在讨论商务翻译理论与实践的关系中，论述了语境参数的理论职能，使语境理论的职能得以明晰地展示出来，进而为语境理论与实践的紧密结合找到一条科学有效的研究路向。语境参数的理论职能如下：

> 关联[Relevance]；制约[Constraint]；投射/映射[Projection / Mapping]；析取[Analytic Selection of Conceptual Sememes（概念义素的析取）]；置入[Replacement]；统摄[Governance]；阈限[Limits or Boundness]；赋值[Meaning Assignment]；趋同[Convergence]；升格[Upgrading]；降格[Downgrading]；缩小[Narrowing]；扩大[Widening]；明晰化[Specification]；排他[Exclusiveness]；引申[Extension]；含义充实[Enrichment]；填补[Filling-up]；完形[Gestalt]；转义[Transference]等。

7.8.1 语境参数的排他性认知机制

语境是"义-意"识解与表达的决定性因素，因为涉及词句语义和含意在语境中的可解释性，而且是历时语境与共时语境相统一的认识结果。语境问题是哲学诠释学和历史诠释学的一个重要研究内容（章启群，2002），突出了理解、真理、知识的历史性。以费什、罗蒂为代表的社会实用主义的诠释学强调历史传统和语言的社会伦理维度，认为对每一个文本或历史语言的理解都不同于其前或其后的文本或语言，因此，真理是和语境相关的，知识和真理只存在于不断变动的历史当中，解释者或哲学家总是处于一定的世界当中（李红，2002：7）。上面所列出的语境参数理论职能是从实例中概括抽象出来的概念化表征，都有一系列相应的典型实例与之印证。例7.5语句分析过程所示的对"站"的"义-意"形态求解的认知推导过程及语境参数的运作机制，既是参数理论职能的印证问题，也是文本意义的历时诠释学在认知翻译过程研究中的方法论问题。

[例 7.5] 王冕[x]风餐露宿[c]，九十里[d]一大[a]站[y]，七十里[d]一小[a]站[y]，径直来[act]到济南府[des]。

汉语中"站"的可能解是：站=？{驿站；车站；站立；站台；站点；……}。汉语中有无数这种独字概念，其指称语义是不定的或多义的，只有在一定语境中才能确定其可搭配的含义。搭配就是一种微观语境，与之搭配的字词就是一种可定性的语境参数。虽然词典可能对"站"提供了若干可能的指称概念语义（如上述所列的五个搭配概念），但其中任何一个都不符合该语境所析取的要求，不能成为"站"在此语境中的指称语义。为了论证对"站"的识解与表达过程的推导认知机制，我们需要说明逐一排除其上述各项可能解的客观理据，对确定"站"的概念语义嬗变的排他性认知机制加以描写。

（1）语境参数的确定与设置：设"王冕"（主体参数）为自变元x，"站"为因变元y；c（circumstance）为环境或境况参数；d（distance）为距离参数，a（attribute）为特征或属性参数；act（action）为行为参数；des（destination）为目的地参数；i（intention）为意向参数。语境参数的设置就是为求解"y=？"进行有理据的分析说明。

（2）形式化表征：语境参数集CP=Σ[(y, x, c, d, a, i, des)；(t)]〔说明："；"后面的内容表示参数集合中的隐性参数，如t（time）表示的时间参数（年代）是通过历史人物"王冕"所提示的；其他参数则可通过句中的相关概念特征识别〕。

明确了参数集，就可对求解概念"站"的概念语义的认知机制进行形式化描写：

$$y=f(y, x)(c, d, i, des)(t) = ?$$

（说明：其中x对y的语义识解具有直接制约关系；其他为参数，起辅助性功能）

（3）对"y=？"的认知思维运作的排他性机制加以描写：

运算机制[1]："站"（y）受"大"和"小"（a）这两个特征参数的制约，可能解"站立"被排除。因为"大站立"和"小站立"的真值为假，形成非关联性参数关系，故"大"和"小"起到"排他性语境参数"的作用。

运算机制[2]：自变元"王冕"（x，主体参数）与目的地参数"济南府"（des）及历时性社会语境关联性时空参数（t=元代）在此语境中起"排他性参数"作用，使得"车站""站台""站点"得以排除。在t的历时语境中"九十里一个大车站或站台或站点""七十里一个小车站或站台或站点"语义真值为假，即不具历时语境关联性，因为元代社会中无交通运营性"车站"。专名"王冕"（作为社会个体角色具有历时性背景信息，如身份、职业、地位、年龄、性别、境况等）和"风餐露宿"（c）（境况参数）使得"驿站"得以排除：不具常规逻辑关联性。自变量"王冕"（x）若为朝廷命官，因变量"站"（y）则能使"驿站"的指称义为真，但境况参数"风餐露宿"（c）使得y的"驿站"语义赋值不能成立，二者形成非关联性参数关系。

运算机制[3]：境况参数"风餐露宿"（c）具有"一路艰辛"的意向，故可赋予其附加的"意向参数"（i），能对"站"（y）起到统摄和阈限作用——"九十里一大站"和"七十里一小站"是对"露宿"的摹状（一种具体化事态摹状），故"风餐露宿"（c）能使"大站"和"小站"这类通名的语境化指称意义得以具体化："露宿"的早起出发点与夜晚露宿终点之间的路途距离的长短相对。故y获得语境化概念语义嬗变：y（站）可识解为the daily coverage of distance before finding a shelter to pass the night（在找到地方过夜之前的日行里程）。原文的"大站"和"小站"在语境中被识解为一天步行的长短距离，其指称语义发生了语境化嬗变，同时还获得更多的语境含意——"义-意"的统一。

译文：Wang Mian, having his food and passing the night in the open air throughout his journey, had to **cover a distance of over 50 or 40 miles a day on his foot before finding a shelter to pass the night** and finally arrived at Jinan Prefecture.（笔者译）

7.8.2 语境参数的可分析与可阐释认知机制

在翻译语境理论中，从宏观原理性视角论述语境功能的文献很多，但从典型实例出发，对语境理论的运作机制进行详细分析和阐释的文献少见。语境参数的理论职能就是对一切语境化"义-意"识解和表达的复杂问题做出毫发剖析式的阐释性说明。

[例 7.6] A **spike** in **food prices** is especially painful for the poor.
... Newspapers allege **hoarders (an onion ring)** are **cashing in**.

例7.6中的an onion ring为新奇隐喻。其本体是hoarders（囤积者），喻体是an onion ring（洋葱圈），翻译的理论与实践问题就是对喻体与本体之间的相似点"义-意"形态的识解与表达。基本问题是：二者有何相似性？作者意欲表达何种喻义？如何进行有理据的分析和阐释？从语言知识和一般经验看，我们难以看出本体与喻体间的相似点以及适合语境的比喻义，难以将onion的可能特征映射给hoarders，语境参数则能起到可分性和可阐释的职能。

首先，建构关联性语境参数，明确其参数特征及其理论职能：ring的基本语义特征为"small circular band of metal; circle; enclosure in which a circus is held"。作为喻体，ring 本身具有"性质或特征"的参数特征。对ring 的相似性语义特征的析取首先应以其本体hoarders的两个重要的关联性语义特征为基础：一是复数语义，具有"众多"的数量语义特征；二是其概念语义特征"people who collect sth in quantity and store it away"（主体+行为方式）。二者之间具有语义特征的相互映射的认知机制：根据互参制约关系，本体hoarders将其语义特征people who collect and store sth away 投射给映射空间1；喻体ring将其突显性语义特征circle投射给映射空间2；二者有待于在合成空间中完成"义–意"形态的整合。

其次，语境参数协同性认知机制分析与阐释：①food prices（物价通胀）为"话题参数"，具有话题阈限功能；a spike为"程度参数"，对客体参数onion（洋葱）具有语义趋向的制约性：洋葱价格猛涨；②cashing in为"事件性质参数"，allege具有"评价参数"特征，二者将在合成空间中对an onion ring的语境化意义生成产生语用含意的赋值。

最后，合成空间中an onion ring的"义–意"生成机制的综合分析与阐释：①本体对喻体的语义特征映射使ring获得a circle of people who collect onion and store it away的事件性命题语义；②"程度参数"spike与an onion ring之间具有因果互参关系，即食品价格猛涨与囤积洋葱的商家有关，他们大量囤积洋葱以高价卖出，推动了以洋葱为主要原料的食品价格的上涨（如导致有些地区的麦当劳因汉堡包的成本大幅上涨而停业）；③"评价参数"allege和"事件性质参数"cashing in 对喻体an onion ring的翻译表达具有语用含意的映射性，即囤积洋葱的商家推动了食品价格猛涨，穷人们难以承受，商人们却大获其利，故有报刊对洋葱囤积商的"指控"，喻体因此获得语境化贬义的突显性语用特征——哄抬洋葱价格的团伙。在合成空间中解释为"抱成一团"的洋葱囤积商或"结成操纵物价的同盟"。此处喻体"环状物（圈）"和"团伙"之间的相似点是"圆形物"，构成了本体与喻体之间的认知相似性，但并非事物的自然属性相似性；④本体与喻体相似性推导及其语义建构的认知思维运作的可分析和可阐释性职能，描述如下（∑表示参数集；箭头表示参数集合的映射或共现制约关系）：

∑{spike[程度] hoarders[主体]onion [客体]allege [评价]cashing in [事件]}→ring [喻体]

从上述分析和阐释可以得出如下认识：在语境参数理论视角下，喻体与本体间的相似性有时是由一系列关联性语境参数的映射与共现或趋同性职能决定的，具有多重映射的认知机制，喻体往往具有变量特点。译者在识解时不能简单地依据本体与喻体之间的相似性语义特征得到自足的解释和论证，其翻译表达形式也不能简单化。隐喻的本体与喻体的"义-意"识解不是简单的映射过程，还涉及其他语境参数的协同互参的制约和语义赋值的认知加工，如"洋葱圈→洋葱囤积商→哄抬洋葱价格的团伙"综合诸种参数的制约机制。

译文：新闻报纸指控囤积商们（哄抬洋葱价格的团伙）大获其利。（笔者译）

7.8.3 语境参数的可操作性推导认知机制

认知翻译学理论的核心在于"认知"，"认知"离不开身体或感官的体验，体验的对象来源于现实生活，当现实生活的内容化为语言形式进入交际中则产生意义，这一过程必然经历一种复杂的"义-意"编码程序并体现为选词择义、句法结构的编织和话题与主题统摄下的文本或语篇构思。其中最值得从"现实—体认—语言"范式入手去揭示其"义-意"识解与表达的认知机制的典型实例就是语词概念的语境化嬗变，而将这种嬗变过程的本质特征和原理性认识上升为理论认识则是认知翻译过程的重要研究任务。认知翻译学的科学性程度的一个重要方面就是考察该学科的理论方法能否对语言"义-意"的识解与表达过程做出精细严谨的、可操作性的程序推导，将其规律性认识逐步演示出来，形成普遍原理性的经验感性认识（经验规则），用以指导实践，再形成理论理性认识。例7.7说明了认知翻译过程研究的可操作性推导程序。

[例 7.7] There is nothing in the high **comedy** [x] of the world so admirably **comic** [z_1] as the **special department** [y] called "**Fame**."[z_2]

直译：在戏剧世界里，没有什么像称为"名声"的**特殊部门**那样具有戏剧性。

这是一个语篇的首句，department是个日常概念，一般英语学习者记住的汉语对应概念是"部；部门；系；科；局"等表示大小行政单位的指称义。若将其译为"特殊部门"无疑没有做到"义-意"求真，或不忠实于作者用词的语用含意。要求解department的语境化含义就必须通过认识推导过程，首先必须回到认识的起点，阐述其识解过程，描述其认知机制，揭示其客观演变路径，说明主客观操作理据。

第一步：明确研究问题。求解department的语境"义-意"形态：

y=department = ?

第二步：明确解题关系，设置语境参数。语句中comedy（喜剧）为"客体参数"，是自变元，起决定性参数的作用；department为因变元y，是自变元x的函数；comic和fame为具有属性特征的辅助性参数z，在认知逻辑关系上辅助说明department应该具有的语义特征。

第三步：激活感知和知觉词典给定的y的"外延+内涵"语义特征，如图7.2。

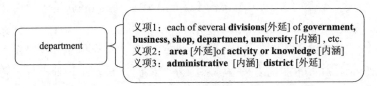

义项1：each of several **divisions**[外延] of **government, business, shop, department, university** [内涵] , etc.
义项2：**area** [外延]of **activity or knowledge** [内涵]
义项3：**administrative** [内涵] **district** [外延]

图 7.2　department 概念内涵辨析

第四步：原理性推导。根据多义概念的本质特征，多义概念的外延语义是可以通约的，其内涵语义则随语境变化而变化。具体而言，概念语义的内涵是由语境参数决定的，我们可析取因变元y的外延语义，得出department的外延框架参与语境化义素的运算求解公式：

$$\text{department}[y]= \text{division} / \text{area} / \text{district}\{ x, z_1, z_2 \} = \text{MS?}$$

此公式解读如下：求解因变元y的外延义素在语境参数集合$\{x, z_1, z_2\}$映射作用下的"义-意"赋值（Assignment of Meaning and Sense），或求解因变元y与自变元x及其辅助性参数z_1、z_2之间的映射函数关系。MS代表Meaning and Sense。

第五步：激活自变元x及辅助性参数z_1、z_2的义素特征。自变元与因变元之间的函数关系在于：自变元的内涵义素对因变元的外延义素具有直接映射的认知机制，即department从comedy中获得其内涵语义特征——"义-意"赋值（图7.3）：

x=comedy: light or amusing [内涵] play [外延]

z_1=fame: the state[外延] of being known; well-knownness [内涵]

z_2=comic: entertainment [外延]causing people to laugh; funny [内涵]

amusing/well-knownness/funny/causing laugh[内涵]

department=division/area/district [外延]

图 7.3　department 从 comedy 中获得其内涵语义特征

第六步：可操作性推导机制。①建立因变元与自变元的概念语义场，描写自变元x与因变元y的认知语义场的关系：上下义关系。从认知语境看，喜剧属于"（戏）剧"，"剧"包括喜剧、悲剧（tragedy）等，二者是上下义关系；任何戏剧又都可区分其结构，可用下义概念来表征，如（剧）目（acts），之下又包括若干"场景"（scenes）。②在上述语境中，自变元comedy将自身概念语义场中的下义概念"剧目/场景"映射给因变元department，department则将其外延义素析出，剩下的只是一个空泛的语言符号（声音或书写符号），或是一种符号象征或意义（significance），再接受自变元映射给它的下义概念。这说明，在此语境化的"义-意"识解（解码）与重构（编码）中，department发生语境化语义嬗变，在语言表层中就以"剧目"或"场景"的语符概念出现。因变元department就好比一个"弹性意义载体"（flexible vessel，FV）（曾利沙，2001），其符号不变，除了若干固有的常规语义指称对象外（部门；科；系；处；局；等等），还不断获得新的非常规"义-意"形态。语言中的多义概念在本质上就是如此，随着人们使用语言的多样性和个性化，其义项中既沉淀有一系列外延上可通约常规"义-意"，也会不断获得"新"的变异性内涵（参见图7.4）。

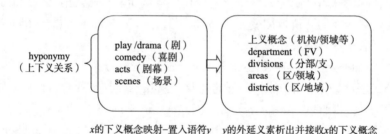

x的下义概念映射-置入语符y　　y的外延义素析出并接收x的下义概念

图 7.4　因变元与自变元概念义素的可通约性及其映射认知机制

注：FV代表弹性意义载体；x为自变元；y为因变元

经过对因变元department的语境化"义-意"生成的认知过程的可操作性程序化推导，我们得到其当下语境的暂构义，一种具有主客观理据的阐释性"义-意"形态。

译文：在这极富色彩的人间喜剧里，还没有什么能比称作"声名"的这一特殊剧目/场景更具戏剧性，那么让人叹为观止。（笔者译）

这篇文章将社会比作大舞台，每天都在上演喜剧，其中有个剧目或场景叫"声名"，演员就是博取声名之人。他们使出浑身解数，殚精竭虑，却一无所获，最终心灰意冷。作者用一个日常概念department来表达非常规语义，目的在于调动读者的认知能力，去辨析和析取该词的外延，再与comedy（剧本）结构成分概念进行置换，造成一种基于认知加工的审美张力。认知机制说明：因变元department的外延义素在语境中可通约（与之直接对应的是自变元），就是"映射-置入"和"析出-接受"的认知加工，可描述为：y与x之间具有"整体与部分"或"上义-下义"概念之间的相似性；在译文重构中，y的外延义素被x的下义（或"部分"）概念 act/scene 所替代。这说明语言的一种重要特征：原文多义概念在目的语中往往没有对应性概念，只能通过认知努力，通过激活语境参数，对参数的运作功能和推导机制进行描述，最后完成该概念的语境适切性的"义-意"建构。

7.9 小　　结

本章系统地论述了语境参数理论的原理、语言哲学基础、语境参数的性质与特点、定义与理论职能、认知机制等。语境参数理论创新性地拓展了传统语境论，使语境理论具有认知科学的方法论特点，即理论方法的可分析、可阐释、可推论、可实证和可操作性；语境参数的设置使翻译认知过程研究呈现出译者或研究者选词择义的主客观理据——可证伪性：哪些判断是主观不当的，哪些是客观可证的，二者是如何互动的。缺乏了语境参数的充分理据支持，译者的过分主观性会导致译文的语境不当，甚至误译；同时，对或显或隐的语境参数的把握与明确也显示出译者或研究者的操作视域与经验知识的丰富与欠缺的差异。在语篇或文本翻译过程中引入语境参数理论方法，能帮助学习者主观能动地识别文本或语篇内部或外部、或显性或隐性存在着的对特定语言单位"义-意"识解与表达产生制约的参数因子，这些参数因子或直接或间接地起到提示、导向、过渡、缀合、映射、印证等功能，帮助他们正确地做出判断。

理论是人们的思维对现实的一种反映，以语言概念、数学公式、图表等符号形式为表征方式和交流方式；科学理论交流需要概念、命题、原理、假说等形式构成一个有机的知识体系，或是经过一定实践检验或逻辑证明的真命题体系（曾利沙，2016：81）。语境参数理论已经形成了一个有机的理论方法论体系，其运作过程能反映主体思维活动中的各种认知机制，并能进行相应的描写。现有的机器翻译的最大瓶颈就是不能识别宏观-中观-微观语境参数对问题化了的词句"义-意"的识解与表达，缺乏一种整体视域观，尤其是缺乏一套模拟人脑的认知运算机制。机器翻译的突破，必然要以语境参数理论为基础，只有学会或掌握在概念语义的外延与内涵义素层面进行判断、甄别、析取，与其他语境参数协同产生投射或映射或置换或含义充实的认知能力，才能产生语境适切性译文。

第八章

隐喻"义-意"识解与表达的主客观理据

8.1 概　说

目前，国内外讨论隐喻的识解及其翻译的文献汗牛充栋。关于隐喻的本质属性，不同学者有不同的认识视角，随着研究者的认识对象、视角、范围、关系等发生变化，有关隐喻的理论认识也在不断深化和拓展。早期的"替代论"是将隐喻视为一种修辞手段，如亚里士多德（2003：39）从种-属、属-种、属-属等隐喻概念借用方式角度说明了隐喻在语言修辞中的性质与作用。隐喻概念的借用是一种对语言修辞功能的表象认识，在日常语言交际中人们需要理解所借用的隐喻源域（喻体）与目标域（本体）之间相似点的关系，于是又引出隐喻认识的"类比论"，昆体良（Quintilian）等认为源域与目标域之间的映射关系必须具有某种有待确认的可比性，类比论侧重于说明隐喻使用的形式与内容之间的关联性，二者之间必须具有某种可经验或体认的可证性基础（参见文旭和肖开容，2019：26）。隐喻形式的多样性促使研究者从概念隐喻过渡到句子层面的隐喻，于是出现了理查兹的"互动论"。互动论为隐喻研究带来了一系列新颖的概念，如"主旨""载体""互动""映射""被投射的世界"（Richards，1936：93-135）。互动论具有认识论的特点，认为在语句层面的隐喻使用中，本体概念和喻体概念都具有表象性，它们之间的关联性反映了一种互动关系。例如隐喻句"Every life has its roses and thorns."（每个人的生活都有玫瑰和茎刺。）中的主语概念和表语概念都有自己的指称义，前者较泛，后者具体。但二者的概念语义之间并无直接的关联性，按照互动论的观点，其隐喻义的识解需要二者的互动。从翻译识解过程看，需要从本体概念"人生"和喻体概念"玫瑰"与"刺"中找到可体验的"相关共同点"（associated commonplaces）。从主语（本体）概念的可经验性看，每个人的生活中无疑既有"甜蜜"也有"痛苦"，可从中析取出相关共同点：甜与苦。从表语概念的可体认看，玫瑰是一种令人喜爱的花卉，象征爱情，收到一束玫瑰无疑给人一种甜蜜之感；但玫瑰茎上有刺，人在采摘或手持玫瑰时，有时手会因刺入皮肤而感到疼痛，而人在获得甜蜜感的过程中，有时难免会有痛苦经历。故从互动论看，该语句的喻义不是源域概念语义相似点的单向映射，也非目标域概念语义相似点的单向映射，而是二者将相似点共同映射给一个"被投射的世界"（类似于概念整合理论的术语"合成空间"）而产生可以体认的隐喻意义。

[例 8.1] Every life has its roses and thorns.
译文：每个人的生活都有甜有苦。（引自张培基，等，1980：39）
改译：人生都有鲜花相逢，荆棘相遇。（笔者译）

例8.1所出自的教材将例8.1的意译视为词义的引申，作为常用方法介绍，没有说明引申的认知规律，也没有说明隐喻的识解机制与翻译的多种可能性。从替代论看，改译是用属概念替代了种概念：鲜花代替玫瑰，荆棘代替茎刺；从类比论看，译文是将甜与苦的体认相似性与鲜花（象征着成功，能带给人喜悦的甜蜜之感）和荆棘（象征着困境，给人造成痛苦之感）之间的关联性建立起一种可以推论的相同体认性。可见，互动论对隐喻的认识更深入，更能解释或揭示隐喻的本质属性。

20世纪80年代，拉科夫和约翰逊（Lakoff & Johnson，1980，1999）提出了"映射论"，并丰富和深入拓展了隐喻研究的空间，也为隐喻的翻译研究带来新的增长点。两位学者认为，隐喻不只是一种满足于有效交际的语言修辞手段，或文学作品给人的审美享受，更重要的是用来"表达思想"。对于"映射论"的认识深度和广度，文旭和肖开容（2019：28）归纳了几点：①隐喻是人类认识事物或对象的一种方式，隐喻无处不在。②隐喻是通过概念来进行认识的。概念具有各种可能的语义特征，既有常规的、相对固定的语义特征，也有游移不定的、潜在的语义特征。人们在识解隐喻时，可通过认知推理思维将一个概念域系统地、对应地映射到另一个概念域。③概念隐喻是人类共有的语言现象和思维方式。④隐喻具有不同的形态。最常见的有概念隐喻、方位隐喻和结构隐喻。⑤隐喻的跨域映射必须遵循一定的认知原则。隐喻的映射论为隐喻的翻译研究提供了多维度视角。

8.2 隐喻"义-意"识解与表达的范畴化研究

为了更细致地认识隐喻的形式特征,我们可以根据具体事例来抽象概括出其形态。叶子南(2013:71)讨论了隐喻的类型,将其区分为基本隐喻、复合隐喻、图式隐喻、意象隐喻、常规隐喻、非常规隐喻,并对其在原文和译文中的前景化或突显特征的强弱和价值度进行了说明。其中的理论术语"前景化"(foregrounding)、"突显"(prominence)、"蕴含"(entailment)等为解释隐喻的"义-意"识解机制提供了一种描述工具。胡春雨和徐玉婷(2019,2020)利用语料库统计,分析了"植物隐喻""市场隐喻"等不同源域的英汉共享语义范畴,这是从范畴化角度概括的隐喻类型。笔者认为,隐喻的翻译过程及其相关研究仍有待于拓展和深入,无论是现有文献中的隐喻翻译实例,还是无数尚未被纳入隐喻翻译视野的新奇隐喻,都有着理论与实践双重意义和研究价值。隐喻"义-意"的识解与表达的认知过程及其认知机制的规律表征研究仍有待于深化。笔者认为,隐喻的范畴化研究可以拓展为以下研究次范畴:{隐喻概念的类型、隐喻的形态资源、隐喻的本质属性、隐喻的文化特征、隐喻的功能特征、隐喻的经验性、隐喻的思想性、隐喻的意向性、隐喻的意象性、隐喻的形象性、隐喻的情感性、隐喻的转义性、隐喻相似性辨析、隐喻的价值析取性、隐喻的体认-建构性、隐喻的创造性(新奇性)、隐喻的认知推导程序性、隐喻译创的主观理据性、隐喻译创的客观理据性、隐喻译创的主客观互动性、隐喻的语境关联制约性}。

在隐喻翻译的研究文献中,隐喻的翻译对策与方法受到重视,如直译、意译、转换喻体、喻体喻义结合、舍喻体译喻义、种概念替代属概念、属概念替代种概念等。许多有关隐喻研究和隐喻翻译的文献在讨论隐喻的识解时,摒弃了修辞学所用的本体和喻体的概念,直接用源域和目标域之间的映射关系来说明。这种描写方式预设着从源域到目标域的映射过程,其喻义似乎是已经确定了的、可映射的"义-意"形态,跳过了对隐喻本体和喻体之间关联性"义-意"(相似点)的识解与求证过程。对于有些隐喻翻译来说,本体与喻体之间的相似性是不言自明的,具有跨文化的共享性,故可直译,如"Life is a journey."(人生乃旅程。)和"Failure is the mother of success."(失败乃成功之母。)。但从隐喻形态的丰富性、隐喻的多变性、隐喻表达的思想性、隐喻的语境制约性和隐喻的创译性等因素看，其中一个重要方面就是对隐喻"义-意"辨析与创译的理据性和可证性。从隐喻翻译的认知过程研究看，隐喻概念中或显或隐地表现出的意象性、形象性、情感性、思想性（如哲理性）、意向性等"义-意"形态，在隐喻翻译过程中具有较高的理论和实践认识价值。

从接受美学角度看，有的隐喻"义-意"隐含的思想并非显而易见的，需要译者在解释的基础上进行全面深入的解读才能深掘其"义-意"背后的哲理性思想，这对隐喻的创译提供了主观解释和解读的空间。法国批评家圣伯夫认为，解释是指对文本字面意思的疏通，以及结合作者情况与创作背景的把握对这些形象结构的不同层面与维度等的理解，即倾向于就事论事地理解作者想"说什么"，以及文本的意思"是什么"；解读在于对作品的艺术蕴含意义空间进行深度诠释，适切的解读归根到底建立于解说的可能性空间。但如何发现这种空间，却需要创造性；解释依赖于知识，解读取决于智慧（徐岱，2003：21）。具有深度解读的隐喻"义-意"形态一旦被突显，无疑需要在目标语中进行创译，而创译应具有主客观理据性。本章主要讨论不同隐喻"义-意"形态背后思想性及其识解与表达的主观性和客观性的统一，尤其是主客观互动性的理据在隐喻创译中的可证性。

8.3　隐喻"义-意"识解与评析的语境适切性原则

隐喻的形态丰富多彩，无论是在文学和典籍文本翻译中，还是在商务和科技文本翻译中，都可见到大量的隐喻形式，尤其是新奇隐喻，这些隐喻的使用虽然体现了作者的语言个性特点，但对隐喻"义-意"的识解还需考虑文本的话题、主题、意向等宏观制约因素的统摄。因此，对隐喻翻译的认知过程研究、对隐喻译文的创译及译文效果的批评研究，还应纳入翻译原则体系中进行论证。叶子南（2013：56-66）从文本类型及其翻译目的角度讨论了隐喻翻译的文本分析，提出了隐喻在不同文本中的价值甄别和翻译对策方法问题。例如，文学中的隐喻翻译既需从文本宏观层面艺术氛围着眼，也需从微观细节形式的美学特征入手，或二者兼顾，视具体情况而"各得其所"（叶子南，2013：80）。然而，不管是何种文本类型，其中隐喻的翻译必须落实到对特点概念明示或隐含的"义-意"形态的识解这一前提，并且具有意义的关系本体论和过程认识论的哲学理论基础，这一基础又体现于"语境原则"，"义-意"是由语境决定的。曾利沙（2017b）

提出"语境适切性"原则范畴，在其之下辅以若干准则：话题适切、主题适切、意向适切、含义充实适切。隐喻翻译理论不可能囿于几个抽象而孤立的原则或标准概念或具体转换技法，而应从认识论结构、实践论结构、价值论结构和方法论结构的统一出发，建构出宏观–中观–微观相统一的原则范畴体系。将隐喻翻译原则与方法连续统–理论范畴陈述如下：

目的论原则：最佳接受效果（应）：最佳审美效果、最佳社会效应、最佳形象塑造

价值论原则：动态忠实/求信：（客体）关联价值属性析取与突显

策略论原则：等值、等效、顺应

辅助性准则：话题适切、主题适切、意向适切、含义充实适切、本体–喻体属性适切

可操作性规则：显化、强化、明晰化、拆化、转化、散化、实化、虚化、淡化、简化

技巧与方法：开放性经验模块{种属概念替换；喻体范畴转换；范畴成员转换；范畴原型转换；范畴层次转换；喻体喻义共现……}；{名转动；词形变换}

这一宏观–中观–微观互通的理论方法论范畴体系对隐喻翻译的认知过程研究及对隐喻翻译理解与表达的效果批评都具有一定的原则指导性与主观理据性。

8.4 隐喻"义–意"的体认机制与创译性主客观理据

翻译创造性的理据在于不同语言文化与思维差异及作者独特的创作风格，要求译者对原作的形式与内容进行艺术再现和艺术表现，体现为一种对具有不同价值属性特征的"义–意"形态的动态忠实。就隐喻的创译而言，除了上文提及的意象性、形象性、情感性、思想性、意向性"义–意"形态外，梅纳德（Maynard，2007：18-25）和谭业升（2020：196）在论及翻译的创造性时，将创新性与个性化的表情性结合起来，包括了交际的、心理的、情感的、人际交互的、修辞的意义形态等。这说明，隐喻概念具有各种可能的或显或隐的"义–意"特征，当这些概念作为隐喻或出现在隐喻结构中而被识解时，可通过认知推理思维将一个概念域系统地、对应地映射到另一个概念域。以"Life is a journey."为例，源域概念journey和目标域life之间可能有如图8.1所示的可对应性

映射的相似性喻义（叶子南，2013：28）。

Journey{travelers; motion along the way; destination; obstacles; different paths to one's destination; distance covered along the way; locations along the way; guides along the way; ... *N*+1}

Life { people leading a life; leading a life; purpose of life; difficulties in life; different means of achieving one's purpose; progress made in life; stages in life; helpers or counselors in life; *N*+1}

图 8.1　源域概念 journey 和目标域 life 之间的可对应性映射的相似性喻义

注："*N*+1"表示还有潜在的有待突显的相似性喻义

对于这种命题判断语句形式的结构隐喻，其多种"义–意"形态的识解理据源自人们的经验知识，上面所列举的相似性喻义的跨域映射只是一种原理性说明。当直接译出其命题语义时，译文"人生乃旅程"相似性"义–意"只是以一种潜势存在着，作为一种隽语形式被使用。但从隐喻翻译角度看，这种直译形式的结构隐喻并无多大的理论与实践价值。在更多情况下，对隐喻"义–意"形态的识解需要解读，其翻译是一种有理据的创译过程，深入认识隐喻的这种创译性理据才能揭示出隐喻翻译认知过程的本质特征。如例8.2所讨论的结构隐喻"义–意"的创译（结合图8.2看例8.2）。

[例 8.2]

a. **Failure** is the **mother of success**.

失败是成功之母。

b. **Diligence** is the **mother of good fortune**.

勤勉是好运之母。

图 8.2　油画《孕》

例8.2是主系表的结构隐喻，从命题语义看，其语句是个全称判断命题。从逻辑语义看，其真值为假，不符事实逻辑，并非所有的失败或勤勉都是成功或好运之母。

失败与成功或勤勉与好运之间只是一种概率的相似性。从本质看，其隐喻形式蕴含着一种哲理性含意，也是克韦切什（Kövecses，2005：7）所说的"蕴涵"（entailment），即将源域映射到目标域过程中映射内容超出基本成分的对应，这种附加成分的映射就是蕴涵。蕴涵描述的是隐喻映射的一种现象，若不能定性隐喻多种可能"义—意"形态的潜势，也就不能充分而全面地认识隐喻翻译创译的本质特征。

隐喻翻译认知过程研究不仅应描写其映射机制，还需要从本体论、认识论、方法论相统一的角度对其各种"义—意"属性特征作出辨析，既要甄别其概念语义和命题语义，还应识解其形象意义、情感意义、哲理意义或意向意义。在特定文本中，隐喻的翻译还需遵循语境适切性原则，包括主题适切、形象适切、情感适切、意向（意图）适切等。据此，例8.2的直译没有译出该隐喻的哲理性含意。

从生活经验的可体认性看，该结构隐喻的喻体"母亲与小孩"和本体"失败与成功"之间蕴涵着一种能表达其哲理性含意的"相关共同点"，能为其"义—意"的识解（解码）和表达（编码）提供主客观互动的理据性。剖析如下：

喻体的相似点识解。①时间长度：母亲生出孩子需经过十月怀胎（足月），除非早产。②必要条件：要成功生出健康孩子，母亲怀孕的妊娠期保健有很多禁忌（包括药物禁忌），需要注意合理饮食、生活规律、心情舒畅等孕养，防止流产、死胎、畸形。③概率：全世界流产和死胎事例难以计数。

本体相似点的识解。①时间长度：从失败到成功，往往要经过若干年的多次甚至无数次失败。②必要条件：若要获得成功，失败是必经之路，每次失败都为成功打下一定的基础，也就离成功近了一步；需要持之以恒，注意避免失误。③概率：人们在各行业中的创新发展，并非百分之百都能成功，失败率高于成功率，否则人人都是成功者；有些人奋斗了一辈子也未能成功。

通过对隐喻形式与内容在现实生活中的体认过程，我们推导出该结构隐喻的喻体"母亲与小孩"和本体"失败与成功"之间蕴涵的哲理性含意之共同点："母亲生出小孩"和"失败通向成功"，将其投射到合成空间中形成概念化表征——"孕育"，再在目标域中生成新的译文概念"孕"。"孕"既创译出其哲理性含意，又隐性表达了母亲孕育及至生产小孩过程的喻体喻义之形象，在认知上还传达了从失败通向成功之路的萌发性、培育性、过程性、目标性、专注性、努力性、概率性等含意。在技法上即是将名词mother转化为动词，实现了其"义—意"的统一。笔者将例8.2翻译如下：

　　a. 译文：失败**孕**成功。

　　b. 译文：勤勉**孕**好运。

8.5　隐喻"义-意"识解推导的主客观理据与规则演绎

　　在翻译认知过程研究中，由于语言的隐喻现象极为丰富多彩，不仅给翻译实践造成许多困难，也给相应的理论认识提出了更广泛更深入的要求，如何针对不同的现象得出相应的规律表征，尤其是建构可以预测的理论模型，是认知翻译学的重要课题。切斯特曼（Chesterman，2012：108-114）认为，一个模式就是一种理论模式，在对研究对象的基本特征进行抽象概括性描述的基础上，揭示认识对象（客体）范畴的某种关系；而"多样化的隐喻如何解释或突显翻译过程的不同侧面"（谭业升，2020：58）也是翻译认知的模式化研究的重要内容。考察例8.3的模式化建构过程（结合图8.3看例8.3）。

　　[例 8.3] The **bonus** is, the show "A Bite of China" is not only about dishes. Every episode will highlight different people, who will tell stories about their adventures with food.

图 8.3　奖金/红包

　　喻体的属性特征辨析：bonus（红包；奖金；红利）（图8.3）是个物质名词或实体概念，其基本概念语义是：an **extra** amount of **money** that is **added to** a payment, especially to sb's wages as a reward（*OALECD*）//an **extra dividend** paid to the shareholders of a company；其语义结构特征是：外延语义= money / payment / dividend；内涵语义 = extra / added to (additional)。

　　语言与生活的体认关系辨析：在现实生活中，人们在正常工资或收入之外能收到额外的金钱（奖金、红利等）必定令人高兴；若金额超出预期或数额很大，则令人感到"惊喜"。

喻体的语境关联性喻义认知推导机制：①从bonus的语义结构中析取其内涵义素extra/additional，摒弃其外延语义money/payment/dividend；②将外延语义extra（额外的）与语境赋予其情态语义概念（惊喜）进行搭配组合则生成surprisingly extra pleasure，其体认的客观理据是：Considerable extra money brings about pleasure→surprisingly extra pleasure。

本体的属性特征辨析："A Bite of China"（《舌尖上的中国》）是有关美食主题的纪录片，介绍的是中国天南地北各地域各民族的美食佳肴制作过程。在上述语句中，bonus 则是指该纪录片除了介绍赏心悦目的、色香味俱全的美食佳肴之外，还有不同地域的人们讲述食材最早是如何被发现，然后作为美食出现在人们的餐桌上的奇遇（如图8.4和图8.5所示）。

图 8.4　皮蛋

图 8.5　沙虫

本体关联性共同点的认识推导客观理据：《舌尖上的中国》不仅让观众了解到中国各地的特色美食，还额外地带给观众以惊喜：纪录片还聚焦不同地区的人们，讲述各种美食之食材的奇遇。

译文：该片让观众感到**的额外惊喜**是，它并不仅展现美食，每集还聚焦于不同地域的人群，听他们讲述**有关美食之食材的奇遇**。（笔者译）

隐喻"义-意"识解的规律性表征：科学归纳推理与规则演绎。科学归纳推理是指根据某类事物部分对象与其属性之间必然联系的认识，作出关于该类事物所有对象的一般性结论的一种不完全归纳推理。我们可据此做出基于科学归纳的隐喻"义-意"识解规律表征，并演绎出一条隐喻"义-意"识解的经验规则。描写如下：

科学归纳性推理规则：当一个具有情态属性 e 的物质名词 M 用于语境 C 中时，其情态属性 e 被激活和突显，从而以一种潜势的情态意义存在，表征为 M(e)；当 M(e)作为喻体（源域）使用于语境 C_1 中，其情态属性 e 被映射给本体 T（目标域），T 获得情态属性 e，则可推出 T(e)的情态语义，在译文语境中生成适切的具体化情态概念 X。

演绎推理规则：凡是能触发情态属性 e 的隐喻式物质概念 M，都能在语境 C 中激活并突显其情态属性 e，情态属性 e 则被从源域映射给目标域 T，生成语境适切性情态概念 X。

8.6 隐喻"义-意"的知识图式建构与主客观阐释机制

有些隐喻"义-意"的识解和翻译表达过程很复杂，对其认知机制的描写也不能依赖相关概念的词典释义，尤其是在商务或科技语境强的文本中，译者需要建构起专业知识图式，在图式框架内找到对应的概念才能推导出其喻义。例8.4是2018年美国金融危机（结合图8.6）时的一则财经新闻报道标题：

[例 8.4] Wall Street **wears the pants** at Sears
直译：华尔街在西尔斯穿裤子
意译：华尔街掌管西尔斯

图 8.6　金融危机中的市场萧条

该语句的喻体是 wear the pants，本体是 Wall Street 和 Sears。wear the pants 的词典释义是：（especially of a woman）to be the person in a relationship who is in control and who makes decisions for both people[穿裤子→（女人）掌权当家]。直译属于硬译，意译则语义不准确，译文不符合规范。译文必须适切专业语境，符合

行业规范性表达方式。对该隐喻句的识解与表达，译者必须通过本体概念激活其知识图式，推导出本体的指称对象。

Wall Street的词典定义是：a **street** in lower Manhattan where the New York Stock Exchange is located; **symbol of American finance**，其概念语义特征由两部分组成：处所、特征。其中American finance激活Wall Street的金融财团和机构等的知识图式。

建构Wall Street的知识图式：**Knowledge Schema of Wall Street** {Financial Markets & Institutes：NYSE; NASDAQ; NYFE; Rothschild; House of Morgan; Rockefeller; Goldman Sachs; Du Pont Financial Group; ...}

在这个知识图式的成分构成中，只有金融财团或机构（投资银行）才能被提取出来作为隐喻的本体，而证券交易所被排除，因为投资银行等金融机构可以对上市公司进行股权投资或兼并。

建构上市公司Sears（西尔斯）的知识图式：**Knowledge Schema of a listed company** {limited liability company; dominant shareholder; majority shareholder; minority shareholders; retail investors; public issue; stock trading; **mergers and acquisition**; ...}

在这个知识图式中，其关联性成分"mergers and acquisition"被突显出来。许多公司受美国次贷危机引发的金融风暴的影响而破产，有着100多年历史的、曾为美国最大私人零售商的西尔斯·罗巴克公司受金融危机和其他因素的影响于2018年10月15日向美国破产法院申请破产保护。

确定喻体与本体的共同相关点和映射机制：喻体的关联性语义be in control or make decisions被突显和析取出来，映射给从本体中析取出的成分financial institutes，形成一个上市公司股权并购控股的事件图式：The financial investment institutes enter into the controlling position through mergers and acquisition of Sears' equity →becoming the dominant shareholder，最终得出译文：

华尔街金融机构控股西尔斯公司（笔者译）

8.7 隐喻"义-意"识解的形象思维特征与主客观理据

翻译之美在于语言措辞的凝练性，选词择义的形象性，意境的塑造性，尤其是隐喻形象特征的艺术再现。但如何艺术再现隐喻形象与意境之美，感觉、知觉、辨析、判断等认知思维加工过程是译者不可缺少的环节。有的翻译教材在例证散文翻译时，往往忽略了隐喻的形象可感性与经验感知再现性，尤其是对细节"义-意"识解的认知推导性与译创性。结合图8.7看例8.5。

[例 8.5] The rocks presented a high impenetrable wall, over which the torrent came tumbling **in a sheet of feathery foam**, and fell into a broad, deep basin, black from the shadows of surrounding forest.

译文：壁立的山岩好像一道不可逾越的高墙，岩顶上一道瀑布，**飞沫四溅地奔流而下**，落入一个宽广的深潭中，周围树林的影子，使得潭水成为一片黝黑。（引自毛荣贵，2002：41）

图 8.7　水雾弥漫的瀑布

隐喻"义-意"的辨析与经验体认视角解析：①例8.5中介词短语"in a sheet of feathery of foam"是一种隐喻形式，将瀑布飞流直下的景象描述为"一片轻如羽毛的泡沫"。原文的介词短语在语法结构上似乎修饰tumbling，描述瀑布奔流而下之态（近观），但在认知上却是一种瀑布奔流而下的伴随状况（瀑布不可能以轻如羽毛的雾状奔流而下——不符合经验逻辑）。②从生活场景体认看，原文描述的是一种远眺的瀑布景观，瀑布飞流直下时飞溅迸发出的泡沫，在空中形成弥漫的雾气；远观之下，只见瀑布前方呈现出一大片羽状水雾，弱化了瀑布的气势（图8.7）。语言描述的实景并非上述译文描述的"飞沫四溅地奔流而下"，原文形象可感的隐喻形象失真。这说明对隐喻"义-意"的识解与表达一定要细腻，译者首先要对原文的描述场景进行生活体认，调动各种感官，在隐喻形式和生活场景之间建立起某种（些）可直观的关联性感性认识。③研究者讨论隐喻翻译技法并对其进行定性概括时，首先应从词典出发，在剖析语词的概念义素特征的基础上再考察其"义-意"识解的思维路径。如例8.5中的"feathery"（羽毛状的）英语词典释义为covered with or consisting of feathers（*AHD*），其典型特征是"轻软"，能在空中"飘浮"。基于此种典型的相对静态物状特征，"a sheet of feathery of foam"就不是飞流四溅，而是飞流四溅迸发出的浮在空中的如羽毛般漂浮的雾状水沫，又由于瀑布较宽，故有"a sheet of"之描写。此处宜译出隐喻的形象特征：

改译：山岩壁立，难以逾越，岩顶瀑布，飞流直下，水沫四溅，**水雾飘浮，一片弥漫**；林荫环绕，潭阔水深，黝黯难测。（笔者译）

8.8 隐喻"义-意"识解的心智空间与概念整合之主客观理据

在很多情况下，隐喻的"义-意"形态的识解并非简单地从源域向目标域的映射过程，这是因为"义-意"映射的前提是译者必须已经确定了何种语义或含义，才能将其映射在目标域中，并且其"义-意"形态的转换能为译文读者所接受。这类隐喻翻译的认知过程研究需要借助福科尼耶（Fauconnier，1994）等学者有关"心智空间"与"概念整合"相关理论方法来描写。在福柯尼尔看来，心智空间是人们使用语言（如阅读、写作、思考）时建构的概念包（mental space packets），用以描述局部理解行为。与之相关的术语概念是认知模型和知识图式框架，这些模型和框架是将经验知识有序地组织或固化在心智空间中，不仅具有联通各成员关系的作用，还有记忆和存储知识的功能。例如，"Martin was **hospitalized** the day before yesterday and was **discharged** this morning."要理解该句加粗部分的概念并加以翻译就必须在心智空间中激活一个"医院"的知识图式或框架。其中，Martin是被框架化了的成员"患者"，触发了一连串有序的专业成员与行为，如"医生""诊断""确诊""有病""较严重""住院""治疗""好转""出院"。中文译文是：马丁前天因病住院，今天上午就出院了。

概念整合拓展于心智空间，也是一种可阐释与可描述的框架式理论方法。其理论框架包括的空间有：类属空间；输入空间[1]；输入空间[2]；合成空间（层创空间）。用于隐喻翻译的认知过程研究的原理是：①隐喻的喻体与本体都是概念化的语言形式，任何概念都具有基本类属特征，故按程序可置入类属空间之中；②类属化了的概念往往具有多种或隐或显的"义-意"形态（潜势），具有多种有待于认知加工的语义基点，需要译者通过价值属性判断和甄别，先将假定的相似性语义基点分别映射给输入空间[1]和输入空间[2]进行匹配考察；③将两个输入空间中得到甄别的相似性基点语义形式映射至合成空间，再根据目的语语言文化的相关规范要求和读者的审美价值需求，生成语境适切性译文。例8.6将新奇隐喻识解与表达的心智空间之整合过程的认知机制进行了阐释：

[例 8.6] ... because you face the **food dragon** several times a day, you'll be **tempted** to backslide. Prepare yourself for those moments. Detour round the cake shop on your way home. Plan what you'll eat or drink at the office party. ("Slim by Summer ", *Reader's Digest*, July, 1992)

机器翻译：……因为你一天要面对几次"**食物之龙**"，你很可能会退缩。为这些时刻做好准备。回家的路上绕道去蛋糕店。计划好你在办公室聚会上要吃什么或喝什么。

隐喻food dragon的"义-意"形态识解与翻译表达经历一个比较复杂的过程：

喻体与本体的识解：首先，其本体的范畴概念不是类概念food（基本范畴），而是受语境参数cake（属概念）制约而被具体化——蛋糕（甜点），通过认知加工后生成cake dragon；其喻体是"龙"，二者之间的"义-意"相似性基点是潜在的，不能直接根据概念语义特征加以析取，有待于译者的认识推导和加工。

输入空间的可印证性匹配：类属空间中喻体的潜在"义-意"必须根据概念语言文化意义和语境参数的映射关系才能确定。①根据词典释义，dragon可析取的认知语义特征："Its appearance suggests **fierceness** and **fearfulness**. Its nature suggests **evil** and **viciousness**. Its living habit suggests **sin**. →{fierceness, fearfulness, evil, viciousness, sin}。"②喻体dragon受制的语境参数有话题参数slim by summer（夏季减肥）和心理特征参数tempt（诱惑）。dragon获得tempt所映射的关联性语义特征：attempt意思为"to **attract** sb or **make sb want to do or have sth**, even if they know **it is wrong**"（*OALECD*），即"明知所做之事错却仍意欲去做——诱惑或诱使"。此语义特征作为相似基点被甄别和析取而进入输入空间[1]，作为价值属性被突显。③本体cake同样受语境参数tempt制约，获得tempt的语义特征，是映射给输入空间[2]的共同相似性语义基点：attraction of cake（蛋糕的诱惑）。

在合成空间（或层创空间）中完成概念整合：层创空间是一个有待于被认知加工的概念结构，其认知机制是组合、完善和扩展。组合（composition）是将输入空间的映射概念通过重构生成新的组合关系；完善（completion）是指运用语言文化常识或认知推导思维对新的组合结构进行调整，形成含义充实的独立结构；扩展（详尽阐释）（elaboration）是指在层创空间根据目的语语境的规范要求对进行过含义充实的结构进行认识加工和译文成型。例如：

在输入空间[1]中，喻体dragon可映射的相似性语义基点是情态语义特征：**fearfulness** of **temptation** (great attraction) to do sth evil (Here it suggests that eating cakes causes to pick up flesh and it is a bad thing to eat cakes. 这里指吃蛋糕导致长肉，所以吃蛋糕是错事或坏事。)

在输入空间[2]中，本体cake(food)的可映射的相似性语义基点是：the **temptation (attraction) of cake** is great to me (Here it suggests that it is a bad thing for a girl to have cakes everyday who desires to be slim in summer. 这里指对于一个想在夏天保持苗条身材的女孩来说，每天吃蛋糕是件坏事。)

至此，完成概念整合（重新组合、完善与扩展）：The **temptation of cakes** are so **fearful** to me that I may backslide (to lapse into bad habits of picking up flesh/becoming fat.)

语境统摄下的认知推导机制及其主客观理据：心智空间理论用于隐喻翻译的认知机制过程研究在于能合理地、层次化地描写隐喻"义-意"生成过程的认知方式，具有可阐释、可描写和可操作的方法论特点。但心智空间理论本身的理论资源是不自足和有限的，因为在大多数情况下，该理论不能系统地说明"义-意"识解与认知加工的主客观理据的统一。只有借助语境参数理论或将其与语境参数理论资源融于一体，才能体现出隐喻翻译过程的认知科学方法论。

在例8.6中，dragon可析取的概念内涵与文化内涵特征分别是fearfulness（害怕）和seducing sb into bad habits（诱导某人形成坏习惯），这两个被突显的价值属性特征是由语境参数slim by summer（夏天保持苗条身材）和tempt（诱惑）所决定的，语境参数具有排他性和映射性等功能。二者能通过认知加工被整合为新的语言形式：可怕的诱惑。其语境化认知推导逻辑是：姑娘们夏天喜欢穿裙子→穿裙子须有苗条身材衬托→姑娘喜欢吃甜的糕点（蛋糕等）→多吃糕点容易发胖→对于减肥初见成效的姑娘们而言→每天上班都经过糕点店→糕点店橱窗陈列的美味糕点令人难以抗拒——可怕的诱惑（dragon潜在的情态特征被突显）→其禁不住诱惑的后果是故态复萌——每天照常品尝美味蛋糕→（作者建议）若想保持身段苗条必须抗拒诱惑，对策是绕道而行→眼不见，心不思，口不入。

译文：（你上班路上会经过许多糕点店）……由于你每天得好几次面对**美味糕点的可怕诱惑**，你会因难以抗拒而故态复萌。你得提防这些时刻，回

家路上遇到蛋糕店你就绕道而行。你还得计划好，在办公室的聚会上该吃什么该喝什么。（笔者译）

8.9　隐喻"义-意"识解的生活形象体认之主客观理据

在隐喻"义-意"识解与翻译的文献中，侧重于"映射"过程分析中的具体、焦点、突显、视角等认知机制的描写比较多，所引用的实例说明有简单化倾向。有些教材讨论隐喻翻译实例所关涉的相似性是显而易见或一般容易理解的，很少涉及新奇隐喻或复杂隐喻。许多来源于生活的新奇隐喻反映了作者独特的视角与形象联想，造成读者或译者识解其"义-意"形态的困惑。尤其是一些工具类隐喻的特征用以比喻生活化的场景，二者之间难以建立起完全一致的形象相似性，只是突显部分相似性特征，给翻译造成困难。例如，例8.7中的工具类复合型喻体load up on gear由load up（装载）和gear（齿轮）构成，笔者在教学中测试了学生对该隐喻"义-意"的识解理据，学生一致因难以理解而译不出来，有的学生根据load up的语义辨析，认为是顾客在商场抢购商品，将其译为"满载而归"。隐喻识解是翻译表达的前提，若不能正确识解就无法准确翻译。正确识解虽然有主观性一面，但必须基于客观理据之上。客观理据的核心就是还原喻体与本体形象之间生活场景的可直观、可感知的关联性。我们可通过如图片等实物形象来证实其相关的共同点。

[例 8.7] The annual **ritual** that is "Black Friday" persists, in some cases **defying logic as well as the calendar**. Shoppers **ventured out** Thursday to fight the lines and **load up on gear**—even though stores have been trotting out holiday deals since Halloween.

机器翻译：每年的"黑色星期五"仪式仍在继续，在某些情况下，这既**有违逻辑，也有违日历**。尽管商店从万圣节开始推出节日优惠，但周四的时候，购物者们还是**鼓起勇气去排队，购买更多商品**。

关联性形象特征的可直观感知的主客观理据辨析：例8.7是有关美国商场圣诞促销"黑色星期五"的新闻报道文字。美国商场一般以红色笔记录赤字，以黑色笔记录盈利，而人们在感恩节后的这个星期五疯狂抢购使得商场利润大增，因此商家们称其为"黑色星期五"。其中加粗部分文字是难点，load up on gear 是新奇隐喻，其"义-意"形态难以辨析。机器翻译是按字面意思译出，造成误读误译。将隐喻"义-意"识解过程描述如下。

首先考察喻体意象概念的语义特征，加粗部分概念为与本体相关的推导触发点为：gear指A **toothed machine part**, such as a wheel or cylinder, that meshes with another toothed part to transmit motion，load up指to **put a large quantity of sth onto or into sth**。喻体概念的基本语义特征只是向读者提供一种认知的关联性触发点，需要进一步与本体所示的场景形象或事件图式结构进行匹配。隐喻"义-意"的识解机制目前是机器所不具备的，上述机器译文对隐喻的处理"购买更多的商品"基本上也和笔者对学生测试的译文"满载而归"一样，是根据load up的语义推出的。说明虽然机器翻译具有了初步的上下文推导语义的意识，但不能针对生活场景进行经验逻辑辨析。其次，对ritual、defying logic as well as the calendar、ventured out的译文处理也是不准确的。

对原文本体激活的场景画面辨析与描述。此段文字描述美国历年来每逢感恩节和圣诞节，各大商场都要推出打折商品，尤其是名牌商品的大幅打折吸引着无数中低收入的消费者。由于大幅打折的名牌商品数量有限，故谁能早到就有机会抢到心仪的名牌商品。这样，有些消费者在周四晚至凌晨时分就提前赶去商场门口排队。但由于持同样想法的人不在少数，所以出现人潮涌动现象，即使提前数小时去排队也不一定能排在最前面几十位，于是就出现fight the line（抢着排队）的场面。

对喻体与本体共现特征的辨析与描述：人们在商场门口提前数小时排队，有后来者趁机强行插队，故为了谨防有人插队，排队者便一个个后者紧靠前者，让人无法插入。场景描述的是商场尚未开门前人们排队等待抢购商品的画面。学生译文和机器翻译有违经验逻辑：①商店尚未开业，人还未进去，怎么就"满载而归"了？②去商场排队购物还需鼓起勇气？大商场货物充足，只要有钱，随时都可以买到更多的商品，为何要venture out… to fight the line?此处是指人们赶早排队抢购促销名牌商品。

记者在观察和体认上述这种场景时，运用了新奇隐喻形式load up on gear 来描述。学生和机器的误读，既未能辨析语法关系，未能辨析对and连接的两个关系紧密的本体形象和喻体意象的描写。例8.7中本体场景与齿轮（喻体）意象形态具有潜在的相似关联性，译者必须通过认知思维对本体与喻体的相似点进行合成空间的投射和加工。实质上，记者是将排队队伍紧密相挨的肩膀和人头意象与拉直了的圆形齿轮之紧密相靠的轮齿意象进行比喻。

对defying logic / calendar 和 venture out 的语境化"义-意"进行识解的语境参数分析。时间+气温+心理参数：①有关圣诞节促销时间，商场应是周五上午营业时间才开门迎客，许多购物者为了确保购物成功，在周四晚上就提前赶去抢着排队，这就是defying calendar的语境化含意；②冬天气温低，晚上排队须冒着户外的寒风；③心理充满着希冀抢到打折名牌商品的兴奋。这两个参数具有排他和析取的功能：venture out 的语义特征是"to carry out an **activity**（外延）that is **new**（内涵特征1）, **exciting**（内涵特征2）, and **difficult**（内涵特征3）because it **involves the risk of failure**"，根据语境参数，排除内涵特征1而析取2和3，这从客观理据上决定了译者主观译创的理据。

译文：一年一度的"**黑色星期五**"按惯例继续上演，人们抢购的热度不**仅有违常理**，也不合日程。尽管自万圣节开始的假期里各商场一直都广而告之地推出打折商品，然而，购物者们**在周四就冒着寒风、兴致勃勃地**去商场门口抢着排队，只见一个个**摩肩接踵**。（笔者译）

译文的加粗部分文字译出了新闻报道的语言特色，译者对原文部分词句的深层语义进行了含义充实。这说明一条隐喻翻译的创译性原理：隐喻摹写现实，但不直接表现生活场景，二者之间存在"义-意"之"隔阂"，这种隔阂需要译者通过认知语境建构能力还原生活场景，在隐喻概念激活的人物和事态形象之间进行最佳关联性印证，并将各种缺省的"义-意"补充（突显）出来。这种"现实—体认—语言"突显认知机制反映的就是"含义充实性创译"，该隐喻的创译是"生活场景的形象再现性创译"。

8.10 小 结

本章从隐喻的"义-意"识解与表达的认知机制角度剖析认知翻译过程研究的不同内容与形式特征，旨在更广泛更深入地探析翻译的多重本质特征。从翻译理论研究的目的看，研究者应力求从理论理性层面提升实践感性认识，即从具体或特殊上升到一般或普遍的规律性认识，揭示出特定研究范畴（如隐喻翻译的范畴化研究）的区间规律。其必然性在于主体对语言中特定范畴的内在规律的认识以及对其在方法论意义上的系统和本质的把握，研究者要超越具体认识情景，透过现象认识本质，对个别对象予以系统观照和抽象概括。规律不存在于单个事物本身，而存在于一事物与其他事物之间的关系之中。从隐喻翻译的"义-意"识解与表达的主客观性理据可以看出，文本中的语言"义-意"形态不是静态的，不完全是由语法或词/字典所决定的，而是需要译者参与体验与建构的，并且经历一种语境化含义充实的动态赋值或对关联性义素特征的价值析取与突显的认知加工过程。从这种角度审视翻译过程，语境中概念"义-意"形态的识解与表达是主客观互动的、可印证的产物。

第九章

文学翻译认知过程的本质属性
与译者主体性

9.1 概　说

语言以间接方式摹写现实生活，尤其是文学语言对社会生活百态的描写。因此，要理解语言，就离不开理解不同社会历史文化中的生活。但理解生活需要读者参与体验，对不同语境中的人物形象与情感及其关系体验的深度与广度，决定了读者对语言理解的深度与广度，这在翻译识解与表达中尤为突出。从体验哲学观与建构主义理论观相统一的视角去剖析文学翻译的多重本质属性及其翻译认知过程，不仅能深入揭示翻译这一最为复杂的思维活动中主体对客体价值属性——"义-意"形态的表现方式，还能深入阐释译者主体如何创造性地改造客体以满足主体的审美价值需求的各种动因。文学的实质就是传达经验，经验之所以重要是因为它是通过一首诗、一篇文章或一部小说集中成形的，其作用是使读者在想象中参与某种（些）经验之中，通过想象激活的经验形态（如人生百态），对社会生活有更充实、更深刻、更丰富、更有自觉性的感悟（劳·坡林，1985：1-5）。就文学翻译而言，如何从整体到局部，从主题到细节的表达，从文化信息的传递到语言文字的传神，都需要译者在移植与创新之间做出艰辛的努力。孙艺风（2004：15）认为，文学语言翻译讲究遣词造句的精细，对审美文化的差异，对意象结构的调整与整合，对审美效果及体验的传递与重构，译者必须做到准确传神。不同语言的使用习惯与社会文化特点以及作者独特的个性化语言风格等，都对译者主体性的发挥提供了客观制约因素及主观对策依据，因为语言风格迥异或差异化大的源语形式一旦与作品的话题、主题、情节、事件、特定场景、环境氛围、人物情感、人物关系等结合起来，就对译文在目的语中的艺术再现和表现提供了一定的艺术再创空间。任何翻译活动，最本质的属性特点就是对源语各种不同语境中"义–意"形态的准确把握，语境的动态性和流变性也决定了"义–意"形态表达的动态性，而非机械僵化地或静态地"忠实"再现（曾利沙，2017b）。这种动态的翻译忠实观就是基于体认观的"义–意"动态建构，也是译者主体性发挥的哲学基础。

9.2　语境张力与意义的动态建构性

文学语言翻译的形象性与情感性是翻译过程中最基本、最重要的内容，尤其是文字中蕴涵的难以言传的丰富情感形态，对译者而言是最复杂最具有挑战性的实践活动，这一切都得归结于文本的"义"与"意"形态与语境的复杂关系。这种复杂关系使得文本"义–意"的理解与表达变得复杂而曲折，需要译者根据整个文本的宏观–微观结构，遵循由上而下和从下至上的阅读理解原则，辨析宏观结构对微观"义–意"识解的统摄与制约，才能有效地把握原作的意义潜势。从"义–意"识解问题的典型性看，文学作品的"义–意"不是本文固有的，只有在阅读过程中才能产生，是作品与读者相互作用的产物；在接受过程中，作品的内容不仅被读者"现实化"，而且在不同时间和空间中出现个性变异，这是由于它的现实性存在于读者的想象力之中（金元浦，1998：44）。这种接受美学观对文学翻译教学而言具有实际的指导意义，译者应深刻领会文学语言的典型特征：多义性、（意义）未定性、抽象性、空泛性、隐喻性、意向性、隐晦性、模糊性、歧义性、经济性、结构空白、语义缺省、语境嬗变、含义充实等（曾利沙，2014a）。文学语言的特点就在于未定性与意义空白给予读者能动的反思和想象的余地，一部作品所包含的意义未定性与意义空白越多，读者就越能深入参与作品潜在意义的现实化和"华彩化"（金元浦，1998：44）。此种本质特征从客观上要求译者参与"义–意"的体认与建构，发挥有理据的主观能动性，对文本做出艺术再现或表现。

9.3　译者主体性与译者能力结构

译者主体性的要素之一就是要求译者必须建立起认知能力结构，这种认知能力结构又必须通过对一系列翻译典型实例（难点与重点）的剖析寻求相应的对策和方法才能逐步建立起来，这一过程反映在形象辨析、情感剖析、关系建构、经验参与、体验感知、含义推导、理解解读、异质变通、整合重构、操纵创新、理据求证等。不同的文学作品典型译例能从不同侧面说明文学语言词、句、段、篇在不同情景中的使用特点以及作者个人特色鲜明的写作风格，这对文学作品的译者又提出了更高层次的主体性能力结构要求——对文学作品内容的阐释与赏析。文学作品的赏析能力体现为一种整体视域下的主题表现、情节发展、人物特征、人物关系、人物心理、人与人的冲突、人与自然融合与冲突等的剖析与综合过程，而这一切都离不开语言的表现形式和使用特点。从本质特征看，文学语言总是倾向于反映社会生活，作者以其艺术笔触表现不同社会生活形态下各种人物的形象、情感、关系，或人物对不同自然环境和条件下的感受，这是语言对社会现实生活的一种艺术化了的摹写。文学语言的词汇语义和语句结构并非直接明晰地表达作者的创作意图和人物所处的社会生活与自然图景，作者会利用语境张力，留下许多审美空间，让读者利用认知能力去感知、分析、甄别、判断、推理、选择、加工、补缺、综合完成对作品义-意的解读。这种过程是文学翻译正确理解和表达的前提条件，缺失了这一过程，翻译活动会流于一种凭借译者"双语语感能力+词典工具使用能力"的综合运用过程，或简单地照搬词典提供的释义性译语，移译原文词汇语义和结构形式。这样往往会造成译文行文的生硬呆滞，甚至语义不连贯，使译文缺乏美感。故文学翻译的教学目的在于激发学生的译者主体性，培养其艺术再现和艺术表现能力的综合素养。将文学翻译译者主体性的能力构成概括如图9.1所示。

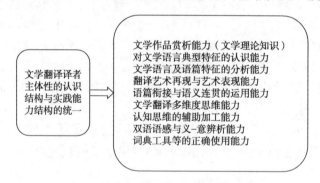

图 9.1　译者主体性认识结构与实践结构要素

9.4　文学语言的意境体认与艺术再现

文学语言的意境是通过语言形式和内容的统一来烘托的。所谓"境"是作者意在表现的某种自然之景的感悟性描绘，或对特定社会环境下人物内心所感悟的某种"氛围"的刻画，着重于"形象"或"意象"的艺术表现；而"意"则是"境"所赋予的某种"情态"和"心境"的融合，需要读者或译者用心感悟和体认才能获得的。"意境"体现了文学作品的本质："形象"与"情感"的有机统一与高度融合。对翻译而言，译者必须具有对文学作品本质特征的深刻认识和身临其境的体认才能发挥译者主体性，才能使原作的艺术意境在译文中得到艺术再现。

[例 9.1] It was a typical summer evening in June, the atmosphere being in such delicate equilibrium and so transmissive that inanimate objects seemed endowed with two or three senses, if not five. There was no distinction between the near and the far, and an auditor felt close to everything within the horizon. The soundlessness impressed her as a positive entity rather than as the mere negation of noise. It was broken by the strumming of strings.（Thomas Hardy: *Tess of the d'Urbervilles*；引自 Hardy，1991：96）

译文：那是六月里一个**典型的**夏季黄昏。**一片大气，平静稳定**，都到了**精密细致**的程度，而且特别**富于传送之力**，因此那些没有生命的东西，也都**变得仿佛有了两种或者三种感官**，即便不能说有五种。远处和近处，并没有分别，凡是地平线以内的东西，听的人都觉得就像近在眼前。那种静悄无声的情况给她的印象是：与其说它单纯音响绝灭，不如说它积极具有实体。这种寂静，忽然叫弹琴的声音打破了。（托马斯·哈代：《德伯家的苔丝》，张谷若译；引自托马斯·哈代，2003：185）

意境剖析：例9.1描写的是英国乡村原野夕阳西下时的特定场景，几个描述性概念（typical summer evening、atmosphere、delicate、transmissive、inanimate objects seemed endowed with two or three senses、no distinction、felt close to everything、soundlessness、positive entity）激活了这段有关自然美景的画面感，视觉感、听觉感、质触感、体验感相交融，传达出一种空灵静谧、人与自然浑然一体的意境：静谧的原野暮色。这种特定的自然环境触发了作者富有情感的、生动细腻的描述，大自然的静谧氛围集中在听觉、视觉、触觉和内心体验的感受上——甚至那些无生命体都被赋予了生命体的感官特征。

对于原文语词概念语义的理解有时需要借助英语词典，但词典提供的只是概念的一般化的基本语义特征。在使用双语词典释义过程中，英语词典释义或英汉词典提供的对应性"译语"一般情况下只是两三种基本语义范畴概念，以一种意义潜势存在，有待于在不同的语境中呈现出不同的指称语义与语境化含意。这种不同的"义-意"需要译者根据特定的语境参数予以重构，获得新的语境化含义（意），以期与语境产生关联性融合。这种语境化含义的重构就是原文语义在特定语境中的"现实化"，将其上升为翻译理论层面进行表征就是"意境适切性"原则。要求译者不应囿于词典的空泛而抽象的"释义"，而是在特定的语境参数下对其进行含义充实。语境参数导引下的"义-意"识解与问题剖析如下：

1. 自然景色（时空参数）：地点——英国旷野；时间——夏日黄昏（暮色降临）

原译"一片大气，平静稳定，都到了精密细致的程度"就是囿于词典释义，将"delicate"译为"精密细致"，似乎是在做物理实验分析，对这一片大气层用仪器进行气体测量出来的科学数据；而"大气平静稳定到了精密细致的程度"表达的是难以理解的自然现象，并非一般人对夏日黄昏生动形象的描述，让人难以体认。汉语的"大气"指包围地球的气体，而原文的atmosphere并非指"大气"，而是指the air around a place（某个地方的空气），在"夏日黄昏"时空参数制约下被语境现实化，此处应指英国日暮时分乡村旷野的空气。汉译时可给予艺术再现，译为"暮色"。"delicate"为多义概念，其关联性词典释义为：(of colors, flavors and smells) **light** and **pleasant**; not strong（*OALECD*），受"暮色"的语义连贯要求，其语义内涵特征同样被现实化，指向能唤起可体认的"柔和"之感，可译为"分外柔和"。"柔和"适切地表达出一种愉悦情感，这就是语境激活的情态适切性选择，也是译者主体性发挥的体现。多义概念equilibrium受语境参数制约，并非意指a state of balance，而是指state in which you are calm（*LDELC*），可译为"静谧"。

2. 情感（感官）体验：暮色（视觉感）+静谧（听觉感）+柔和（触觉感）+愉悦感

译者在翻译此段文字时，不应只是查词典，简单地套用英汉词典提供的译语，而应身临其境地进入概念激活的意境中去获得各种感官体验，这样才能体认到英语概念transmissive的现实化语义或语境化含义充实。汉译时不宜套用英汉词典的基本译语如"播送""发射""传送""传递"，而应多查阅多部英语词典，否则就会像原译一样囿于该词的基本释义——"特别富于传送之力"，造成与下句描述文字（因此那些没有生命的东西，也都变得仿佛有了两种或者三种感官，即便不能说有五种）之间因果关系的"语义不连贯"，亦即不通顺：为何说没有生命的东西仿佛有了几种感官是因为大气的传送之力？大气之力是怎样传送给感官的？"传送之力"是指将某物从一地发送/射或传送到另一地的能量，为何与下句提及的感官产生关联？英语概念transmissive的关联性词典释义为：the process of passing something from one person or place to another（*OALECD*），在此语境中发生了语境化嬗变，是指柔和的暮色氛围的感染力，被现实化为一种情感特质：在此种万籁俱寂的柔和暮色下，旷野上甚至连无生命体仿佛都受到了"感染"，纷纷屏住了呼吸，在感受并倾听，故可译为"极富感染力"。原译"两种或者三种感官，即便不能说有五种"，句式结构读起来很生硬，不符合文学语言的风格特征。此处可采用模糊泛化的翻译技法，可译为"仿佛有了灵性，有了各种知觉"，这样可以和前面的译文"极富感染力"产生语义连贯。此处情景主要突出柔和的"暮色"和"静谧"给人带来的内心"感受"。

　　"地平线以内的东西"是什么东西？地平线指"大地与天空相交之处"。从情景思维看，此处是指在极为柔和静谧的暮色中的荒原上，声音具有极强的穿透力，声音远近难以区分，远处发出的声音听起来就像在跟前一样，包括大地和天空的自然界的声音，如微风、虫鸣、鸟语、流水等"天籁"之音。此例说明，文学作品的翻译不是简单地逐词移译，尤其是具有艺术内涵的文学作品的语言，需要译者身临其境地去体验和感受欣赏作品语言文字激活的情景或场景氛围，然后将语言文字固有的语义和关联性语境紧密结合后进行重构，剖析语言文字所烘托的特定意境，从中领会作者的真实创作意图，再进行二度创作或艺术再创，这样才能使译文达到最佳关联性语境融合。文学翻译艺术再现的本质在于情与景的交融，选词择义应力求再现语词概念所激活的内心情感特质。其次，文学语言的翻译文字应力求凝练简洁，切忌拖沓冗长，逐词逐句的移译是文学翻译的大忌。

　　改译：这是六月里特有的夏日黄昏。旷野暮色格外柔和，极富感染力，就连那些冥顽之物都仿佛获得了灵性，有了各种知觉。一切听起来难分远近，任何天籁之音都仿佛近在咫尺。她觉得这一片静谧并非只是远离尘嚣的宁静，而给人一种充实的感受。可惜这寂静却被粗糙的琴弦声打破了。（笔者译）

9.5 人物情感"义-意"体认的程序性描写与艺术表现

文学作品翻译的难点与重点在于对原作那些具有艺术价值特征的语言内容和形式统一体的艺术再现和艺术表现。艺术表现的准确性取决于译者对作品中人物思想感情的深掘和对作者的意向性意义的把握。形式的通顺表达在于对原作语言句式结构的拆分,对句中语词概念组合关系之间的意义重构,有时需弱化或虚化原文句法结构,根据语境意义关系在译语中给予艺术重构。阅读经验表明,在思想感情层,作者虽有明确的思想倾向,但往往不能直说出来,必须将朦胧之"意"与象和境结合起来。"思想"是广义的最根本的对世界人生的观念、态度,在某种意义上可以是人生哲学(有关某些人生哲理的启示和思考),它具有英加登所说的"形而上的性质"。感情是文学作品的发酵剂,全部意向意境需用感情包裹、浸润、浇灌、渗透、融合才会具有活力。冷冰冰的语言符号经过作者思想感情的浸染,字里行间就会流溢出情感,与接收主体的情感脉搏共振同跳(朱立元,1989:112)。

这就涉及重构传统翻译原则理论的问题。翻译原则理论合理与否取决于对翻译事实能否做出合理性说明,传统翻译原则理论的规约性表述应根据大量的翻译实践做出推陈出新的规约性。翻译的"忠实"或"求信"原则不是机械僵化的原则规约,而是动态的忠实或求信过程。这是因为所谓忠实或求信于"原文的意义"是一种抽象的原则表述,原语与译语之间并无一种固定的、单一的、对应的词汇语义与句法结构;而忠实或求信于原作的语言风格是一种价值取向的规约,有时也受制于受众语言习惯的审美倾向。就原文文本意义的忠实或求信规约而言,译者必定总是力求把握原文的意义潜势,即作者意欲表达的语境化锚定的概念语义与意向性含意,是一种合乎情理的、通顺的承前启后的连贯性语义,符合人物性格和人物关系发展的逻辑脉络意义(包括经验逻辑、情感逻辑、形象逻辑、生活逻辑等),只是需要读者或译者根据特定的语境参数参与重构而已,不能因文本意义的未定性就否定忠实或求信原则的规约性和合理性。正是由于这种意义的不定性和动态重构性,才使得翻译的忠实或求信原则理论要求译者必须发挥其主体性,赋予其一定限度的再创空间,即对原作不定性的意义给予定性概括基础上的艺术表现。这种有限主体性体现在不同译者主体的主观意向与客观参数之间的制约,涉及对语境人物关系特征的深刻把握和适切性表达问题。如例 9.2。

[例 9.2] I wanted somebody to talk to, then. I missed Agnes. **I found a tremendous blank, in the place of that smiling repository of my confidence**. (Charles Dickens：*David Copperfield*, Chapter 24; 引自 Dickens，1948）

译文 1：那时候，我很想能有个人跟我谈谈话，**那时候，我就非常想念爱格妮**。那个**微笑着接受我的肺腑之言的人**不在我眼前的时候，我只觉得眼前是一大片广漠之野。（查尔斯·狄更斯：《大卫·考坡菲》上册，张谷若译；引自查尔斯·狄更斯，2011：458）

译文 2：到了那个时候，就希望有人跟我说说话了。我想念艾妮斯。她总是**含笑听我倾诉心里话**。**见不到她，我感到极为空虚**（心里没实在的东西，不充实——本书作者注。）（查尔斯·狄更斯：《大卫·考坡菲》上册，庄绎传译；引自查尔斯·狄更斯，2000：360）

1. 人物关系、内心情态与时空"义-意"体验辨析

这段话是描写大卫初次踏入社会，离开了亲人和熟悉的朋友，自己单独住在一间房子的感受。艾格尼斯是大卫青梅竹马的知心朋友，她陪伴着大卫一路成长，每当大卫对她倾诉自己的感受时，她都是笑意盎然地耐心倾听，已经成了大卫某种意义上的精神"依赖"或"寄托"，这就是作者笔下语义缺省的抽象语句：in the place of that smiling repository of my confidence。此时，当大卫需要和人说说知心话时（in the place），艾格尼斯却不在身边，他会觉得内心空荡荡的，生活没有了寄托和依赖，这就是原文"found a tremendous blank"所要表达的意思，具有隐喻性。隐喻是以相似性为基础的，所谓相似性就是认知主体在事物之间发现的共有特征。作者用纸上空白"blank"（喻体）喻指大卫精神或心灵上的"empty space"（本体）。blank的基本语义为"empty, with nothing written, printed or recorded on it"，可引申为"showing no feeling, understanding or interest"，或引申为"a state of not being able to remember anything"（*OAED*）。

加粗部分是"义-意"形态识解与表达的难点，说明了文学语言结构空白和语义缺省的特点，也反映了文学语言召唤结构的典型特点，客观上要求译者不能按字面结构语义进行解读，而应发挥其主观能动性，调动其认知能力，对这种语义缺省的空白结构进行含义充实，使之语义连贯，才能用艺术手法有效地表现出人物内心情感特质。这种语义现实化重构过程是可以体验的，其程序是可以描写的，并以此明晰地揭示文学作品意义的可推论性和可阐释性。

2. 文学语言特征及其"义-意"识解与表达问题

I found a tremendous blank, in the place of that smiling repository of my confidence，其字面意思（直译）是：我发现一处巨大的空白，在那个微笑地储存我的信任/秘密的地方。这个语句的表层结构意思语义晦涩，上下文语义不连贯不通顺，显然是一个语义缺省的空白结构。两个of介词抽象地将对两个人物之间情感关系的描述压缩在一个介词短语中，形成一种语境张力，需要通过译者的认知加工才能获得其深层结构的含义（含意），也是作者意欲表达的意向性意义，这才算是达到识解。原文的结构性审美张力难以在汉语语境中得到保持，这由两种不同的语言审美习惯所致。

3. 文学作品"义-意"形态的定性概括

例9.2中的语词概念与语句形式的"义-意"形态可定性概括如下：①话题意义（话题对下文语句内容的连贯具有统摄性）：需要有人听他谈心（艾格尼斯是一个经常能倾听他心里话的人）；②关系意义：大卫和艾格尼斯之间是朋友关系，而后者又是一个善于倾听的人；③事态+形象意义：艾格尼斯乐于倾听大卫谈心且总是"笑盈盈"的神貌；④情感意义：大卫对艾格尼斯的精神情感的寄托和依赖性，希望其能在身边听他谈心；⑤结构意义：两个of结构的深层结构中存在一种语境化含义充实；⑥隐喻意义：对特定语境下blank喻义的艺术表现。

4. 对作品意义的语境化进行含义充实的主客观理据

语词概念固有的多义性语义特征包括抽象性与空泛性，repository 和 confidence的释意如下：repository: a) a place where sth is stored in large quantities（仓库；储藏室；存放处）；b）a **person** or book that is **full of information**（学识渊博的人；智囊；知识宝典）。confidence: a）the feeling that you can trust, believe in and be sure about the abilities or good qualities of sb/sth（信心；信任；信赖）；b）a belief in your own ability to do things and be successful（自信心；把握）；c) the feeling that you are certain about sth（把握；肯定）d) a **secret** that you tell sb（秘密；机密）（*OALECD*）。

语境参数制约下的含义充实推导过程的认知加工原理如图9.2所示。

话题参数:
大卫需要有人
倾诉内心情感

关系参数:
艾格尼斯是大卫
青梅竹马和值得
信赖的朋友

事态+形象参数:
往日，艾格尼斯
总是在大卫**需要
时笑盈盈地**倾听
大卫倾诉内心

I found **a tremendous blank, in the place of
that smiling repository of my confidence**

⇩

Agnes who was full of **David's** information

⇩

Agnes who **used to listen to** what David told her
about his inner feeling in confidence

⇩

Agnes who used to listen **with a smiling face**
to what David told her about his inner feeling in
confidence

⇩

on the occasion where David needed **Agnes**
to be present **to listen with smiles** to him
about his inner feeling with trust, and **David
felt a mood featuring great emptiness for
her absence**

事态参数:
（此刻）大卫
思念起艾格尼斯来

情态参数:
艾格尼斯不在
身边，大卫觉
得一种极大的
失落感，即
found a
tremendous
blank。
（失落是指对自
己和他人的某种
强烈期待未能实
现而产生的一种
心情）

图 9.2　语境参数运作机制与含义充实推导程序

为了更直观地感知语词概念"repository"的语境化意义生成机制，以便能
举一反三、触类旁通地领会翻译的艺术再现和表现的规律性，我们可将其关联性
映射机制推导过程图解为图9.3。

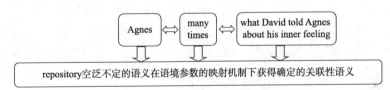

| Agnes | ← | many times | ← | what David told Agnes about his inner feeling |

repository空泛不定的语义在语境参数的映射机制下获得确定的关联性语义

图 9.3　语境参数的映射机制

由此可见，repository的基本语义"仓库""储藏室""知识宝典"可在特
定语境中引申为"脑袋里装满信息的人"，但其引申义的所指仍然是空泛不定
的，如person可指任何人，information可指任何信息。故词典提供的无论是基本
语义还是相对明晰的引申义，仍然是一般所指之物，仍然具有空泛不定的语义特
征，只有在具体的语言环境中才能获得更为明晰的指称意义，而针对特定语词概
念的这种语境关联性意义的明晰化过程就是一种语境参数关系制约和意义映射的
推导过程。这一含义推导和充实过程既有客观性又有主观性，客观性是指词典提
供的多个义项及其关联性语义特征，以及上下文中显而易见的"显性语境参数"。

如confidence有"信心;信任;信赖;把握;肯定;秘密;机密"等多种释义,但在例9.2中受语境参数制约,只有"秘密"被析取和突显,其他释义被排除。其主观性是指对隐性语境参数(非文字性的社会文化语境因素及作品的关联性)和对特定语词概念的关系把握和主观判断,还包括译者的思维感知能力和认知加工能力的体现。不同译者主体因不同的知识能力结构和精益求精态度的程度可能导致对同一原文理解不同,所作的译文也不同。上述三种译文就反映了这种现象。

对语义结构缺省的介词短语,上述三种译文都填补了语义结构空缺,译者都发挥了主体性,尤其是对repository的认知加工处理,显化了原作深层的命题语义结构,只是在对"a tremendous blank"的喻义理解与表达上值得斟酌。

译文1的问题:"……那个……人不在我眼前的时候,我只觉得眼前是一大片广漠之野",属于脱离话题统摄的自由发挥,上下文语义不连贯:大卫期待的善于倾听的好友艾格尼斯不在身边,眼前为何突兀地浮想到"一大片广漠之野"?此译没有表达出大卫特定的内心情感"义-意"形态——孤寂感,需要有人帮他排遣。

译文2的问题:"……见不到她,我感到**极为空虚**"属于措辞不当。"空虚"是指"里面没什么实在的东西;不充实"(《现代汉语词典》2002年汉英双语版)。大卫是一个接受过良好教育的青年,在需要有人听他倾诉内心而那个人却不能出现在身边的语境中,此刻并非感到精神"空虚",而是需要排遣的孤寂之感未能实现(有人慰藉)——一种强烈的空落落的失落感。

可见,不管是英语或是汉语概念,译者一定要在深入分析原作语言特征和作者独特的艺术表现手法的基础上,通过认知逻辑辨析同义或近义概念的内涵语义特征是否适切语境,是否能产生最佳关联性融合。

> 改译:此刻我**多想有人听我倾诉**。于是,我思念起阿格尼斯来。往日她总是笑盈盈地听我倾诉衷肠,**此刻她却不能在身边**,我不由得**极为失落**。(笔者译)

9.6 人物性格特征与语势"义-意"形态识解的艺术表现

[例 9.3] His father-in-law died, leaving but a little behind him, whereat he waxed indignant, started a cloth worker's business, dropped **a good deal of money** and finally **retired into the country resolved to show them a thing or two in farming.**

原译：岳父死后，留下很少的遗产，他生了气，一头扎进办工厂的事儿，赔了些钱，然后退居乡野，想开发土地。

1. 翻译问题评析

语气的把握与对人物性格和心理的刻画是文学翻译的重要艺术再现和艺术表现的内容之一，译者应认真细致地对原文的语词概念所激活的人物性格特征和心理感受的外化进行剖析，以便在译语中艺术再现或表现出所描述的特定事态对人物性格的影响。文学翻译的艺术再现和艺术表现离不开译者有理据的认知推论思维，对原译的语境适切与否的评析需要自证，自证的依据就是语境参数导引下的论证。

原译有几处理解与表达欠准确：①将a good deal of 译为"赔了些钱"不准确，实际上他是赔了"好多"钱（事件参数），对他的后续行为和决定具有直接影响；②将finally译为"然后"不当，虽然"办工厂"和"退居乡野"是一前一后的两个事件，表面看来用"然后"也算通顺，但与后面的resolved（意向参数）形成照应参数，译为"最终"更有语势，即在商海中沉浮，经历失败后，他"最终"认定自己不是经商的料，于是退居乡野，下决心想在耕种方面干出点成绩来。将resolved译为"想"，语势大为减弱，未能表现出人物此刻的那种不服输的精神，应结合语境将其艺术表现为"痛下决心"（情态特征）。短语to show them a thing or two in farming要表达的不仅是"开发土地"，还有要争一口气给别人看和挽回面子的意思，原文隐含了对人物性格特征和语势的表现。

改译：岳父死后，他见留下的遗产很少，心生怨恨，便自己开了家工装厂，不慎一大把钱打了水漂。他终而无奈只好退居乡野，痛下决心要在农事方面挣回点面子来给他们瞧瞧。（笔者译）

2. 艺术表现理据评析

作品是一个与读者群相关的、能被多人所理解的意向性客体，一种"再现的客体"，自身留有无数空白和未定之域，其中存有众多的潜在可能性，等待读者进行含义充实，从而使作品具体化。英伽登认为，"作品的具体化不仅仅是读者进行的'重建活动'，也是作品及潜在要素的实现"（参见金元浦，1998：101）。如例9.3中的艺术表现在译语中的体现——痛下决心要在农事方面挣回点面子来给他们瞧瞧，就是一种"再现的客体"，一种译作重建的具体化活动。之所以说是再现的客体，是因为原作中的一些起提示作用的语境参数，如"to show them a thing or two..."就暗示出人物的性格和特殊心理，具体化为"一种不服输的精神"，在译语选词择义上，译者必须对其进行语境化含义充实，艺术表现为"痛下决心要……挣回点面子来给他们瞧瞧"，而非囿于原文字面意思"给他们看看一两样农业（或耕种）方面的东西"。

9.7 召唤结构的"义–意"体认与艺术再现和表现

有些英语作者运用高超的艺术手法以及英语句法词法的表达优势，将一连串的事件或事态、人物矛盾、人物冲突、人物关系、特殊场景等紧缩在一个语句中，简洁而流畅。如例9.4中两个不定式to的结构，其表达的内容涵盖了众多的场景人物关系和矛盾冲突等。这种语句结构难以在汉语中再现，其难点就在于原文独特语言特点：形象的抽象化——silence their complaints（使他们的抱怨沉默下来）和scold them into harmony and plenty（把他们骂进和谐和足够多）。

[例9.4] … and whenever any of the cottagers were disposed to be quarrelsome, discontented, or **too poor** she sallied into the village to **settle their differences, silence their complaints** and **scold them into harmony and plenty**. (Jane Austin: *Pride and Prejudice*.)

译文：每逢村民们牢骚满腹，动不动就吵架，或者穷得活不下去的时候，她总是亲自赶到村里去调解他们的纠纷，封住他们的嘴巴，还把他们骂得一个个相安无事，不再叫苦叫穷。（简·奥斯汀：《傲慢与偏见》，王科一译；转引自王大来，2019）

值得赞叹是，译者同样发挥了高超的艺术手法，艺术再现和艺术表现出原作生动形象的神韵，译语生动诙谐，不禁令人叫绝。这种艺术再现和表现就是一种对语境化含义深刻理解基础上的形象表达。这说明，在理解过程中，译者自觉地填补原文意义的未定之处或空白点，恢复文本种种被省略的内在逻辑联系，把原文提示的场景、关系、矛盾、冲突等"轮廓化图式"描绘得更加充实、具体、细致。这就涉及译者的正确审美理解问题——语境的适当或不适当性。

英伽登提出具体化的恰当与不恰当的问题。他认为，越接近作者本意，认识就会越深刻，理解就会更正确。读者不能任意填补文本的不定之处与空白，必须按照文本的引导与暗示将作品中的图式现实化（参见金元浦，1997：101-102）。这就涉及译者对语境参数的认识和把握，只有充分地、全面地分析原作各种显性或隐性参数关系，才能在发挥译者主体性时，不至于纯粹主观地按照自己的审美倾向做出不适切语境的"艺术再现"或"艺术表现"。尤其是处理文学作品的"空白"点或"召唤结构"的翻译问题。

　　空白点（以下用Ø表示）是指散布在作品整体系统中的空白之处。在理解过程中，读者或译者会有意识或无意识去填补空白之处，对意义的填空是文本"义-意"联结的需要，是部分与整体之间连贯的需要。空白是文本无形的接点，它从意义的相互关系中划分出图式和文本的视点，同时召唤读者的想象活动。当图式和视点被连为一体时，空白就消失了。空白是作为使文本图式得以结合为一的暗示而被解读的。因为它是形成语境，赋予文本连贯性，赋予连贯性以意义的唯一途径。如例9.4中的"to poor"（太穷而不Ø？），"harmony"（骂人Ø和谐？）和"plenty"（足够多的Ø？）就是三处空白点，召唤译者发挥想象力，填补空白或进行含义充实：穷得活不下去；骂得一个个相安无事（不再吵架）；不再叫苦叫穷。

9.8　行为事态"义-意"的情景化体认与艺术再现

1. "义-意"识解的体认与表达问题

　　文学性语言的特点在于作者个性化的语言风格，以及追求形象生动的非常规或陌生化表达方式，这往往给翻译带来难以解决的困惑。如例9.5中的crash down和a protesting chair生动形象地描写了特征鲜明的人物"坐"的行为事态（图9.4），protesting chair这种带有美学修辞特征的陌生化搭配方式不适合汉语的语言习惯：他猛地坐在一张提出抗议的椅子上。这就是典型的翻译腔（translationese）译文。译文"他猛地坐在一张椅子上。"将坐的方式意译出来，但椅子发出的特殊声音和作者使用的动词crash down和protesting chair的移就修辞美学特征则失真了。

　　[例 9.5] He **crashed down** on a **protesting chair**.
　　译文：他**猛地**坐在一张椅子上。

图 9.4　座椅承压

2. 行为事态"义–意"艺术表现与再现的体认性操作理据

由于文学语言中别出心裁的独特表现形式，难译或不可译的现象层出不穷。但是文学语言翻译的艺术再现和艺术表现召唤译者充分发挥起译者主体性，以同样形象生动的艺术手法将原文独特的语言形式及其艺术效果在译语中再现出来。从体认–建构过程研究入手，例9.5"义–意"的识解与表达的可操作程序描写如下。

任何艺术再现和艺术表现都应辨析原文的语言形式的概念语义特点及其形象化的功能特点。为此，译者必须认真勤查词（辞）典，剖析其概念的基本语义特征，再结合语境进行分析推论，看看哪个（些）语义特征具有在语境中再现的艺术价值。例如：

crashed的基本语义为：a sudden loud noise made, for example, by sth falling or breaking（某物突然坠落或破裂发出的响亮声）（*OAED*），其义素特征为"突然性、坠落/破裂、响亮声"，其中"响亮声"是在此语境中被析取和突显的义素，应在译文中给予艺术再现。在理论方法上我们可称其为"概念语义的语境关联性义素析取"。

protesting的基本语义为：the expression of strong disagreement with or opposition to sth（对……抗议；向……表达强烈反对），其语义特征为"抗议；强烈反对"。该词在语句中具有拟人修辞效果；在认知语境中，该词预设着因果情态关系意义：对某人某事感到"不满意、不高兴、不愿意、很难受"，故才提出抗议或反对。在此语境中，"很难受"的语义特征被析取而得到突显，作为艺术再创的客观依据。

通过经验性情景再现的体认机制，译者可形象再现"他"的身躯猛地重重坐下，首先听到的是压得椅子快要散架似地发出响亮声，随之是椅子被压得摇晃而发出吱吱的响声。利用汉语中的象声词"砰"（同样表达突然和响亮的语义特征）艺术再现英语的 crash down，再同样用拟人修辞手法"发出一阵吱吱的'呻

吟声'"，间接表达椅子发出的"抗议声"，此译能艺术再现a protesting chair 的
情景化形象和情感"义-意"形态。重译如下：

改译：只见他"砰"地重重瘫在椅子上，压得椅子发出吱吱"呻吟"声。
（笔者译）

"呻吟"以拟人方式形象生动地表达了protesting所蕴含的"难受、不满"的
情态语义，"砰"则形象地再现了crash down 的部分语境化含义。

9.9　人物关系"义-意"的体认及其艺术再现和表现

小说翻译要求译者不仅能细腻地把握作品中各种独特的语言形式所描写的事
物或人物的外部形象与内心情感，还能深入理解各种复杂的、微妙的人物关系，
并在思维中建构特定的生活场景，去体认不同角色的性格特征、言谈举止、矛盾
冲突等场景。例如，例9.6中的relish drama（喜爱戏剧的风味）和stable of men
（稳定的男人们）就是特色化的语言形式，具有审美空间，但对汉语读者来说则
生僻而词不达意。译者除了仔细辨析词典概念义素语义特征外，还必须根据上下
文语境所提示的小说人物谈话的话题、对象、内容等信息，建构一个可直观体认
的人物关系场景，才能在译文中艺术再现两个词组的语言特色。

[例 9.6] Josie **relishes drama** that involves her **stable** of men, past or present.
（Emily Giffin: *First Comes Love*, Chapter 2, Ballantine Books, 2017）
译文 1：乔茜总是不停地描述她周围几个**稳定的异性朋友**，无论是过去
的还是现在的。
译文 2：无论过去还是现在，乔茜每每**提到她的异性朋友**，就像说戏曲
一样，津津乐道。
译文 3：乔茜**像说戏文一样**，**绘声绘色地**描述她如何在一大群昔日和现
任男友之间周旋。（译文 1 和 2 为学生译，译文 3 为笔者译）

"义-意"识解问题评析与艺术再现理据：①relish drama 是生僻的搭配，属
于非常规搭配。relish作名词用意为an appetite for something（开胃小菜），引申
义为a strong appreciation or liking；作动词用意为to take keen or zestful pleasure in//
to enjoy the flavor of sth（*AHD*）。此处指乔茜非常喜欢谈论别人的隐私，就像描
述戏剧中谈情说爱的男女主人公一样。译文1没有认真辨析词义在语境中的适切

意义，故没有译出其意；译文2将其译为"津津乐道"非常适切；译文3用"绘声绘色""一大群""周旋"，形象生动地再现了乔茜喜欢谈论他人的性格特征和神貌。②stable是个语义识解与表达的难点，做形容词用意为firmly或fixed，作名词意为a building in which horses are kept，但该词还有个引申意义：**a group of people** who work or trained in the same place（*OALECD*）。例9.6用的就是其引申义：一群围绕她转的男人，表示数量多。译文1将其译为"稳定的异性朋友"属于望文生义；译文2没有译出其语境化含义；译文3进行了艺术再创，译为"一大群"，并据此增译"周旋"。因为一个女人同时和几个男人谈情说爱，情感肯定不专一；既然不专一，就必定有周旋之道。这种对原文语境隐含的人物关系与情态"义-意"的突显就是文学翻译中艺术再现和表现的具体形式的反映。

9.10　小　　结

本章论述了文学作品的语言特征和审美价值，从认知机制入手揭示了文学翻译艺术再现和表现的本质特征，说明了文学翻译活动是一种综合各种感官体验活动，尤其是对大自然万事万物的形象描写和对人物丰富而复杂、难以言传的内心情态特征的细腻把握，这对准确识解和表达原作的"义-意"提出了很高要求，体现为译者主体应具有综合知识和能力结构，如分析作者的创作意向、会话含意、自然景物、人物情感、形象特征、时空关系、矛盾冲突、美感形态等。文学翻译认知过程研究最重要的就是可分析、可阐释、可推论、可描述、可印证、可操作的程序化理论表征，需要将译文生成的整个过程展示出来，这个过程经历过感知、知觉、回忆、联想、分析、辨识、综合、判断、排除、析取、抽象、概括、加工、重构（再创）等一系列思维形式的统筹，使得翻译认知过程研究体现出严谨可信的科学方法论。只有将大脑这个黑匣子中难以知晓的、通过语言符号和形象进行的思维活动明示出来，将主观感知的理性认识和各种客观制约因素有机统一起来，才能清楚地揭示文学翻译的本质和区间规律。

第十章

语篇"义–意"识解与表达阈限：
主题与主题倾向关联性融合

10.1 概　说

译作是语篇形态的译作，翻译过程就是将一个围绕特定话题或主题且具有结构层次的语言形式和内容的统一体经过分析和综合性解读过程后，再在目的语中进行整体性重构的语篇化过程。从语理理解与表达过程看，译作则是基于历时性社会文化语境的话题和主题及其倾向统摄下的内容与形式的有机统一体。具体而言，语篇翻译以思想内容和交际功能为目的，既要尊重原作的艺术风格和作者的创作意图，也要考虑受众群体的目的与需求。从语言形式与内容的关系看，具有风格特征的语言形式作为有效手段服从于交际内容或译作传播目的，但反过来又制约或影响交际目的的实现，故二者相辅相成，都值得译者重视，特别是具有高度艺术风格的语言形式。一般来说，语篇是交际的构建材料，对翻译来说，尤其如此。语篇必须被视为翻译研究的首要目标（Neubert & Shreve，1992：10）。语篇翻译受到国内外学者的普遍重视，研究者分别从语域、衔接、连贯、语篇类型、语篇结构方面研究语篇翻译诸方面的问题（Hatim & Mason，1990），还有的从跨学科角度研究语篇/话语的翻译，如运用功能语言学和语用学相关理论解释语篇翻译中的问题。这些研究旨在探讨译者如何激活他们的语篇知识，探讨思想如何在语篇中进行组织安排，而读者又是如何接受这一语篇并领会它所表达的思想，以及语境和语用因素是如何制约语篇的语言及语义结构生成，等等（Hatim & Mason，1990：46）。语篇翻译教学及其研究必须深入翻译过程中的思维及语际转换的主客观操作理据层面，并对其做出可证性的理论阐释。李运兴（2001：9）认为，"没有这样一个深化过程，语篇分析仍然只是阅读理解中的，或充其量也只能是翻译过程中源语语篇的逻辑、结构、语义分析，而无法成为翻译理论中的一个模式。"

从广义的翻译研究看，虽然从特定文本中节选或抽出来的语句和语段翻译解析性说明是常见的方式，但其不足在于语句或语段只能提供有限语境，只能从某个（些）层面进行认识，有时导致片面的认识，难以在特定文本或语篇的整体统摄下把握或认识翻译的本质特征。故语篇翻译过程研究的目的就是从更高、更广、更深的层次剖析探讨翻译的本质问题。就理解而言，词句"义-意"的识解与建构依赖或取决于语境，只有相对完整的文本或语篇才能提供比较全面的上下文互参等内部语境信息，只有更大范围内的文本或语篇语境才能触发更广的外部社会历史文化语境，这对大限度地把握微观层面的词句语义的解释与理解具有重要的可参性。正是整体视域下的理解为正确的译文表达提供更全面的主客观依据，研究者才能认识各种复杂问题的因果链并寻求有效的解决之道。

10.2 语篇翻译认知过程研究的宏观-中观-微观理论框架

翻译理论应该是对翻译现象的一种解释，是对所观察的某些事物系统和顺序的概念化和模式化（户思社，2011）。语篇翻译过程研究最核心的任务就是对各种复杂翻译现象做出概念化、知识化、模式化的系统理论认识。正如英国语言学家和翻译理论家贝尔（Bell，1991：67）所论，寻找"一个综合的、跨学科的、多方法的、多层次的用来对翻译过程进行描述的方法"。语篇翻译教学同样也需要建立一种理解与表达的阐释框架和可操作性模式。

国内外现有的语篇翻译理论认识对翻译实践教学具有一定的宏观指导作用。语篇翻译理解与表达首先离不开对语篇主题的理解，主题具有宏观统摄性，微观层次的表达往往受制于宏观主题的制约。卡尔梅耶和迈耶-赫尔曼（Kallmeyer & Meyer-Hermann，1980：242-258）指出，篇章主题的概念首先被理解为篇章的重要基本思想，含有决定篇章内容和结构的基本信息，并以集合和抽象的形式表示出来。这种理论是基于对语篇生产和篇章接受过程中主题所起的重要作用的观察，即生成一个语篇时，作者一般都是先确立一个主题或者中心思想，然后再从语篇主题出发构思全文，无论是怡情类文学作品，还是以激励听众为目的的演讲词，都是如此。在受众接受语篇的过程中，主题体现为理解的最终结果。因为只有在受众获取种种细节信息之后，归纳出主题和与此相关的作者或话语者的意向时，才达到了真正的理解。

现有的语篇翻译理论缺乏一个指导语篇翻译过程的宏观-中观-微观相统一的

理论方法论框架，尤其是缺乏对语篇（段）翻译过程进行可分析、可阐释、可描写、可推论、可操作性的研究方法论。语篇翻译过程研究应突出两方面：①全面深入地、毫发剖析翻译过程中译者主体的综合思维特征、思维特点和思维形式与客体（文本内容与形式）的各种互动性；②探究词汇概念语境化语义嬗变的认知机制，针对典型翻译问题做出可印证的区间规律性总结与概括，在此基础上建立起相应的语义嬗变认知模式，形成一个个经验模块，用以举一反三、触类旁通地指导语篇翻译实践过程。语篇翻译理论应能反映翻译实践中的各种复杂问题，并提供可行的综合解决方案，尤其是能对语篇翻译教学提供可操作性解析程序。

　　鉴于语篇翻译的宏观理论指导仅凭借"语篇主题""文章要点""大处着眼、小处着手"这种比较空泛的原则要求，难以揭示语篇意义理解和表达的本质特征，也不具有全面指导语篇翻译教学的方法论。为此，笔者建构了一个语篇"义-意"识解与翻译表达相契合的宏观-中观-微观综合理论阐释框架，如图10.1。

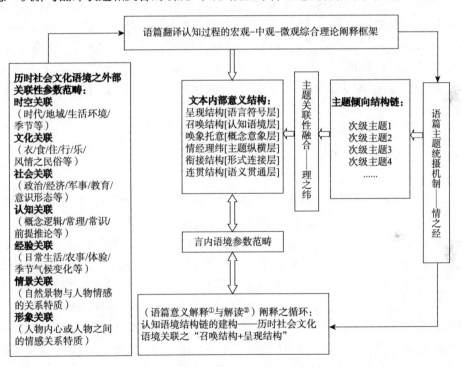

图 10.1　语篇翻译综合理论阐释框架

　　注：①"解释"是指对文本字面意思的疏通，以及结合作者情况与创作背景对这些形象结构的不同层面与维度等的理解。倾向于就事论事地理解作者想"说什么"，以及文本的意思"是什么"。

　　②"解读"在于对作品的艺术蕴含意义空间做出深度诠释，恰当的解读归根到底建立于解说的可能性空间。法国批评家圣伯夫认为，要发现这种空间需要创造性。解说依赖于知识，而解读取决于智慧。（徐岱，2003）

10.3　基本概念界定与重释

10.3.1　何谓"话题"

话题是语篇或文本相对完整的一段话语所关涉的对象，具有明确的范围限定性。话题范围可大可小，如贸易这个话题范围可大到"国际贸易"或"全球贸易"和"多边贸易"，可小到"双边贸易"或"中美贸易"等。若无特定的谈论或说明对象，语篇或话语只能说是"漫谈"，漫谈式语篇具有随意性、跳跃性、不定性、不连贯性。在语篇/段翻译实践与教学中，确定话题对微观层次词句的"义-意"识解具有重要作用。对于语段而言，有些话题是隐性的，需要译者概括出确定的话题，并将其概念化，作为宏观结构要素之一。话题概念会将自身的范畴语义映射给微观层次的词句，使其获得话题的语义范畴，从而对那些使话题进一步明晰的词句"义-意"的识解和表达具有制约性。话题从内容范围上限制语篇/段微观层次词句的选词择义，这对翻译理解和表达具有认知逻辑的制约性。

10.3.2　何谓语篇"主题"

主题是语篇作者旨在表达自己明确的思想观点、情感态度的宏观结构。在构思一个语篇时，作者总是先确定一个主题，以此为中心来统摄构思全文，再运用各种语言手段，力求语篇的主题或中心思想被读者或听者所理解。正如刘勰在《文心雕龙》"情采"篇中所论的立文之道：情之经和理之纬，即作者的情态（也包括思想观点）像织布机的经线一样贯通全文，而各种概念、意象、命题，或各种美学修辞手段等都像纬线一样围绕经线有序地展开，构成一个具有特定思想内涵或情态特质的完整作品（陆侃如和牟世金，1981：142）。通俗地说，理解语篇的主题实质上是以高度概括的语言形式把握作者或说话者的交际意图或思想观点。

本书所论的语篇主题与一些语言学家讨论的主题不同。彭宣维（1999）将语篇主题分为六类：中心主题与非中心主题、背景主题与非背景主题、语篇中心主题与局部中心主题，并认为"中心主题就是相关语段或语篇的谈论对象"。显然，这种认识混淆了"语篇的基本思想"和"语篇的谈论对象"。从概念界定的严谨性看，在语篇翻译研究或教学研究中，我们有必要对语篇"话题"与"主题"概念重新进行界定和解释。

话题是指语篇/段谈论或论述或描写的特定内容（对象），可以是特定事物、事件、事态、事情、人物、人际关系、人情等任何反映社会文化生活及其发展和自然界万事万物的现象与变化等的语言表述之"内容范围"，一般以名词或名词短语的形式呈现。但语篇/段话题并非都是显性或明确的，特别是文学作品题目，作者有时为了追求某种修辞与审美张力的效果，并未给予明确的概括性呈现，需要读者或译者自己通过分析做出概括提炼。

主题是话题的结构扩展，是指作者就某个话题表达自己明确的思想观点、态度或情态的倾向性评论（argument）或论述（remarks），其语言结构特征是：话题（NP，名词短语）+观点倾向（VP，动词短语）。从逻辑形式看，在深层语义中是一个命题语义结构：$f(a)$或$f(a,b)$。如："老来乐""白杨礼赞""**企业是干出来的不是喊出来的**"（格力创始人朱江洪）。在语篇翻译实践中，话题和主题的确定非常重要。译者在动笔翻译之前，应首先明确地概括出其话题和主题，再考察话题和主题对微观层次词句意义的统摄性，才能动笔翻译。

10.3.3　何谓"主题中心"论与解构"意义中心"论

在翻译界，有许多翻译研究者运用德里达的解构主义思想来解构语篇或文本的中心意义，以此解构文本翻译的"忠实"原则，认为不同译者翻译同一语篇或文本，可以产生不同的可接受的译文，故不存在一个原初的、确定了的意义，那么为何还要坚守一个事实上不可能的"忠实"原则？这种貌似有理的质疑实质上是在挑战语篇翻译或文本的主题中心论，主张语篇或文本意义理解与翻译表达的相对主义。那么，被解构意义中心的语篇或文本翻译是否还应坚持"忠实"或"求信"原则，问题显然不会这么简单。

值得指出的是，德里达所谓的解构文本中心论实质上并非说文本没有中心思想。若此，他必须首先解构自己著作文字的意义中心，即他自己的著作或文章是没有中心意义的，其意义的理解也是不定的，读者难以领会他究竟想表达什么。这样，德里达的著作同样成了被解构的对象，读者可以根据自己的经验去理解而不用考虑作者本人选词择义的主题、主题倾向及意向。实质上，德里达从文本书写的历时性阅读过程角度出发，认为读者不必一开始就急于直达文本意义的中心这种结构主义的阅读方式,这种文本解读方式从逻辑上看是不可能的。一个众所周知的事实就是:在一种语言文字体系中,一个字或词是经过漫长的发展历程被固化下来的,其语义指向或含义曾被无数人使用过,并且赋予了它不同的语义内涵特征,形成了多义性或相互交织的特点,而且还在继续被人使用并赋予其新的含义。就好像一个硬币从铸造厂出来进入流通领域,经过无数人的手,这枚硬币虽然面值不变,但其使用价值已经不等同于原来那枚新的硬币了,被无数人的手摸过的硬币上面留下许许多多模糊不清的"指痕"。同理,一个被无数人使用过的字或词,我们怎能知道它的意义就是其原初的、可以被确定的语义特征或语义值呢?读者需不断搜寻那些历时性使用者赋予它的依稀可见或似是而非的、依赖语境的"意义"(词典给出的只是若干固化的义项),需要做出分析、判断、联想、甄别等努力,这样就造成了意义的"延宕"。从这种现象看,德里达的这种认识是符合事实的,不仅揭示了语词概念的发展本质特点,也揭示了文本阅读过程的一种重要特征,在阅读过程中读者进入一个许多意义碰撞的空间(巴尔特,1988)。

不过,德里达的论证方式有点极端,他力图从逻辑上解构结构主义的逻各斯中心论。他辩称理解一个词的意义必须要先理解它的语义特征,由于语词的语义特征是由外延与内涵(概念的定义)构成的两部分语义结构,而外延与内涵义素结构又分别包含多个不同的语词(义素以词的形式被识解),故若要理解该词的概念语义,读者则首先要理解组成这个结构的各个语词的义素词,从而产生永远循环下去的义素词之"义–意"的理解过程。这样一来,文本阅读理解的过程就成了不断延伸和拓展的识解过程,那么,什么时候能达到文本的中心意义呢?德里达试图通过逻辑演绎的方式解构文本的意义中心论。然而,人们在使用语言的过程中,并非完全是靠词典给出的词义来习得和理解使用语言的语词的。如德里达小时候习得或理解"厕所"这个语词是和他家里的那个叫作"厕所"的小房间及其设施使用的功能特征直接联系的——只要一听到或提到"厕所"这个词,他就会联想到大小便的地方及其功能设施的形象(如抽水马桶或蹲厕、盥洗池等)。他上学识字之前习得的数以百计的有关日常生活的语词,都是通过各种感官去体认这些语词所指称之物的形状、属性、特征、形象、功能、关系等而被掌握和使用的,不必同时习得它们的抽象概念语义(外延与内涵语义的统一),这种情况典型地见于那些终生不识字的人的日常交流。人们习得和理解一个字或词句,在很多情况下可以通过感知实物或图片所呈现的特征来掌握,或是通过日常生活的语言交际获得。如英语民族的小孩在餐桌上习得的有关食物的概念如beef(牛肉)、mutton(羊肉)、pork(猪肉)、drumstick(鸡腿)等,不必首先知道具象动物的范畴概念，也不必辨析其概念语义结构，只要将其声音特质或书写符号与食物形象联系起来就知道它们的指称之物及其味道等特征。也就是说，一般情况下，一种语言的使用者在听到或读到一些词句时，对其意义的理解不必经历一个定义结构辨析及定义之义素的反复辨析的过程，而是借助特定的生活语境或经验图式知识来确定语言的意义。

这对翻译认知过程研究的启示是：人们在日常生活中的相互交往中，其所用的语词概念往往是被预设了的（前知识），或者是通过日常生活体验、感知、经验等而掌握和运用，并在各种语境中被固化。人们对语言文字或话语意义的理解，有时并非必须通过对语词概念的定义进行无限循环辨析识解。对于语篇翻译理解和表达而言，译者是可以通过确定话题的范围和主题的统摄，在语境参数的互参、制约、映射等认知机制的运作下获得其当下的语境适切性意义。

10.3.4　何谓"主题倾向"

主题倾向是指主题制约下的认知逻辑导向。语篇/段内容一般具有较大的篇幅，内容比较丰富，故在语篇/段的线性发展中，作者要充分表达自己的思想认识、观点态度、情感抒发等，必然要从不同侧面、不同维度、不同视角等围绕主题进行阐发或评述或说明，其主题必然得到关联性扩展（否则导致离题），从而形成主题倾向，以此引导读者或受众按其设定的思路或结构关系展开解读过程，最终达到作者所预期的效果。

在认识思维中，主题倾向以次级主题（secondary themes）结构链的形态在文本语段层级结构中得到体现，是作者表现意图结构链上各节点的逐步展开，各次级主题之间具有内在的认知关联性（曾利沙，2010，2012）。据统计，英语说明文一半以上的语段都有话题句，这种话题句就是"显性次级主题"的语言形态。在描写文或叙述文或诗词中，次级主题大都是隐性的，需要经过认知加工和抽象概括才能得到明晰的次级主题语言形态。同样，在语篇/段翻译理解过程中，译者应重视次级主题对句段中的词句意义的具体化阐释受制于主题统摄的现象，译者的主观能动性及其主体性发挥的主客观理据，在很大程度上应以突出特定次级主题的情态或观点性内容，这样才能使译文（作）达到"忠实"于整个语篇思想内容的上下贯通和结构层次化展开的清晰脉络。

10.3.5 何谓"主题关联性"

主题关联性是指语篇词句语义的识解与主题之间具有某种内在关联性。任何语篇都受其主题控制和支配，对词义语境化内涵的理解与解释都必须以反映主题的宏观命题结构为依据，即文本主题必须得到微观命题的说明，二者之间具有认知关联性，可称其为主题关联性融合（theme-relevant fusion）。"关联"属于认知思维科学的概念，认知一般是指人脑以信息处理方式进行的认识过程，而语言使用的认知过程体现为使用者如何感知、知觉、记（回）忆、解释、理解、分析、判断、甄别、析取、概括、抽象、具象、话语呈现等思维活动。在语篇/段翻译理解过程中，语言使用不仅因其社会属性受到社会文化规约的影响和支配，还受到主题关联性的影响与支配。主题关联性类似于传统的写作修辞学中"中心突出"的规约性，即语/段在线性发展过程中，其行文应始终照应或支持中心思想的展开，不应偏离中心主题（曾利沙，1994）。这些常规性规约对翻译理解过程具有积极的指导意义，能够在解决模糊性、歧义性和多义性等语言现象方面具有思维理据导向性（曾利沙，2006a，2010）。

"关联"也是语用学的一个重要概念。斯铂伯和威尔逊（Sperber & Wilson，1986/1995）提出与交际和认知有关的关联理论，其核心问题是交际与认知。主要观点有：话语的内容、语境和各种暗含因素使听话人对话语产生不同的理解，但听者不一定在任何场合下对话语潜在的全部意义都得到理解，他只用一个单一的、普通的标准去理解话语，这个标准就是关联性。关联性与语境效果（contextual effect）成正比，与处理努力（processing effort）成反比。因此，每一种明示的交际行为都应被设想为本身具备最佳的关联性。要找到对方话语同语境假设的最佳关联，通过推理推断出语境暗含，最终取得语境效果，才能达到交际成功的目的。格特（Gutt，1991）将关联论用于解释传统翻译研究中未能给予很好说明的现象。其主要观点有三：①人脑在话语交际中具有信息处理机制的能力，通过语码产生的语义表征（semantic representation）是抽象的大脑结构，必须通过推理使之充实才能用来代表任何有意义的东西，译者在意义的认知理解过程中起着重要的作用；②语境作用：语境是个心理结构，是听者关于世界假设的一个子集。语境并非确切地指话语双方的外部环境中的某个部分，如话语前后的话语片段、环境情况和文化因素等，而是指交际双方关于世界假设的一部分，即"认知环境"；③明示化：由于认知环境不同，读者或听众缺乏原文某个概念所承载的信息，因此需要使隐含意义明晰化。但这并非要把话语中所有隐含意义都解释出来，这样会使读者付出更大努力来进行信息处理，尤其是这些信息在语境中并非都能产生出语境效果来。这样，译者应在翻译过程中追求最佳关联性，努力使原文作者的意图与译文读者的预期相吻合。

从翻译认知过程研究看，主题关联性也是一种重要的主客观互证的思维理据，其理论职能是用以解释并认识宏观结构中的主题对微观层次词句"义–意"识解的影响和支配，是通过各种不同的语境参数关系来判断的，判断相互之间是否具有"关联"或"最佳关联"性，是否能从目的语读者或受众的接受角度理解原作者通过隐性或显性主题所反映的创作意图，以及判断在微观层次词句的基本含义与主题意向含意之间产生何种适切语境的（最佳）关联性。例10.1这首泰戈尔哲理诗中的"Stray Birds"中，歧义概念"miss"有"错过"和"怀念"这两个截然不同的义项，分别表示"事件"和"情感"两个范畴语义特征。在"义–意"识解过程中，不同译者可能选择不同的词典释义（结合图10.2看例10.1）。

[例 10.1]　　　　　　　**Stray** Birds

If you shed tears when you **miss** the sun, you also **miss** the stars.

译文 1：如果你**怀念**太阳时便流泪，你也就**怀念**星星。（周策纵 译）

译文 2：如果**错过**了太阳时你流了泪，那么你也要**错过**群星了。（郑振铎 译）

（引自杨晓荣，2001）

图 10.2　迷途之鸟

两种译文对miss的语义选择截然不同，产生的语境效果也截然不同，所触发的语境关联性也会不同。那么二者是否都可以接受，都适切地表达出了泰戈尔的创作意向？有何认知逻辑作为其自证的主客观理据？杨晓荣（2001）认为，"这是个没有语篇内上下文或语言语境的句子，本身就具有文学阐释的开放性，就符合逻辑和体现文学价值而言，上述两种译文都讲得通。不确定性来自miss的多义性而决定因素则是译者的心境。周氏当时是去国离乡之人怀念故土怀念亲人，郑译更多的从一个哲人的角度说出了生活中的道理。总之，奎因的翻译不确定性概念给我们留下的也不应是无标准的梦魇而应是条件，对确定性的催生意义"。

这类翻译现象是认知翻译学研究的重要内容之一，也是认知翻译过程研究的重要任务。翻译实践中概念的多义、歧义或模糊等现象比较常见。但如何从多义、歧义或模糊概念的不同义项中选择合适的具体义项，应以什么作为主客观依据，这是一个理论认识问题，也是一个重要的实践问题，需要从认知逻辑进行相互印证的推论。相关观点"不确定性来自miss的多义性而决定因素则是译者的心境""两种译文都讲得通"是否有点过于主观，二者之间没有必然的认知逻辑联系，因为"译者的心境影响译文的选择"不能合理地说明译文的可接受性或语境适切性。此例反映的现象问题值得从理论认识上进行探讨。

显然，"怀念"和"错过"是属于两个不同范畴的概念，激活的语境关联性也截然不同。对汉语受众而言，推导二者触发的最佳关联性语境所付出的努力也不同。解析如下。

译文1激活的最佳关联性语境推导的思维理据是："怀念"预设太阳和星星的消失（如连续多雨多云天气、不同地域季节多变气候等）→太阳能带给人和动物温暖和光明→日出日落的规律能为其指明方向→星星能在黑暗中带给人和动物光亮→为其在黑暗中指明方向→"怀念"此刻表达了"迷途之鸟"（图10.2）对太阳的怀念→怀念太阳也就是怀念温暖和光明（图10.3）→渴望满天繁星（图10.4）帮助指明方向→在没有太阳和星星的昼夜里，迷途之鸟因怀念之情而潸然泪下（shed tears）。可见，这种语境认知最佳关联性是建立在日常经验和鸟儿与人具有共同情感体验的判断基础之上的，是主客观理据的统一。

图 10.3　太阳普照

图 10.4　夜晚繁星

　　译文2的"错过"激活的最佳关联性推导难以得到日常经验和体认性印证："错过"是指一种事件（态），其现象的发生是某人因某种主客观原因"没赶上或失去"某件"正点安排或设定之事"或某种"转瞬即逝"之机（如汉语民族读者熟悉的经验性事件/事态有"错过班机/班车/讲座"和"错过机会"等）→"错过太阳"说明太阳在一定时段内是存在的→若为阴雨天太阳没有出现过就无所谓错过之说，这是经验逻辑前提或语言使用的条件预设性规约→若天晴太阳升起，其消失发生在日落之际，迷途之鸟在日落之前没赶上太阳，这种"错过"的事件性难以在汉语民族读者的认知语境努力中建立起关联性→太阳从日出到日落有10多个小时，阳光普照大地，迷途之鸟儿躲哪儿啦，在这么长的时间内为何错过太阳？→太阳下山后迎来夜晚，星星闪烁的夜空并非短暂的、转瞬即逝的自然现象，迷途之鸟为何错过星星，躲哪儿去啦？→显然，这种令人困惑的推导努力难以建立起最佳关联性语境，很难让读者从译文2激活的语境中根据主题触发语stray、miss、tears努力推导出泰戈尔的哲理性意向意义。若认为译文2"错过"是"从一个哲人的角度说出了生活中的道理"，这让读者难以找到符合生活经验的逻辑依据：日常生活中的"错过"事件（态）蕴含着何种哲理？实际上，"这是个没有语篇内上下文或语言语境的句子"的认识是不准确的，泰戈尔的"迷途之鸟"虽然是一句哲理诗，从形式上看似乎没有上下文语境（有限语境），但我们却可以建构一个相对自足的认知语境，即通过诗题概念内涵语义特征建立起一个主题关联性认知语境，stray可称为该诗的"诗眼"（曾利沙，2014a：145-160）。首先辨析词典给出的内涵语义特征（见加粗部分文字）：

　　stray（adj.）：Things have moved apart from similar things and are not **in their expected or intended place; having strayed; lost; occurring here and there, not as one of a group; isolated.**

　　从加粗部分语义特征可以通过认知推导析出其语境关联性义素——思念，作为该诗的隐性主题：迷途之鸟思群。泰戈尔的诗"Stray Birds"突出的应是"离群的迷途之鸟",其触发的认知语境最佳关联性推导效果是"The birds who lost their companionship and familiar environment miss their companions or spouses."。鸟类有群聚习性,也有和自己的伴侣共筑爱巢养育后代的繁衍习性,鸟类与人类一样是具有恋群恋家情感的生物。这就不难理解鸟类怀念太阳和星星时潜然泪下的情感特质,其泪下是在怀念自己的同伴或家人的情感外化。这种解读是忠实于原诗的创作意向的,也符合刘勰所论的立文之本:情之经、理之纬。文学作品若脱离了情态主题,无疑有违立文之本。而"错过"陈述的是事件而非情态,纯粹是一种时间之因的表述,缺乏可体验的经验逻辑支持,故不是语境适切性译文。

此例说明,独句诗虽然不是典型语篇,但却可以通过"诗眼"和有限的言内语境,凭借具有人类共性的日常生活体验依据或经验逻辑,借助认知语境推导努力,构建一个具有主题关联性统摄的、认知语境相对自足的mini-text(小文本)。在此基础上,译者通过建立符合日常经验逻辑和情感体验的阐释机制,在译文选词择义过程中以力求实现最佳关联性效果。主题关联性推导的思维理据能激发翻译学习者的主观能动性,学会如何根据经验和体认机制去判断、甄别、析取多义或歧义概念在语境中的适切性,而不是在缺乏客观理据的前提下根据自己的知觉决定选词择义。

10.3.6　何谓"主题统摄性"

主题统摄性是指陈述主题的命题句中关键概念的内涵语义特征对语篇或文本发展的语义结构层次的连贯具有认知逻辑规约性。换言之,语篇或文本是由多个语句按照一定的结构层次或序列组成的一个完整的交际单位,若将整个语篇或文本序列视为所有命题的集合,那么主题与主题倾向对文本所有命题集合的整体连贯具有制约性,或者说对语篇/文本所反映的对象世界事物的状态或人物行动或事件等方面的信息具有统摄作用(governing force)。译者正确把握主题与主题倾向,进而在此认知框架内考察各层次词句和主题与主题倾向的关联性及其语境性内涵变化,是对语篇或文本意义理解和解读的重要理据。在语篇或文本的翻译理解层次,译者若不能形成以主题为中心的认知整合性(cognitive integration),文中概念和命题就不足以构成一个目的认知框架,故脱离主题与主题倾向关联性语境去讨论文本词句语义的理解与翻译表达,往往缺乏充分理据而导致主观随意性。

主题对语篇具有统摄作用,传统语篇修辞理论也很重视主题的分析。西方古典修辞学在分析语篇素材和主题的五个阶段中，第一个阶段就是确立主题并辨析主题关联性内容，包括何人、何物、何时、何处、何因、何方式等（钱敏汝，2001：6）。19世纪后的文体学继承了古典修辞学有关主题统摄性认识的传统，在语篇构思和意义理解中也注重主题适切性表现方式，并从最终交际效果考虑以何种最佳方式体现说话人的意图和符合交际场景的条件。20世纪的语言学家也非常重视语篇主题的统摄作用，阿格里科拉（Agricola，1972：18-45）认为，在语篇主题和局部之间明确地存在有规律可循的种种关系，这些关系首先应能充分说明把篇章主题扩展至整个语篇，或反之从读者接受方面把整个局部语篇凝聚为语篇主题的过程。布林克尔（Brinker，1973：9-11）将语篇定义为由命题组成的集合，这个命题集在由主题构成的篇章基础之上通过各种逻辑语义关系建构而成。在他们看来，篇章主题结构是有层次的，篇章主题构成了篇章的核心部分，其余结构成分都围绕着这个核心进行编排组织。卡尔梅耶和迈耶-赫尔曼（Kallmeyer & Meyer-Hermann，1980：242-258）也指出，篇章主题的概念首先被理解为篇章的重要思想，含有决定篇章内容和结构的基本信息，并以集合和抽象的形式表示出来。这种理论是基于对语篇生产和篇章接受过程中主题所起的重要作用的观察，即生成一个语篇时，作者总是从语篇主题出发构思全文。在受众接受语篇的过程中，主题体现为理解的最终结果。因为只有在受众获取种种细节信息之后，归纳出主题和与此相关的说/写者的用意时，才达到了真正的理解。上述典型译例也说明了主题统摄机制的特点和原理。

10.3.7　何谓"最佳关联性语境融合阐释框架"

最佳关联性语境融合是指在语篇"义-意"识解与翻译表达的认知过程中，译者以主题与主题倾向为中心，通过辨析、析取与整合，建立起一个认知逻辑上具有最佳关联度的语境参数的阐释性框架，作为推导和论证语篇中那些不确定性、多义性、模糊性、歧义性、缺省性、不完整性或语境嬗变等的语词概念或命题语句的"义-意"识解机制的宏观-中观-微观相统一参照体系。该阐释框架要求译者能够将自己辨析理解的内容置于各语境参数之间进行考察，判断它们之间是否能具有最佳关联性，从而使所识解对象之间的最佳关联性在认知整合性框架内得到维系，若不能形成最佳关联性，即不能产生最佳语境化融合，也不能在主题与主题倾向为中心的认知框架内得到维系。最佳关联性融合具有"语境阈限"的特点，能排除或筛选那些不具关联性或非典型相关的语义特征。

10.3.8　何谓"语境阈限"

语境阈限是指关联性语境参数构成的对概念"义-意"识解与表达之选词择义的"阈限"（boundary）（曾利沙，2005a，2006a），即概念形式的变化具有范畴边界识解的规约性。在选词择义的认知过程中，通过关联性语境参数的设定，可以辨析和确定出适切语境的语词概念或命题语义，排除非关联性或非典型性的语言表达形式。例如，在例10.2语句的英译中，语境参数对范畴概念"狗"的认知推导起到阈限和确定性作用。

[例10.2] a. 猎人[主体参数]拿起枪[工具参数]，走出窝棚[处所参数]，吆喝起他的**狗**，向山里走去[目的趋向参数或意向参数]。

译文：Picking up his scattergun / shotgun and calling out his **courser / hound**, the hunter went out his shack towards the deep mountain.（笔者译）

b. 缉毒人员[主体参数]带着他们的**狗**去执行任务[目的参数或意向参数]。

译文：The anti-drug staff went to execute a task with a **sniffer dog**.（笔者译）

各语句中加粗部分词句是关联性语境参数。在例10.2a中，主体参数"猎人"起决定性推导作用，将其自身的关联性语义特征"a person who hunts wild animals for food or as a sport"映射给"狗"，后者获得courser的下义范畴概念，其他三个参数"枪、窝棚、向山里走去"则起到辅助性论证作用；在例10.2b中，主体参数"缉毒人员"起到决定性作用，将自身的关联性语义特征"a person whose task is to carry out drug-suppressing task"映射给"狗"，后者获得sniffer dog（dog used by the police or army to find explosives or drugs by their smell）的下义范畴概念，以此确定下义范畴概念的辅助性推论参数。此例说明，关联性语境参数具有使基本概念范畴发生语境化迁移路径的阈限性理论职能，使得属概念下降为种概念，语义内涵扩大，外延缩小。

10.3.9　何谓"历时性社会文化语境参数"

语篇翻译从形式上看是一种将原文语篇的内容用另一种语言表达出来的认知加工过程，译者遇到不懂或难以定夺的语词概念或语句含义，可以借助词典、字典或其他工具书来解决，实质上却远非如此简单。由于翻译题材极为广泛，涉及古今中外各种不同类型的文本，内容浩如烟海，所反映的社会生活非常复杂，给翻译理解与表达造成令人困惑的难题。严复在《天演论》译例言中所说的"一名之立，踟蹰旬月"就形象地反映了翻译的艰辛和对译者认真态度的要求。翻译活动是一种具有交际或传播目的的社会行为，译出的"作品"或"译作"应是内容和形式的完美统一，无论是严肃的理论著作，还是娱乐的新闻报道，都应该能够为受众所理解、所接受、所欣赏，尤其是能引起共鸣和广泛传播。对于不同题材内容的语篇翻译认知过程研究，研究者应重视以下几个方面的要素。

首先，任何语篇都是特定社会文化语境下的产物，是烙有作者个性特征的思想物化形式，反映着作者对社会生活、人际关系或客观世界等的主观认识方式。因而，翻译过程就不仅是语言层面的语际转换，也并非简单地将内容移译到目的语中，还涉及对大量文本外部的社会文化生活等具有人文价值内容的理解与表达。其次，从原文到译文的物质书写过程看，翻译是一词一句的概念和命题线性展开的过程，原文词句固有的概念或命题语义是译文静态意义生成的基础。但文本的静态意义转换十分有限，往往充满着动态的"创造性叛逆"，并有其特定的动因。故语篇翻译中，译者应发挥有理据的主体性，在语境适切原则下动态地选词择义。从这种意义看，"忠实"和"求信"不是静态的，而是动态的原则，因为原作文本的"义-意"有时是有空白的、缺省的、关联语境的，需要读（或）译者根据语境关联性参与意义的补充和建构。再次，这种动因并不完全体现于主体的内在审美要求，审美要求有时还在更大层面上受制于外在的历时社会文化语境下的事件或事态等的表现需要。对于译者而言，必须把握共时性社会文化语境和历时性社会文化语境对翻译活动影响或制约的差别，后者在译者和语篇意义之间产生的隔阂远远大于前者。如何消除这种（些）隔阂，译者应以翻译目的-需求论为理论导向，寻求相应的解决问题的翻译对策、准则和规则。最后，翻译历时性语篇必须根据相关话题和主题性内容，建构出"历时性社会文化认知语境结构链"，形成一种历时社会文化语境关联性"召唤结构+呈现结构"。也就是说，有关历时事件性的内容在共时性社会文化语境下的产物"文本"中既会出现许多呈现结构（Presented Structure，PS）也会留下若干空白点，或称作"缺省结构"（Defaulted Structure，DS）（文学作品中称为"召唤结构"），读者或译者对缺省结构或召唤结构进行含义充实。

10.4 历时文化语境下的主题统摄认知机制作用

从翻译实践的范围看，其题材和内容一般都是跨地域、跨文化、跨时代、跨社会性的，故一位合格的或优秀的译者若要出色地完成一个较长篇幅的文本或一部译著，必须深入全面了解原作品的作者所处时代的特征、所经历的社会生活、其作品的语言风格、其系列作品中的互文性、作品的思想意蕴、主题倾向、创作意图等。西方有些文学批论家认为作者一旦完成作品，进入读者的阅读活动中，就宣告作者已死，这显然是极端的观点。这种观点追求一种享乐主义的、自由灵活的阅读观，或者说是去意识形态化，在某种程度或某些作品的阅读理解中有一定的积极意义。但对于一般经典作品的阅读理解，尤其是对于文本翻译来说，此论过于绝对，即使是读（译）者参与意义的建构，也应以历时性社会文化语境为客观依据，不能随心所欲地对作品语言文字的意义进行解读，除非是自娱自乐的阅读。对于具有悠久文化历史意义的经典作品，其翻译理解和表达就必须了解作者所处的社会时代和地域文化对作者思想和语言风格的影响。词汇问题是学习和研读历代文献资料的最大障碍，因为词语意义随着时代发展而变化，历时性的百姓通晓的词语到了后世，却连"老师宿儒"也难以搞懂（郭芹纳，2005：119）。共时性读者易因"以今律古"而误解历时性原意，故我们在翻译典籍或古汉诗词时，或对语篇/文本词句进行解读时应从历时社会文化语境下的主题及主题倾向关联性融合出发。

经典文学作品都是特定历史社会文化地域语境下的产物，人物的形象、情感、社会关系、矛盾冲突、社会事件等无不打下了历史的烙印，对于语篇/文本翻译过程中的体验与建构最好能与作者的语境参数结合起来，这样才能使译者的主观能动性发挥既有客观依据又有主观阐释的理据。在语篇翻译教学过程中，教师可通过典型案例解析，突出理解的体验性与意义的建构性，针对具体案例给予可分析、可阐释、可描写、可推论、可论证、可操作性的解读，再上升到经验规则或规律性认识层面，这样让学生知其然，还知其所以然，即不仅知道"是什么"（what），还应知道"为什么"（why）和"如何是"（how）的关系问题。

10.5 小 结

本章建构了一个语篇翻译认知过程研究的宏观-中观-微观互通的理论阐释框架，提出了一系列理论概念作为描述语篇翻译过程认知机制的分析工具，论述了语篇翻译过程中难点重点词句的特点及其"义-意"识解的认知机制及其表达的主客观理据，以典型实例解析了"大处着眼"和"小处着手"对翻译理解与表达的原则指导意义。我国传统文本"义-意"理解理论大多都是文论形式，其表述基本上都是经验性感性认识，缺乏一系列揭示客体本质属性的理论概念，以及未能结合现代交叉学科或相邻相关学科理论资源，未能形成一种可分析、可描述、可阐释、可推论、可印证、可操作的理论体系。例如，钱钟书（2001a：328）指出正确解读语篇意义须遵循"阐释之循环"之道，即积小以明大、举大以贯小、推末以至本、探本以穷末、交互往复。我国历史悠久的训诂之道也是从解读词义出发，进而确定句、段乃至篇意。这种原理性的经验感性认识蕴含着语篇整体与局部相互制约、相互联系的认知过程的理论观，但难以用来指导语篇翻译认识过程的研究。本章阐发的主题与主题关联性语境融合理论正是"举大以贯小"和"探本以穷末"的现代诠释，在以主题为中心的认知关联性框架内考察微观词句的语境内涵的生成机制；将"探本以求末"之"本"和"得其志则可通乎其辞"之"志"明晰化为主题、次级主题、主题倾向、作者意向等宏观结构要素，对语篇的统摄与语境关联性融合起到了理论整合作用，对探讨翻译认知过程的认知机制研究具有可操作性的方法论指导意义。

第十一章

宏观−中观−微观视域下小说翻译艺术表现的认知机制

11.1 概　说

小说翻译认知过程研究除了充分深掘认知−语篇语言学的理论资源外，还需融通相邻相关理论，尤其是文学理论和翻译学理论等。小说作品的显著特征在于其语言的文学性，作家以艺术的手法，通过对现实生活直接或间接的经验体验和审美感悟，用写实或虚构方式反映社会历史文化、人与自然的关系、自然景象等，表达自身的情感倾向。从叙述或描述方式看，小说作品描写性语言更为丰富；从句法特征看，小说长短句兼有，人物对话话语一般多为短句，描写评价性语言以长句为主，尤其是有作者将复杂信息整合于复合型长句中；从语言特点看，小说语言简洁凝练、形象生动、描写细腻、情感丰富、情景交融，文字描述能激活画面和场景，读者进而能对生活或自然场景产生间接体验；从内容看，小说以刻画形形色色的人物形象为中心，通过完整的故事情节和环境描写来反映社会生活中的各种矛盾冲突；从结构要素看，小说由人物、情节（包括开端、发展、高潮、结局四要素）、环境（包括自然环境和社会历史环境）构成。小说作品丰富而又繁杂的语言表现形式，以及不同作者独特的表现手法和风格，为小说翻译带来很大的挑战，形形色色、颇有争议的翻译批评问题一直是翻译理论与实践研究的重要内容。

由于文学语言比一般语言在形象生动性、音乐性、流畅性、整体性等方面更具有典型性，还具有一般语言所不具有的召唤结构、陌生化、新奇性和个性等特征，文学翻译具有了艺术创造的本质特征，这已在我国译界达成共识。茅盾（1954）指出，文学翻译是用另一种语言传达原作的艺术意境，译本读者与原作读者一样能从中得到启发、感动和美的感受；罗新璋（1995）认为文学翻译是一种特殊的艺术创造或二度创作；刘宓庆（1999）认为翻译是一门艺术，也是一门科学。其艺术性体现在选词择义、调整句式、修饰行文等艺术加工方面。翻译理论家加切奇拉泽（1987：18）突出了文学翻译再创作的译者地位，他认为文艺翻译属于艺术创作范畴，需要服从艺术创作的规律。曾利沙（2004）从译者主体的思维形态、思维形式、思维特征入手，结合对艺术与科学的概念内涵分析，讨论了文学翻译艺术再现与艺术表现的典型性及其内在规律形式。翻译的艺术再现和艺术表现都是可以给予主客观理据认识的，完全可以从中揭示出不同译者艺术再创的各种认知思维形式、形态和特点，形成普遍原理性认识。翻译的规律性并非简单的可重复性、沿袭性，而是一个区间性规律，是有科学的路径可循的。例如，小说语篇翻译语义连贯的规律性表征之一就是主客观理据所示的科学路径——主题及主题倾向统摄下的宏观结构要素链：话题→宏观主题→中观主题→微观主题→主题倾向→宏观语境→微观语境→作者意向→主客观理据→"义−意"识解→语境参数→选词择义→义素辨析→语境适切→艺术再现（表现）。小说翻译脱离了这种宏观结构要素结构链，仅从文学性、接受美学、修辞、文体风格等角度说明，无疑是不完整的，容易导致片面性。故小说翻译认知过程研究需要从宏观−中观−微观视域对"义−意"识解的选词择义的主客观理据做出系统性的阐释与程序性描述，多维度地深入揭示小说翻译的多重本质特征，以期更好地指导小说翻译实践。

11.2　艺术意境再现与文学翻译准则

　　文学翻译最基本的要求是力求再现作品的艺术性，艺术性的本质特征就是形象与情感的统一。由于小说内容必然涉及人物形象、人物性格、人物关系、情节发展（包括人与人之间的矛盾冲突、人物内心的矛盾冲突、人与社会的矛盾冲突、人与自然之间的矛盾冲突）、人物情感特质、景物烘托等语言描写，翻译就不仅是语言的翻译，而且是着力于表现特定社会文化历史语境下人物的生活百态、生老病死、酸甜苦辣、爱恨情仇、坚韧不拔、奋斗向上等丰富多彩的主题，是一种二度创作。小说翻译的二度创作旨在艺术再现和艺术表现原作的艺术意境，并符合目的语民族读者审美倾向，这就为译者在主客观上提供了一种艺术再创的空间。小说翻译实践需要系统的、普遍原理性的理论指导，一些零散实例的讲解或分析只见树木不见森林，不具有整体感知性、统摄性与可操作性的理据。

将小说翻译准则陈述如下。

1. 话题阈限（topic limits）

小说作品有宏观话题，由高度简洁的概念构成。根据情节发展，小说作品会不断衍生出许多新的次级话题，如社交场景和自然场景变换所涉话题、人物社会交往所涉话题以及小说人物对话所涉内容的变换等。宏观话题是反映作者创作意图的核心概念，具有概念范围阈限性机制。如有关"为人处世之道"的话题，其叙述内容必须围绕如何看待或实行处世之道展开，有关"绑架"的事件话题必须围绕绑架的情节展开。小说中的话题多数情况下是隐性的，需要译者自己针对有关章节语段进行认知加工和抽象概括，通过概念化方式使其显化。在翻译过程中，话题是微观层次选词择义的重要参数之一。

2. 主题及主题倾向统摄（governance of theme and thematic inclination）

任何作品都必须具有主题，主题反映作者自己对作品（话题阈限下）描写内容所持的观念（点）或思想认识或价值评判，或褒扬，或批判，或讽刺等。小说主题一般是隐性的，译者必须在认真通读整个作品后通过认知加工，将其抽象概括为一个命题语句，显化其统摄性的核心概念。一旦确定了主题，表达主题的核心概念会对作品微观词句意思的理解与表达起统摄作用，译者在翻译过程中有时会以不同的方式对主题核心概念进行语境适切性突显。主题以简洁的命题语句表达自身，但不足以说明整个小说复杂的情节脉络以及各种社会文化形态下典型人物之间的矛盾关系和情态特质，故小说作品必然会有围绕主题展开的主题倾向，是对特定主题的多个侧面或多个维度的具体描写或说明。主题倾向同样对微观层次语句理解与表达的选词择义具有统摄性，有时译文也需要突出主题倾向的内容，也是翻译活动的重要参数之一。

3. 语境适切性（contextual adequacy）

传统翻译有关原则或标准理论的表述是不完整和欠准确的。如我国早期翻译教程如张培基等编写的《英汉翻译教程》将翻译的原则概括为"准确""通顺"，这里提出如下几个问题：通顺凭语感，准确的判断依据是什么？如何认识和判断翻译所涉的意义是否"准确"？语词概念语义准确性是不是以词典给出的基本词义为依据？语句的意义准确是否以其字面意思为判断标准？从概念的科学性与逻辑性看，翻译的准确原则应修正为"语境适切性"原则，语境可作为判断的主客观依据。因为词句的意义是由语境决定的，语境有宏观、中观和微观语境之分，三者相辅相成，上下贯通，在不同层面制约或影响着词句"义-意"的识解与表达。且语境可系统性地明晰化为若干可定性的语境参数的集合，语境参数的性质与关系使翻译原则理论得以直观可感，不再是高度抽象的空泛概念。

从认知努力的程度看，语境还可分为"弱语境"和"强语境"（曾利沙，2014a：44-46），弱语境是指语境本身没有多大的审美张力，或没有多大的召唤结构和解释空间，对个别词句自身的常规语义或整体意义的影响不大；强语境是指具有高度审美张力，译者必须参与文本意义建构或重构的语言现象，或者是指高度依赖上下文语境或特定社会历史文化语境才能判断是否准确的理解与表达的语言现象。故"语境适切"可界定为"词句语义的理解与表达必须符合语篇整体视域（宏观-中观-微观参数统摄）下的语义连贯与行文通达"，其判断依据是语境参数导引和制约下的整体-部分逻辑、情景逻辑、经验逻辑、情感逻辑、形象逻辑、关系逻辑、预设逻辑、概念逻辑等认知思维。由此可见，翻译中的认知思维范畴研究既具有理论方法论意义，又具有可操作和可实证的翻译实践指导意义。

4. 内涵适切或准确（connotative closeness or accuracy）

翻译活动始于语词概念，概念一般都由外延与内涵语义特征两部分构成，外延是指概念所属的范畴（任何一个语词都具有范畴概念的特点），内涵是指语词区别于其他概念的区别性语义特征，如任何一个所谓的同义词或近义词都不是绝对相同的，都具有某种性质、方式、程度、关系等方面的差异。在特定语境中，对某个语词概念的理解与表达，译者必须在众多备选的同义词或近义词中，考察其细微的语义是否与语境形成最佳关联性匹配或与人物的性格、身份、社会关系等相吻合，进而做出最佳选择。如《红楼梦》中有数以百计的不同人物的"笑道"，出现于不同的场景。"笑道"的概念语义分别为"笑"（smile）与"道"（say），问题是英语中没有与汉语的"笑"相对应的词，属于概念空缺。译者不能千篇一律地译为"smiled（laughed）and said"。英译时只能根据不同情景语境中不同人物、不同身份、不同关系、不同事态等参数，选择区别性内涵语义特征适切特定语境的语词，如smile（微笑）、laugh（大笑）、chortle（欢笑）、beam（眉开眼笑）、grin（狞笑）、smirk（傻笑；假笑）、chuckle（轻笑；窃笑）、guffaw（狂笑）、giggle（咯咯笑）、sneer（嘲笑；冷笑；嗤笑；耻笑）、titter（偷笑）、simper（假笑）、sinister smile（阴笑）、snicker

（窃笑），等等。杨宪益夫妇在翻译不同语境中的"笑道"时，根据不同人物特点选择表现不同笑貌的概念，突出了概念内涵的语境适切性。可谓同样的"笑道"，不同的译道。"笑道"的"准确"性英译显然只能以特定语境中特定人物、身份、关系、话题等语境参数为依据进行选词择义。当然，译者在选词择义时能否准确把握概念内涵，除了认真查阅词典释义外，还得针对不同语境参数做出细致的辨析和判断，领会和把握宏观-中观-微观语境相互联系、相互制约的关系。

5. 形象鲜明（distinctive liveliness）

所谓鲜明是指选词择义不晦涩、不费解，描写性语言不呆滞、不生硬。小说家往往是语言运用的大师，具有个性化的语言形式往往受制于不同语言文化差异，若按照字面意思做出简单机械的移译，则造成译文的晦涩难懂，语句不通顺。为此，译者应兼顾受众审美倾向，对译文进行反复通读和润色，尤其是对人物或景物的描写，应力求栩栩如生地艺术再现或表现人物或景物的神貌特征。例如：

[例 11.1] On these lonely hills and dales her quiescent glide was of a piece with the element she moved in.（Thomas Hardy: *Tess of the d'Urbervilles*, Chapter 13, p.103；引自 Hardy，1996）

直译：在这些山林和山谷中，她那**安静的轻步**与她进入的元素形成一个**整体**。

译文 1：在这旷山之上和空谷之中，她那**悄悄冥冥的凌虚细步**和她所活动于其中的大气，**成为一体**。（转引自孙迎春，2004：130-131）

译文 2：在这些寂静的山林和空谷中，她**一路迈着轻盈的脚步**，每走到一处，就悄悄地**融入周围的一片静谧之中**。（笔者译）

人物形象与自然环境的融合之语境适切性准则解析如下。

这是托马斯·哈代的著名长篇小说《德伯家的苔丝》中的一个人物与环境和谐融合的描写性语句。原文句法结构与措辞显然体现出哈代鲜明的个性特点，对于汉语读者来说，这种表现句法形式并不具有美感。几个短语如quiescent glide//was of a piece with the element//she moved in的概念语义在汉语文化语境中，描写的人物形象并不鲜明生动，反而显得语意晦涩，行文生硬。

译文1在选词择义上力图表现鲜明形象，将quiescent glide译为"悄悄冥冥的凌虚细步"，但造成语境不适切。其理据是：①"凌虚细步"虽然形象鲜明，却让读者难以想象苔丝在山林空谷中走路姿态似乎和金庸小说中轻功卓绝的侠客一样——脚不沾地似地行走（凌虚）。②"悄悄冥冥"的搭配有点生僻，悄悄是形容脚步轻，冥冥是"为阴、为地、幽暗之处"（该词与昭昭相对，后者指为阳、为天、光明之处），此处用来和悄悄搭配，形容脚步，既不符合情景（如场所参数"空谷"就不是幽暗之处），也不符合语言习惯。③将element译为"大气"，词义过大过宽，概念内涵与语境不适切，是不考虑语境参数的结果。根据常识，大气是指包围地球的气体。译文的描写似乎是说苔丝轻轻地走路是一种活动，这种活动与包围地球的空气成为一体。这种形象描写超出了小说人物与环境的美感体验，孤立地看，好像是描写一个科幻超人的行走姿态，而非一个乡村姑娘。

译文2综合人物走路姿态神貌、心境与形体动作以及融入寂静环境等语境参数进行"义-意"识解与表达（选词择义），主客观理据是：①原文意在突显英国乡野一个姑娘与乡野环境融为一体的"静中有动"的画面，作者在描写姑娘在寂静的乡野环境中行走时，形象生动地突出了她脚步的"轻"（quiescent）与"悄"（glide），没有打扰或破坏这种寂静之态（element），并非表达大气或泛化的自然环境。②将quiescent glide译为"轻盈的脚步"，既含蓄表现了人物在山林空谷行走的愉悦心境，亦表现了人物外在神貌——姑娘心境愉悦，脚态自然也就轻盈起来。在汉语中，轻盈是形容女子动作、姿态轻柔优美或者泛指轻巧柔美等意思的一个常用修饰语，在读者阅读心理中激活了苔丝姑娘形象鲜明的行走画面。③译文"每走到一处"（moved in）和"悄悄地融入周围的一片静谧之中"（was of a piece with）描写她一路穿山林，过空谷，周围环境一片静谧，她的脚步也很轻盈，轻悄地融入一片静谧之中。根据小说语境，将element（英汉词典释义为：元素；自然环境）艺术再创为"一片静谧"，形象鲜明地、整体和谐地突出了原文的艺术创作手法。

6. 生动自然（vivid naturalness）

生动是指译文选词择义富有文采，必要时对某些场景或情节或人物的行为活动的语言描写能够绘声绘色，并且在可能范围内艺术再现原文的韵律性。小说翻译最大的特点就是译者具有较大的主体性发挥的空间，一是因为一种语言的词汇或表达方式烙上本民族的审美倾向或习惯，二是因为一种语言的词汇往往是多义性概念（词典义项的多样性，如引申、褒贬、修辞用法等），译者面临着多种可能的选择（当然有一种语境最佳适切性选择），其表达效果必然会不一样，三是即使原文的词句为一般日常词汇或用语，似乎没有特点，但在特定的语境中则给译者带来较大的艺术表现或再现的空间，其语言表达的生动性会超出原作的词句语义。自然是指符合译文的措辞与行文应符合受众的语言或审美习惯，正如钱钟书（2002：77）所言，译者不能因语习惯差异露出生硬牵强的痕迹。译文语言的自然准则还应包括此概念的搭配与结构是否符合受众的经验逻辑、认知逻辑、形象逻辑、情感逻辑、关系逻辑、事态逻辑、语法逻辑等。例如：

[例 11.2] She perceived in his words the realization of her own apprehensive foreboding in former times.... **Terror was upon her white face** as she saw it；her check was **flaccid**, and **her mouth had almost the aspect of round little hole**. （Thomas Hardy: *Tess of the d'Urbervilles*；引自 Hardy，1991：179）

译文 1：她听了这些话，就觉得她从前害怕的事，现在果然实现了[1]。……她见到这一点，灰白的脸上一片恐怖，两颊的肌肉都松松地下垂[2]，一张嘴差不多都看着好像只是一个小圆孔的样子[3]。（托马斯·哈代：《德伯家的苔丝：一个纯洁的女人》，张谷若译；引自托马斯·哈代，2003：291）

译文 2：听了他的话，她就意识到，以前唯恐发生的事此刻终于应验了[1]。……只见她惨白的面颊顿时布满惧怖，之前紧绷的脸霎时松垮下来[2]，那张小嘴徒然张着，像个小窟窿。[3]（笔者译）

生动自然准则的语境适切性解析如下。①译文1句[1]的概念搭配"从前害怕的事，现在果然实现了"在汉语文化语境中属于搭配不自然。"实现"是指所计划、希冀或期盼的结果终于出现了，内心应感到高兴。可是原文的apprehensive是指"令人忧虑不安的"或"让人担心/恐惧的"，这种令人担心发生的不好的事宜用"应验"。"应验"的概念语义特征为中性，指与预先所言、估计的事相符，但在实际使用中偏向于指不好或担心的事情出现（偏向于贬义）。试比较两者语感的自然度："他被人诅咒的事应验了""他被人诅咒的事实现了"。②译文1句[2]的"两颊的肌肉都松松地下垂"（静态描写）不如译文2的行文"紧绷的脸霎时松垮下来"（动态描写）生动自然。③译文1句[3]的"一张嘴差不多都看着好像只是一个小圆孔的样子"冗长累赘（原文10个词，译文达21个字，多出一半以上），而"嘴……好像只是一个小圆孔的样子"的描写不生动自然。译文2力求行文简洁，措辞生动："徒然张着"表达了因内心恐惧反映在脸上的那种木讷表情，"小窟窿"则是译者通过形象思维，身临其境地从对面直视她小圆嘴里面所获得的嘴部意象——像个小窟窿，就像电影的特写镜头，更贴近原文的round little hole。

11.3　主题及主题倾向统摄下的小说翻译艺术表现

小说作品具有独特的艺术性和思想内涵，体现在引人入胜的语言形式和丰富的人物形象、人物性格和各种矛盾冲突之中。无论是对可以直观的人或事物外部神貌生动细腻的描写，还是对难以捉摸或准确把握的人物复杂内心情感特质的刻画，都对小说翻译过程的认知研究提出了更高要求，需要一种科学可行的理论研究方法。研究者应同时兼具译者和读者双重身份才能深刻把握"义-意"的识解与表达的本质特征，并综合运用翻译学理论、文学理论、诗学理论、接受美学理论等资源，得出具有理论与实践相统一的认知理论方法论认识。

传统翻译理论方法中常见说法如"文学翻译再创造方法（reproduction）"，强调的是以原作艺术意境为出发点，译者应力求抓住这一艺术意境，将其视为文学译作的艺术内容，并在目的语中寻求能完美表现这一意境的语言形式，而不应受原作语言形式的束缚。这种方法是从内容走向形式的方法，称为再现意境的翻译方法，又叫再创造的方法（吕叔湘，1983）。严格地说，艺术再创并非一种方法，而是一种对翻译活动本质认识的理念，具有一般审美需求原则规约的特点，即为了迎合受众群体的审美需求而遵循的翻译理念，在此理念指导下，译者力求冲破原作语言形式的束缚，而力求以最佳译语语言形式去再创原文的艺术意境。当然，这种在译语中再创的意境一定不是孤立的词句本身所能体现的，而是在作品中提供的一个较大或更大的语境，或作品主题统摄下的社会文化语境中烘托或营造的意境，因而使得译者具有了艺术再创空间的客观基础或依据，而非纯粹主观臆断的任意发挥。

11.4　主题-意向统摄下的艺术再现认知机制

小说翻译的认知过程研究可从单句或超句体译例入手，针对某个（些）特定的研究对象，揭示其认知视域下"义-意"识解与表达的艺术规律。但更具理论与实践意义的则是从更大的语篇（段）篇幅入手，阐释小说作品翻译"义-意"识解与表达过程的认知机制，并建构出系统的理论阐释框架，作为主客观理论依据。本书提出的主题与主题倾向及作者意向等宏观结构要素的统摄机制，不仅适用于小说作品翻译的认知过程研究，也可作为多种译本批评的理论分析框架，只有将宏观（全书主题与主题倾向）、中观（各章节主旨）、微观（局部句段语境参数）视域有机统一起来，才能形成全面充分的、可证性的整体视域理论。首先考察美国作家菲茨杰拉德的小说*The Great Gatsby*（图11.1）开篇的一首小诗及其三种译文。

图 11.1　小说女主人公

[例 11.3] Then wear the **gold hat**, if that will **move her**;

If you can **bounce high**, **bounce** for her too.

Till she **cry**

"Lover, **gold-hatted, high-bouncing lover**, I **must have you**!"

—THOMAS PARKE D'INVILLIERS

（《了不起的盖茨比》，刘峰译；引自菲茨杰拉德，2009：148）

译文 1：那就戴上金帽吧，假如能够**感动她**，

假如你能**为她起舞**，那也为**她起舞**吧，

直到她**感动**地说："爱人，**戴金帽的、跳舞的爱人**，

我必须拥有你！"（李继宏译；引自菲兹杰拉德，2013）

译文 2：那就戴上金帽子，如果可以**打动她**；

倘若你能**跳得高**，也请为**她跳起来**；

直到她大声喊："亲爱的爱人，**戴着金帽子、跳得高高的爱人**，

我一定要拥有你！"（邓若虚译；引自菲茨杰拉德，2015）

译文 3：那就**戴顶金帽子**，如果能**打动她的心肠**；

如果你能**跳得高**，就为**她也跳一跳**，

跳到她高呼"情郎，戴金帽、跳得高的情郎，

我一定得把你要！"（巫宁坤等译；引自菲茨杰拉德，2002）

上述小诗引自20世纪美国著名作家菲茨杰拉德的名著*The Great Gatsby*，该小说描述了主人公——出身贫寒的盖茨比，为了获得初恋情人——贪图财富享受的美女黛西的芳心，如何历尽艰辛不择手段攫取财富，最终从一个穷小子变成大众眼中"了不起"的大豪富，又因毫无结果地苦苦追求黛西却为之丧命的故事。小说再现了美国20世纪爵士乐时代的社会，揭示"美国梦"的诱惑和破灭。小说用简洁抒情、含蓄辛辣的语言描写特定社会历史环境中典型人物的性格特点与品行，其中不乏对典型事件、典型场景的生动形象描写。

1. 主客观理据评析

小说语言的翻译并非一种按照原文字面意思，再根据自己对内容的主观印象和判断，最后得出"译文"的简单过程。这种"译文"往往不能形成语篇层次的语义连贯，包括句际连贯与语段及语篇整体的统摄性连贯，尤其是不能反映作者的创作意图和艺术手段。如《了不起的盖茨比》的开篇就是一首四句小诗，其修辞功能在于点题，暗喻小说主要人物之间的情感关系发展与达到特定目的的手段。该诗词句本身简单易懂，但从整体与部分照应关系看，其"义-意"识解与表达过程却不简单。三种译文基本上是零度视域下的产物，如按英语概念的基本语义汉译的"感动""起舞""跳得高/跳起来""跳一跳"均属望文生义的译字译词的结果，是脱离小说主题孤立地理解词句语义的翻译行为。译文塑造的男主人公的人物形象"戴金帽、跳得高高的爱人/情郎"，看上去就像一个在女人面前卖弄伎俩的蹦蹦跳跳的小丑，失去了作者对美国物欲横流社会中男女之间爱情本质的辛辣批判。将bounce（rebound after striking a surface as the ground）译为"跳舞/起舞"，不仅形象不符（哪有反弹蹦跳式的舞蹈？），而且也不符合情景逻辑，面对黛西这种物欲享受至上的女子，男人仅凭舞技或比谁跳得高就能感动或打动她吗？

在小说语言翻译中，脱离了作品主题、主题倾向及作者创作意图等宏观参数，孤立地借助词典释义，容易造成望文生义的译文。在翻译上述诗行时，对各概念语义的语境化识解依赖于作品宏观参数结构的统摄，译者应首先明确地建构出其结构要素，作为词句"义-意"识解和选词择义的导引参照。宏观结构要素内容陈述如下：

话题：求爱之"道"。

主题：基于物欲的爱情难以纯情动之，只能以物欲诱之。

主题倾向：若要追求奉行物质享受至上观念的美女，男人必须拥有巨额财富以及优越的社会地位。

作者意向：含蓄讽刺性地暗示了男人追求自己心仪的美女，需要展示能博取其芳心的财富或须努力奋斗，不惜攀附权势，在社会攀爬梯上越爬越高，直到她能主动投送怀抱。

结构功能：置于篇首，用以点题式照应小说典型人物与典型情节。

语言手段+艺术创作目的：暗喻式影射，深刻揭示美国拜金主义社会中黛西等主要人物性格与品行。

2. "义-意"识解与选词择义的主客观理据之要点

原文第一行中的隐喻概念gold hat暗喻能令黛西之类女人垂涎的财富。其概念对等译文是"金帽"，但汉语中"头戴金帽"（金子做的帽子）形象性不佳：什么形状的金帽？为了增强形象性以及使其更符合汉民族的审美意象，可创译为"头戴金冠"，具有动态等值的效果；move不宜简单地译为"感动"或"打动"，拜倒在黛西石榴裙下的男人众多，且前面分句陈述的条件是wear the gold hat，并非以情就能动之。以纯情动之的是感动，以物质动之的是"博取"（在众多男人之间的竞争），故创译为"博取她的芳心"。

原文第二行中的喻体概念bounce（moving upward like a ball）是隐喻式描写，其喻义是"速度快"和"跳得高"。在此语境中既不是起舞，也不是跳得高或跳一跳。可以设想：一个会跳舞的男人或跳得高高的男人能凭此博得黛西之类女人的芳心吗？作者用此词具有暗喻式的批判性意图，将从社会底层往上爬升喻为bounce，而盖茨比也正是由一个社会底层的穷小子通过拼命努力，迅速地（就像一个球的弹跳速度一样）攀升为一个上层社会的大富豪（隐含式本体），最后获得黛西的青睐。该词的语境化含义充实为"攀附高升"或"努力攀升"。在认知上，"攀升"隐含着"攀附"（趋炎附势，不择手段）之含意，是逻辑语义与语境含意的统一。

原文第三行是一个感叹句，应译出其情态与语势。till she cry实际上暗示了一种反转之态：没有金钱财富、没有社会地位的男人无论如何也不能获得黛西之类女人的青睐，一旦拥有了令人垂涎的财富，努力攀升成为上层社会的一员，那么这种女人会反过来主动向男人投送怀抱，故可形象地译为"直到她冲你欢叫"，讽刺性地表现出黛西这种趋炎附势女人的主动心态与品性。

原文第四行I must have you!嘲讽式地表达了这类女人强烈的、态度坚定的内心情态变化：以前对穷小子是轻视之态，现在却突变为强烈占有之情，故此句宜译为"我一定要得到你！"突出这种反转之态的语势。可以设想：一个年轻英俊的富豪不可能不受众多美女们的青睐，女人们要想获得他的青睐还得主动用点手段才能得到，而非表达单纯的愿望——拥有。可见，小说翻译需要译者在深刻分析原作人物性格、人物特点、人物关系等的前提下，充分发挥译者主体性，在主客观理据的指导下进行必要的艺术表现或艺术再创。

译文4：若金冠能博取她的芳心，你须头戴金冠，

你若能攀附高升，就要为她奋力攀升，

直到她冲你欢叫，"爱郎，头顶金冠，如日中天的爱郎，

我一定要得到你！"（笔者译）

再考察例11.4（结合图11.2）。

图 11.2　小说男女主人公剧照

[例 11.4] In my younger and **more vulnerable years**, my father gave me some advice that I've been turning over in my mind ever since[1]. "Whenever you **feel like criticizing any one**," he told me, "just remember that all the people in this world **haven't had the advantages that you've had**."[2] He didn't say any more, but we have always been unusually communicative **in a reserved way**, and I understood that he meant a great deal more than that.[3] In consequence, I'am declined **to reserve all judgments, a habit** that has opened up many curious natures to me and also **made me the victim of not a few veteran bores**.[4]**The abnormal mind is quick to detect and attach itself to this quality when it appears in a normal person**, and so it came about that in college I was unjustly

accused of being a politician, because I was **privy to the secret griefs of wild unknown man**. [5] Most of the confidences were unsought——frequently I have feigned sleep, preoccupation, or a hostile levity when I realized by some unmistakable sign that **an intimate revelation was quivering on the horizon**——[6]for the **intimate revelations of young men** or at least the terms in which they express them are **usually plagiaristic and marred by obvious suppressions**. [7] **Reserving judgments is a matter of infinite hope**. [8]I am still a little afraid of missing something if I **forget that**, **as** my father **snobbishly suggested**, and I **snobbishly repeat a sense of the fundamental decencies** is parcelled out unequally at birth. [9]（Chapter 1, *The Great Gatsby*）

直译：我年纪还轻，**阅历不深**的时候，我父亲**教**导过我一句话，我至今还念念不忘。[1]"每逢你想要批评任何人的时候，"他对我说，"你就记住，这个世界上所有的人，并不是个个都有过你拥有过的那些优越条件。"[2]他没再说别的。但是，我们父子之间话虽不多，却一向是非常通气的，因此我明白他的话大有弦外之音。[3]久而久之，我就惯于对所有的人都保留判断，这个习惯既使得许多有怪癖的人肯跟我讲心里话，也使我成为不少爱唠叨的惹人厌烦的人的受害者。[4]这个特点在正常的人身上出现的时候，心理不正常的人很快就会察觉并抓住不放。由于这个缘故，我上大学的时候就被不公正地指控为小政客，因为我知晓放荡的、不知名的人的秘密伤心事。[5]绝大多数的隐私都不是我打听来的——每逢我根据某种明白无误的迹象看出又有一次倾诉衷情在地平线上喷薄欲出的时候，我往往假装睡觉，假装心不在焉，或者装出不怀好意的轻佻态度。[6]因为青年人倾诉衷情，或者至少他们表达这些衷情所用的语言往往是剽窃性的，而且多有明显的隐瞒。[7]保留判断是表示怀有无限的希望。[8]我现在仍然唯恐错过什么东西，如果我忘记（如同我父亲带着优越感所暗示过的，我现在又带着优越感重复的）基本的道德观念是在人出世的时候就分配不均的。[9]

1. "义-意"识解与选词择义的理据

例11.4原文是《了不起的盖茨比》开卷第一段部分文字，该语段典型地反映了小说翻译的本质问题——艺术再现与艺术表现。艺术再现要求译者生动形象地再现原作所描写的人物或景物可直观感知的外在神貌（即传神），艺术表现则要求译者能深入剖析和体验原作人物内心各种难以言传的微妙情态，根据语境参数的制约，创造性地将其重构表现出来。具体而言，这种艺术再现或艺术表现并非贯穿于小说翻译始终，而只是集中体现于某些语词概念或语句给翻译造成理解与表达的不通顺和语境不适切问题。语词概念层面的问题常见于多义性、模糊性、隐晦性、歧义性、语义缺省、语义嬗变等语境依赖程度大的语言现象；语句层面的问题常见于非常规搭配、陌生化形式、个性化语言、召唤结构、命题缺省结构。以例11.4为例，其"义-意"识解与表达的选词择义难点与重点问题如下。

句[1]：more **vulnerable** years（语境嬗变：阅历不深？）；句[2]：**criticize any one**（多义：批评任何人？）//**advantages** that you've had（语境关联性：你拥有过的那些优越条件？）；句[3]：in a **reserved** way（语境关联性：话虽不多？）；句[4]：to **reserve all judgments**（命题结构缺省：保留判断？）// made me **the victim of not a few veteran bores**（语境化含义充实：使我成为不少爱唠叨的惹人厌烦的人的受害者？）；句[5]：accused of **being a politician**（语义晦涩：被不公正地指控为小政客？）//**privy to the secret griefs of wild unknown man**（语义晦涩：知晓放荡的、不知名的人的秘密伤心事？）；句[7]：usually **plagiaristic** and **marred by obvious suppressions**（语义晦涩：往往是剽窃性的，而且多有明显的隐瞒？）；句[8]：**reserving judgments is a matter of infinite hope**（语义晦涩：保留判断是表示怀有无限的希望？）；句[9]：if I **forget that, as** my father **snobbishly suggested**, and I **snobbishly repeat a sense of the fundamental decencies**（直译语义晦涩：如果我忘记，如同我父亲带着优越感所暗示过的，我现在又带着优越感重复的）。

即使是对于有过多年翻译实践丰富经验的职业译者而言，翻译这部小说都是一个巨大的挑战，其中难免出现许多因理解与表达的难点所造成的硬译，或所谓直译的词句。正是这种现象揭示了小说翻译的本质——翻译不是译词义或译字义，甚至不只是译句义，而是主题统摄下语境适切性的"义-意"识解行为和选词择义的艺术再创。任何翻译都是基于词句的基本语义（客观基础或再创之依据），但又不依赖于词典提供的释义（主观能动性或译者主体性）。但基本语义是个模糊概念，一是因为语词概念绝大多数是多义概念，译者在多个基本概念义项中面临做何选择的问题；二是意义是由语境决定的，语境是由主题及主题倾向统摄的，文本意义是需要在主题统摄下进行重构的。一般而言，小说语言形式是不完整的，作者不会将意思全都明晰地、合乎常规地表达出来，需要读者或译者参与辨析文本的意义并参与意义建构或重构。这种能力是译者发挥主体性的客观逻辑基础，而非主观印象性的自由发挥之能力。

2. 宏观结构的统摄性解析

从上述译文来看，译者对几处难点词句的表达都是囿于字面意思或根据中文习惯稍作变通处理，未能达到主题统摄下的语篇连贯，以致造成硬译，甚至误译。微观词句"义-意"识解与表达的语境适切性和语句通达取决于对语段宏观参数结构的明确，概述如下：

话题：为人处世之道（作者意欲传达的语段宏观结构信息）。

主题：与人交往之道亦即"慎言"之道（reserved all judgements，主题触发语）。

主题倾向：在社会交际中，做人不宜处处树敌（criticize any one，主题倾向触发语），这样容易遭人算计而变得易受伤害（more vulnerable，主题倾向触发语），应善于倾听，保持慎言（reserve judgements），以期拉近情感距离（intimate revelation，主题倾向触发语），更广泛地扩大交往群（privy to the secret griefs of wild unknown man），这亦是自我保护之道（父亲忠告的意图所在）。

作者意向：社会由一个个复杂的交际圈组成，充满着形形色色的人物（normal person, abnormal mind, wild unknown man, veteran bores），每个人生来都有自己的性格特点，都奉行自己的行为道德准则；有的人则能根据社会经验、所处环境改变认识，调整自己的处世之道，但有的人则不能看透复杂的社会，不能深刻认识到表面光鲜下面隐藏着自私险恶的人性（如盖茨比至死都没看清黛西美貌外表下自私冷酷的心）。

据此宏观参数的统摄性，下面对几处难点词句"义-意"识解与表达的过程进行阐释性辨析，对选词择义的语义重构或语境化含义充实进行程序性描述：

句[1]的难点：more vulnerable years的语义表达不宜囿于英汉词典释义（更脆弱/易受伤害的年龄），其意是由下文所叙述的主题倾向参数内容"为人处世之道"决定的，是一种语境化含义嬗变的语言现象。其语义辨析理据是：青年人年轻气盛，与人交往全凭性格，喜欢对人评头品足，故容易受到他人的伤害。原译"阅历不深"是可行的，比较接近原意，但从话题"处世之道"统摄看，译为"不谙世故"在措辞上更突显话题与主题概念，以便与下文词句语义的表达达到概念相关一致性。

句[2]的难点之一是criticize any one不宜望文生义地译为"批评任何人"。从认知思维看，批评的前提是批评人认为被批评人的言行是错误的，专指对错误和缺点提出自己的意见。原意并非指父亲对儿子有关"批评任何人"的忠告，因为没有哪个年轻人总是去挑他人的毛病或错误并加以批评，而且下面紧接着还和advantages有关。criticize为多义概念，词典部分义项是"a）to say that you disapprove of sb/sth; to say what you do not like or think is wrong about sb/sth（喜好或错误评价）；b) to judge the good and bad qualities of sth（好坏判断）"（OALECD）// "to judge the merits and faults of; analyze and evaluate（对优点和错误做出判断、分析和评价）"（AHD），即"评价"。评价是指对某人某事的优劣进行分析和判断，此义项符合父亲对儿子忠告的原意：年轻人喜欢对他人他事发表议论，或表达自己所谓的"高见"，尤其是喜欢对周围的人评头品足。从社会经验看，无论你说好说坏，都容易被人误传而得罪人，此解符合经验逻辑。

句[2]的难点之二：父亲在忠告中为何说，每当criticize any one时，要just remember that all the people in this world **haven't had the advantages that you've had**? 此句中的advantages that you've had是指"拥有的优越条件"——自己的资质条件或家境条件吗? 此句言外隐含意义令人费解：批评他人时要年轻的儿子记住"世上所有人都没有你拥有的优越条件"? advantage意为a thing that helps you to be better or more successful than other people（OALECD）//a beneficial factor or combination of factors（AHD），意为"具有比他人更好或更能成功的东西"，或"某种或众多相关的有益因素"。文本的"义-意"形态具有多样性，有时并不能机械地按照字面意思理解与表达，需要在对原文语境化含义做出辨析的基础上进行有理据的选词择义。此句话的语用含意实际上是反义（contrary intention），儿子也明白父亲meant a great deal more than that，其潜台词是说年轻气盛者在评价他人他事或对他人评头品足时，往往自命不凡地、不知不觉地将自己置于一种高高在上的境地，表现出（而非拥有）某种自以为是的优越感，这种心态是需要引起警觉提防的。此句隐性地与下文句[9]中的as my father **snobbishly** suggested, and I **snobbishly** repeat a sense of...形成概念内涵照应。snobbish的词典释义为behaving in a way that **shows you think you are better than other people** because you are from a higher social class or know more than they do，与advantages具有概念内涵语义特征的照应性，完全是指一种自以为是的心态——优越感，否则很难解释**all the people in this world haven't had the advantages** that you've had。

句[3]中的in a reserved way是"义-意"识解与表达难点。原译将We have always been unusually communicative in a reserved way（字面意思：我们总是以非同寻常的方式交流）表达为"我们一向是非常通气的"，"通气"是指"互通消息或交换意见"，其理解与表达不准确，意思甚至有点相反。考察上下文两处关联性参数的制约性：①父亲说话总是点到为止（He didn't say any more）；②我知道他的弦外之音（I understood that he meant a great deal more than that），可见并非"非常通气"。in a reserved way是对unusually communicative的具体说明，是指父子俩交流时，无须尽言（不必清清楚楚、完完全全地说出来）就能明白对方的言外之意。故此句可创译为"我们父子心有灵犀，总能深谙对方用意"。

句[4]的难点一是reserve all judgements容易囿于字面意思"保留判断"。此译显然不通达，不能与话题和主题概念形成照应。此句中的reserve与句[3]中的in a reserved way不同，reserve是多义概念，与该语境相适切的义项是not to make a decision or judgment until you have more information（MDEL）（在获得更多的信息之后才做出决定或判断）。在为人处世之道话题的统摄下，reserve all judgements不宜按字面意思译为"对所有人都保留判断"，而应译为"慎言"。慎言是指在与人交往中说话要处处小心谨慎，多听少说，不轻易说出自己想法，这样才能不容易得罪人，才能让他人易于接近你。此解与下文的内容相照应：连那些性格怪僻之人都愿与之倾吐心声（has opened up many curious natures to me），甚至能获悉狂放不羁之人的内心隐痛（privy to the secret griefs of wild unknown man）。

句[4]的难点二是made me the victim of not a few veteran bores（字面意思：使我成为好几个经验丰富的令人厌烦的人的受害者？）。从词典释义看，名词bore的基本语义是a person who is very boring, usually because they talk too much（OALECD）（因喜欢唠叨而令人生厌者）//one that arouses boredom（AHD）（令人厌烦的人），作动词用意为to make (someone) tired or uninterested, especially by continual dull talk[尤指以无聊的长话使（人）厌烦]（LDELC）；veteran的语义为a person who has a lot of experience in a particular area or activity（在某方面具有丰富经验或技能）。原译"爱唠叨的惹人厌烦的人的受害者"让读者感到困惑：是说"我"被爱唠叨的人伤害了？受害的性质似乎是指爱唠叨者唠叨到使我厌烦了。语义上不能与"爱唠叨"和"惹人厌烦"产生逻辑关联，也不能与上文形成内在的逻辑连贯。况且"爱唠叨的"并非veteran的语义，而是bores的部分语义特征。其语篇连贯性制约如下。

句[5]提到，社会上既有心智正常（normal）者，也有心志不正常（abnormal）者，后者觉察到前者奉行慎言之道而广交人缘，会quick to detect and attach itself to this quality（抽象化叙述形式），这里是指后者对前者进行言语攻讦。下文则用更具体的事例进行说明：在大学期间被人指责为政客（unjustly accused of being a politician），这是一种言语攻击。据此抽象表述-具体事例关联性说明，veteran的语境意义可充实为"惯于捉弄人的"，bores的语境化含义充实为"无聊之徒的攻击"，连贯性译文是：我成为好几个**惯于捉弄人的无聊之徒的攻击**对象。

句[5]中unjustly accused of **being a politician**可直译为"被不公正地指控为小政客"，但从措辞语气和为人处世之道的话题及主题突出原则看，可将名词转化为动词，再根据语境，将其艺术表现为"被人偏狭地指责为善玩政治手腕"（他人眼中的处世之道）。在privy to the **secret griefs** of wild unknown man短语中，wild unknown man（野蛮/狂热的、不知名的人）属于英语中常见的非常规搭配形式，语义抽象而模糊。原译"知晓放荡的、不知名的人的秘密伤心事"的问题在于对unknown的理解与表达，据词典释义可译为"不知名的"或"默默无闻的"。原译选择"不知名的人"，显然不适切语境所示的社会交往关系：①wild unknown man指的是一种性格特殊的人，两个形容词描写的这类人应有着内在逻辑联系的性格特点，而"放荡的人"和"不知名的人"之间似乎看不出有何联系。在"我"的交际圈里，有不知名的人吗？②从交际角度看，一个不知名的人的秘密伤心事会向"我"倾吐吗？考虑到前面的secret griefs是指隐秘伤心事，隐秘就是一般不让人知道，结合此事态语境参数，可理解为行为放荡之人有难言之隐，这种人可称为"讳莫如深者"。此译旨在突显"我"保持慎言之道的社会交往的广度，深得他人的"信赖"，连行为放荡、讳莫如深者都能向我倾吐内心隐痛。

句[7]的措辞适切性问题：usually **plagiaristic** and marred by obvious suppressions，原译"往往是剽窃性的，而且多有明显的隐瞒"，未能辨析概念的内涵语义特征，该词语义过重，造成语境措辞不当。在汉语文化语境中，"剽窃"属于著作权法的专门术语，是指"创作出的产品采用他人的观点或思想而不说出其来源"，或指"行为人以隐蔽的手段，将他人作品部分或全部当作自己作品发表的行为"。此语境是说年轻人向他人倾吐心声，所用措辞往往沿用书本或他人的辞藻，翻译时宜用语义轻化的措辞，如"抄袭"（如学校里有抄袭作业之说）。

句[8]的语境化含义充实与语义连贯性增益：reserving judgments is a matter of infinite hope若按字面意思则晦涩难懂：保留判断是表示怀有无限的希望。这句话究竟想说明作者对社会生活认识的何种意图，读者想必难以明白。小说翻译的语篇连贯要求译者根据语境需要，对其中有些简洁概括性强的语句内容做出增益才能与上下文形成贯通。根据话题和主题概念统摄的突显原则，reserving judgements实际上指一种与人"交往之道"，而非这种行为本身，故可译为"保持慎言是一种予人极大希望的交往之道"。因为只有慎言才会避免说错话或说话不当而得罪人，这样才能使人在生涯中获得极大的成功希望。

句[9]：I am still a little afraid of missing something if I **forget that, as** my father **snobbishly suggested**, and I **snobbishly repeat a sense of the fundamental decencies**，此句句法关系比较复杂，原译显然是弄错了句法结构，将回指代词 that理解为forget引导的宾语从句"如果我忘记（如同我父亲带着优越感所暗示过的，我现在又带着优越感重复的）基本的道德观念是在人出世的时候就分配不均的"。括号里的语句内容不仅让人费解，而且造成全句意思不通达。在翻译过程中，译者若不认真对整段原文进行语义连贯性辨析，不对每个词句（包括功能词、虚词、连词等）的内在逻辑联系做出语义关系判断，就很容易将整个语句意思弄错。如that在此句中是回指代词，是指上文所反复说明的与人交往之道，亦即父亲自命不凡地忠告过的（snobbishly suggested）。这句话的意思应与上文形成照应，同时也或隐或显地昭示着整部小说的情节发展的脉络。

译文：早在我尚**年轻不谙世故**的年纪，父亲曾给我一**番忠告**，让我一直**铭记于心**。"每当你想要对他人**发表高见或评头品足时**，"他告诉我，"你得记住，这世上人们交往并非人人都**像你一样表现出那种优越感**。"他的话点到为止，不过我们父子俩心有灵犀，总能**深谙对方用意**，我明白他这句话的**弦外之音**。自然而然，我养成了与所有人交往都**保持慎言**的习性，这种习性能使一些**性格怪癖**的人乐于向我敞开心扉，**却也让我成为好几个惯于捉弄人的无聊之徒的攻击对象**。心智正常人一旦表现出这种慎言之道，心志不正之人就会迅速察觉，**并且加以攻讦**。这种事情就发生在我上大学期间，曾被人偏狭地指责为善玩政治手腕，其理由是我能让一些行为放荡、**讳莫如深者倾吐心中隐痛**。对我而言，他人的隐私绝大多数并非我**想主动窥探**——每逢有迹象显示又有一次倾诉心声在天际隐隐欲出之时，我就**佯装困睡**，或装作**心不在焉**，或露出不友善的轻佻之态。因为年轻人倾诉心声，或至少他们表达心声所用之辞通常是**抄袭**来的，且显然是**未能尽意**的。**保持慎言是一种予人极大希望的交往之道**。我仍然有点担心的是，我若忘记这种交往之道，会错失某些东西，因为我父亲曾经**自命不凡地提示过**，我也自命不凡地持有一种观念，人从出生起所奉行的基本行为准则是不同的。（笔者译）

11.5　小　　结

本章从宏观-中观-微观互参的角度阐释了小说作品（语篇）翻译过程研究的认知机制，这种认知机制具有可分析、可阐释、可推论、可描写、可操作、可印证的研究范式特点，即主题及主题倾向统摄下的宏观结构要素与语境参数的统一。本章提出的理论观点是，无论是探讨短篇还是长篇小说作品翻译的艺术再现和艺术表现的认知过程，研究者都必须遵循"语境适切性"翻译原则范畴，可具体化为一系列准则：话题适切、主题适切、主题倾向适切、作者意向适切、（人物）语用意图适切、历时社会文化语境适切、个人语境适切等。本章通过对一部长篇小说开头部分语段的语言风格特征、内容情节、人物性格、人物形象、社会关系、作者创作意图等的剖析，详细阐述了对小说语言"义-意"形态的识解与译文表达的选词择义的主客观理据，这些理据的可证性就在于思维逻辑的可推论性，其判断依据是语境参数导引和制约下的整体-部分逻辑、情景逻辑、经验逻辑、情感逻辑、形象逻辑、关系逻辑、事态逻辑、预设逻辑、概念逻辑、语法逻辑等认知思维。因为，任何主客观的理据认识不仅是抽象的逻辑推理，还必须回到可直观感知的对现实生活的体认思辨过程。此外，本章还在理论上阐释了通过小说翻译过程的认知研究，提出并建构了评析小说语篇翻译语义连贯的规律性表征，即主题及主题倾向统摄下的宏观结构要素链：话题→宏观主题→中观主题→微观主题→主题倾向→宏观语境→微观语境→作者意向→主客观理据→"义-意"识解→语境参数→选词择义→义素辨析→语境适切→艺术再现（表现）。旨在说明，认知翻译学理论研究应通过相关题材内容的典型译例的剖析，不仅揭示译者的认知思维路径、思维形式、思维特征、思维方式，还应融通相关学科理论或交叉学科理论知识，从感性认识上升到翻译理论感性和理论理性层面，做出创新性的理论范畴建构，为翻译学理论的发展做出贡献。

第十二章

宏观–中观–微观阐释框架下的论说文与说明文文本翻译过程阐释

12.1 概　述

　　论说文（argumentation or argumentative text）是一种通过剖析事物来直接说明事理、阐发见解、提出主张的文体，具有较强的说理性功能。作者对客观事物或事理进行分析、评论、说服，以表明自己的见解、主张、观点，通常由论点、论据、论证三部分构成。其特点在于要求观点明确、论据充分、语言精练、论证合理、逻辑严密。说明文侧重传递信息或知识，介绍或解释一般人难以理解或超出一般常识之事物的形状特点、构造、类别、关系、性质、成因、功能等，其语言运用特点要求概念准确、措辞简洁、说理严密、概括得当、修辞性强。关于论说文体翻译的编著或著作不多：冯庆华（2002）主编的《文体翻译论》中只对小说、散文、诗歌、政治作品、戏剧等文体的翻译特点进行了说明，未做语篇翻译过程的研究；刘宓庆（1998）在《文体与翻译》中将英语的散文分为三种：叙述文（Narration）、描写文（Description）和论述文（Exposition）。他认为论述文的功用是解释、说明、阐释，或说明和陈述，范围包括社会科学论著、研究报告、文献资料、社论、演说等。在他看来，论述文重逻辑论证，用词比较端重、典雅、规范、严谨；句子结构比较复杂，句型变化及扩展样式较多。这是将说明文和论说文的翻译视为一种文体进行说明，自有方便之处。不过，论说文和说明文还是有区别的。顾名思义，exposition的概念内涵就是"解释或阐释"，或一种"详细介绍"，或具有修辞特点的陈述或话语：a detailed explanation of something such as an idea or process, or the activity of giving such an explanation （MED）// a statement or rhetorical discourse intended to give information about or an explanation of difficult material（AHD）。论说文侧重的是符合逻辑方式的论辩过程（the process of arguing in an organized or logical way）。不同文体具有不同的内涵规定性，这种文体的语言特点给翻译提出了原文理解和译文表达措辞准确、论理严谨、思路清晰、语言精练、行文简约、思想深刻等要求。

12.2　论说文语篇翻译过程的整体视域观

语篇翻译"义-意"识解与表达过程的剖析研究能揭示翻译的宏微观层面的两个本质特征：一是宏观层面，语篇翻译必须从大处着眼，从微观（小处）入手。无论是译者还是研究者，要认识语篇翻译的原理性认知机制，都必须建构出一个主题及主题统摄下的关联性融合宏观结构链——话题→主题→主题倾向→作者意向→论点→论据，以此作为选词择义的主客观理据；二是微观层面，语篇中一些生动形象的语句具有其特定的美感形式或搭配结构，其意义因受制于特定的语境和作者的意向而发生语境化意义嬗变，但语言表达形式的某个概念语义特征，尤其是内涵丰富的多义性概念语义特征难以在目的语中得到再现，难以通过一个所谓对应或对等的简约概念或命题语句将其译出。其原因在于不同语言的搭配语境受制于各自的语言习惯，或受制于目的语受众日常经验知识的可体验性，故译者应根据语句激活的经验或概念图式知识建构相应的认知语境，从中析取关联性搭配概念，进而按照目的语的语言习惯重构译文的表达式，进行关联性语境参数制约下的语境化含义充实。

12.3　"Measurements of a Good Life"翻译过程认知机制阐释

目前，语篇翻译过程认知机制研究的深度与广度都比较欠缺，尤其是缺乏可分析、可描述、可推论、可操作性的系统理论方法。一些语篇翻译教程虽然强调了语篇翻译的整体观，但很少提供整个语篇翻译过程中各种复杂的"义-意"形态识解与表达的整体解决方案及其认知推导机制的解析，未能从语篇理论认识上对问题的成因进行本质定性与概括，尤其是未能从经验感性和理论感性相结合的层面揭示语篇翻译的本质特征，继而从提供的参考译文中抽象概括出概念化的翻译对策，总结出可举一反三、触类旁通的方法论规律。以例12.1汉译材料为例，对其英译过程的认知推导机制及理论方法作一详述。

[例 12.1]

[段 1] By comparison, living in my **overpriced city apartment**, walking to work past putrid sacks of street garbage, paying usurious taxes to local and state governments I generally abhor, I am rated middle class. This causes me to wonder, do the **measurements** make sense? Are we **measuring** only that which is easily measured—the numbers on the money chart—and ignoring values more central to **the good life**?

通过对该语篇翻译认知过程的认知机制的剖析与描写，将原文重译（笔者译）如下：

> 城乡生活质量衡量标准相比之下，我是城市中产阶级一员，住的是超贵的公寓，上班要经过街旁散发出恶臭的垃圾袋，还要向本地和州政府缴纳奇高的收入税，让我痛恨不已。这使我感到纳闷，这些衡量生活的标准有意义吗？我们是否只用容易衡量的标准——金钱收入榜上的数额高低——去衡量生活，而忽视了美好生活的核心价值观？

[段 2] For my sons there is of course the rural bounty of fresh-grown vegetables, **line-caught fish and the shared riches of neighbours' orchards and gardens**[1]. There is **the unpaid baby-sitter** for whose children my daughter-in-law baby-sits **in return** and neighbours **who barter their skills and labour**[2]. But more than that, how do you **measure** serenity? **Sense of self**? [3]

（引自李运兴，1998：3）

（说明：加粗部分词句为"义-意"识解与表达要点——笔者注）

初译：对我儿子来说，自然有乡下丰富的新鲜蔬菜，垂钓的鱼，以及邻居家的果园和花园中**分享的财富**[1]。还有一位**免费的保姆**，她的孩子我儿媳也给看了。邻居们还**交换技术和劳动**[2]。更有甚者，你怎样**测量宁静和自我意识**？[3]

参考译文：对我的几个儿子来说，乡下有新鲜的蔬菜吃，有鱼钓，还可以分享邻家花园和果园中的乐趣[1]。遇到有事的时候，总有人为你来照看孩子，而我的儿媳有时也会去为别人临时看看小孩。人们还常常互相帮忙，干些自己擅长的活计[2]。除此之外，那份安宁，那种对自我的感受，又岂是可以简单度量的吗？[3]（引自李运兴，1998：5）

笔者译：当然不止这些，对我几个生活在乡村的儿子们而言，他们能经常吃到时鲜蔬菜和钓的鲜鱼，分享到左邻右舍花园和果园里丰富的时令瓜果花卉。当你有事时邻居自愿为你照看孩子，我儿媳不仅请别人也替别人临时照看过孩子，还有邻里之间互相帮工帮活。然而，更令人向往的是，乡村的那种宁静能用金钱衡量吗？那种怡然自得的心境能用金钱衡量吗？

《英汉语篇翻译》（李运兴，1998）先提供了初译的文本，然后针对译文问题做出分析，最后提出改进的参考译文。该书对初译中的问题评析如下：[1]几乎是死板的逐字对译。"垂钓的鱼""果园和花园中分享的财富"令人不知所云。[2]词义理解失误：the unpaid baby-sitter 并非指一专业保姆，而是乐于助人的邻居；"交换技术和劳动"也属逐字死译。[3]"更有甚者"属连词使用不当造成的逻辑连贯失调。这段文字讲的是乡下的种种优越性，"But more than that"引出两个设问句，意在进一步指出农村生活给人们精神上带来的益处，而汉语中"更有甚者"只能引出变异的东西。

主观印象性评价如"属逐字死译""令人不知所云""理解失误""逻辑连贯失调"等散论性点题无助于学习者深刻认识问题真正的成因所在。即使提供了参考译文，学习者亦难以从中自己总结出翻译对策和应对方法。从语篇认知过程研究看，编著者应对参考译文选词择义的理据做出深入解析，给予必要的说明，这样才能让学生明白其中道理。

12.3.1　语篇"义-意"识解与表达问题解析

对上述语篇翻译问题评析及参考译文的问题与不足解析如下。

一是参考译文将riches（物质概念）译为"乐趣"（情感概念）是何道理？指出问题，还需要说明成因；提供正确译文还需说明理据。

二是为何说"垂钓的鱼"是不知所云？如果说将barter their skills and labour译为"交换技术和劳动"属逐字死译，那么参考译文"干些自己擅长的活计"是否准确？未译出barter … labour 的信息，只给出主观认识的结果，未给出客观依据。

三是参考译文中也有漏译、翻译不到位、难以理解或晦涩的问题。如将承上启下的语段衔接语of course漏译，将（whose children my daughter-in-law baby-sits）**in return**译为"而我的儿媳有时也会去为别人临时看看小孩"，翻译不到位，意思不完整，未能表达出"邻居有时也有为儿媳照看孩子"的信息。将sense of self译为"对自我的感受，又岂是可以简单度量的吗？"语义晦涩，谁的自我感受，城市人就没有自我感受？谁对这种感受进行简单度量？中文概念"度量"是否适切语境？

四是整个引文不只一段，教材分析却未能从整体语段着手，未能结合段[1]和段[2]之间的内在逻辑联系来解析微观词句的语境化含义，造成of course、line-caught fish、sense of self、measure的语际关系以及与段[1]之间关键词之一的the measurements之间的照应性脱节。

五是该教程未能遵循"大处着眼、小处着手"的语篇翻译总体原则，未能首先建构出宏观结构，未能从宏观结构的统摄性入手来将翻译策略和技巧与语篇翻译的各个层次词句的翻译操作处理紧密结合起来。故对读者而言，不具有感性和理性认识的统一。

就语篇翻译认知过程教学研究而言，研究者应力求让学生直观明晰地感知语篇翻译的本质特征，应避免主观印象式的、点到为止的、抽象笼统的评析，应从原理性认识出发，以难点重点问题为导向，以"生活—体认—语言—建构"模式为方法论，以经验总结和认知规律表征为旨归，培养学生举一反三、触类旁通的意识。以下对语篇翻译认知机制的程序化加以描述。

12.3.2 语篇翻译认知机制的程序化描述

1. 语篇宏观结构建构与含义充实

首先建构整个语篇的宏观结构，从原理性认识角度阐述宏观语境对微观语境的统摄性及语义生成的认知机制。在语篇翻译认知过程研究中，不管何种体裁风格或题材的文章，语篇宏观结构的建构是把握语篇识解过程中宏观-中观-微观互动的必经认知路向，否则，译者不仅难以"识解"局部难词难句之"义-意"形态，而且会忽略语篇内在的逻辑联系，只会孤立地移译词句意义，造成语段语义不连贯，表达也就欠通顺。以上述语篇（节选）为例，该语篇具有论说文的文体风格特征，论说文的语篇结构要素包括"话题+主题+主题倾向（主要观点）+支持性论点+次级论点+论据"。我们可根据其关键词句概括出相应的宏观结构：

语篇宏观结构要素建构与含义充实

话题(指论说的对象,具有范围限定性,一般以名词或短语的形式呈现):城乡好生活的衡量标准（或城乡生活的优劣比较）

主题（指作者立论的观点,主题由"话题+作者观点"构成）:衡量城乡生活标准在于其核心价值观（段[1]末句为隐性主题内容触发语）。

主题倾向（指受主题统摄的观点或论点的层次性展开）：①质疑城市好生活的质量；②称赞乡村和谐融洽的邻里人际关系和生态环境。

作者意向：（中产阶级一员）质疑一般认为的好生活的衡量标准，就城市较差的生活环境及其对心态的影响与乡村令人称羡的自然环境、人际关系和良好心态进行对比。

论据："城里高房价+高税收+空气差（痛恨心理、街边恶臭垃圾袋、汽车尾气）+食品不新鲜等""隐性对比乡村时鲜蔬菜瓜果和鲜鱼+邻里相互帮衬+宁静环境等"。

将上述语篇宏观结构要素建构及连贯意义的关系在图12.1中加以呈现。

[段 1] By comparison, living in my **overpriced city apartment,** walking to work past **putrid sacks of street garbage**, paying **usurious taxes** to local and state governments **I generally abhor**, I am rated middle class. This causes me to wonder, do the **measurements** make sense? Are we **measuring only** that which is easily **measured**—the numbers on the money chart—and ignoring **values more central to the good life**？（除了收入榜上显示的高薪水和高税收数额外，还有什么价值标准能用以衡量"好"生活？）

[段 2] For my sons there is **of course**（语篇连贯性承上启下语）the rural bounty of **fresh-grown vegetables, line-caught fish and the shared riches of neighbours' orchards and gardens**. [1]There is **the unpaid baby-sitter** for whose children my daughter-in-law baby-sits **in return** and neighbours **who barter their skills and labour**. [2]But more than that, how do you **measure** serenity? **Sense of self**？[3]

[段 3] 略（主要论述城乡部分地区都有其丑恶的现象，如犯罪等）

话题：城乡生活质量优劣比较
主题：美好生活感受在于其核心价值观

主题倾向（支持性观点）**之一**：令人痛恨的城市高成本生活条件
作者意向（中层阶级）生活质量衡量标准
论据：高房价+高税收+差环境（恶臭垃圾袋、空气差、噪声、超市只有保鲜的果蔬和冰鲜死鱼及真空包装的肉类食品，等等）

主题倾向（支持性观点）**之二**：
作者意向：乡村有令人向往的人与自然融洽的生态环境、邻里和谐的人际关系和良好心态
论据：常能吃到丰富的时鲜蔬菜瓜果和钓的活鱼、邻里互相照看孩子、相互帮衬（帮工帮活）、宁静（无噪声无污染）、怡然自得的心境等。

图 12.1　宏观结构要素建构及连贯意义的关系图示

在建立了宏观层次的语篇结构并对各要素的内容进行含义充实后，我们可继而对微观层次的难点重点翻译问题的"义-意"识解进行系统地剖析；同时，应注意译文表达过程中文字风格的美感性、细腻形象性、生动可读性。

2. 语段关联性关键词句语义连贯解析

段[1]最后一句的内容为隐性主题，暗示了作者的观点倾向：人所追求的美好生活（good life）在于其核心价值观；复数名词measurements指"衡量标准"，意在说明好生活（质量）的衡量标准而并非挣钱多少，具体而言并非谁住的房子价格高，或谁缴纳的税金高，其生活就好。作者认为按照收入，自己属于中产阶级，却对每年要向本地政府和州政府缴纳高额税金感到痛恨（abhor），因每月要支付高房贷，大大降低了实际收入水平。

在段[2]中，作者以几个在乡村生活的儿子家庭为例，认为衡量好生活的标准还有：是否能经常吃到新鲜美味健康的食品、邻里之间关系是否和谐融洽、是否有宁静的环境、是否有怡然自得的良好心态等。作者列举了一系列事实，强调了在乡村人们可以经常吃到新鲜（fresh-grown）蔬菜和钓的活鱼(line-caught fish)，隐性对比城里超市放置超过数天的冰鲜死鱼。教材编著者批评初译"垂钓的鱼"不知所云，其实放在这一对比参数内考察，倒比参考译文建议的"有鱼钓"（强调钓鱼活动）更符合原意（强调食物新鲜），译为"钓的活鱼"，隐性传达了经常吃到"味道鲜美"的活鱼的语用含意，表达更形象。

段2句[1]的the shared **riches** of neighbours' orchards and gardens传达的作者意向是突显乡村邻里之间慷慨友好的人际关系"谁家果园或花园的瓜果成熟了，还不忘送左邻右舍一些尝鲜"，在此语境中应该理解为"分享左邻右舍果园和菜园中**丰富的瓜果蔬菜**"。参考译文将riches（物质概念）引申译为"乐趣"，既不符合次级主题倾向，也没有概念语义引申的客观依据（语境化意义生成过程与原理分析见下文）。

段2句[2]列举的事实意向在于表达乡村邻里之间经常往来、相互帮衬的和谐融洽的人际关系。baby-sitter和baby-sits表达的是妇女们自愿为邻居家有事时临时照看孩子这种融洽的邻里关系，in return隐含着"我儿媳也曾请人照看孩子并为别人家照看过孩子"。城里长大的学生缺乏生活体验，一般难懂barter their skills and labour在乡村语境中的具体含意，只有具备了相关的经验知识才能有所了解。参考译文"干些自己擅长的活计"并没有准确完整表达原意。从农村经验知识看，barter...skills 是指乡村人喜欢自己动手修缮房子，邻里之间都会相互帮工

（如提供木匠或泥水管道技术），或相互帮助修理农机具等；而barter …labour 则指邻里之间互相帮衬农活，如收获农场的庄稼或果园菜地的蔬果等，在此语境中可简约地译为"相互帮工帮活"，以便暗示性地对比城里居住在公寓里的人们老死不相往来或邻里之间淡漠的人际关系。

段2句[3]的measure在语篇连贯层面上与段[1]的the measurements和(Are we) measuring (only that …)形成照应与对比关系：在段[1]中，作者认为衡量好生活（good life）不应该单纯以高收入榜上的数额作为标准，还有其核心价值标准，故在段[2]中通过事实说明了健康饮食、和谐融洽的人际关系、良好的自然生态环境和良好的心境四方面标准。从宏观语境看，measure在此语境中不应是测量（指仪器的测量方式）也非度量（指刻度的计量方式），而是衡量标准（参照依据）：serenity是衡量好生活的一种自然环境标准——乡村拥有宁静的、空气清新、无污染的自然环境；sense of self是衡量好生活的心理标准——乡村人在美丽的自然环境（依山傍水或野草香花）中那种普遍的怡然自得的心境，而非大多数城市人具有的压力感、焦虑感、担忧感、抱怨感等。参考译文"对自我的感觉"是简单移译原文，是脱离了宏观语境统摄下的译文，未能通过语篇含义充实表达出作者的主题倾向和意向性含意。

3. 概念语义外延与内涵特征的析取与含义充实

在语篇英汉翻译认知过程研究中，研究者在辨析语词概念语义时不宜简单地沿用词典提供的几个释义性概念，尤其不能认为英汉词典提供的译语就是对等或等值的概念，就可以据此移译，而应仔细辨析英语概念的外延与内涵语义特征，多维度考察哪个（些）义素能产生最佳语境关联而被析取，在译文中给予认知加工和突显。词典释义一般是编纂者从具体语境中抽象概括出来的一般性语义，具有抽象性、概括性、一般性、空泛性，一旦用于具体语境，其一般性的抽象概括性语义特征在特定语境参数的制约或含义映射机制下而得到含义充实，其"义-意"形态变得明晰。为了说明语词概念发生语境化"义-意"嬗变的认知加工方式，我们可对riches和barter的语境化意义嬗变的认知机制和规律解析和表征如下。

英汉词典对riches 的汉语释义是"丰富的财富"或"有价值或珍贵的财产"或"房地产"；英语词典的释义是：①large amounts of **money** and **valuable or beautiful possessions** (*OALECD*)；②a) large amounts of **money**, **property, or valuable** and **beautiful possessions**; b) a large supply of **something valuable** (*MED*)。

可见，除了具体的"大量的金钱/财产/房地产"外，还有较抽象的释义"大量的珍贵或美好之物"，或"某种有价值的拥有之物"。需要明确的本质问题是：英语语词的概念是如何概括抽象出来的？词典各义项与所提供实例之间是一种什么样的佐证关系？如《麦克米兰词典》在义项a）和b）之下给出的实例分别是：

[例 12.2]

a. The promise of **future riches** draws many young people into **professional sports**.

b. the **riches** of the University **Art Collection**

我们试将词典的几个释义分别置入riches的位置，看看是否通顺达意：

对将来的**大量金钱/财产/房地产**（或：大量珍贵的/有价值的/美好之物）的许诺吸引了许多年轻人投入专业运动。（？）

大学艺术藏馆的**大量金钱/财产/房地产**（或：珍贵的/有价值的/美好之物）（？）

显然，汉语词典的若干释义在上述两个例句中都不通顺达意，"？"表示不适切语境。具体而言，在例12.2a和例12.2b中，riches的词典释义与语境参数概念"专业运动"和"艺术馆藏"所激活的经验知识或认知图式不匹配，不符合汉语的语言表达习惯或认知思维习惯。

4. 建构语境化意义嬗变的生活体验图式

在对语篇翻译认知过程的本质特征和翻译对策做出描述后，需进一步对语词概念的语境化含义充实或嬗变及翻译对策方法进行程序化阐释。我们可采用"生活体验图示法"和"图式知识激活法"（通过生活场景图片），通过激活概念图式或认知图式去辨析和建构某个被激活概念的具体明晰化含义，突显语义特征激活的经验生活知识。对上述有关语词概念的图式知识激活过程和意义嬗变推论阐述如下：

garden（花园/菜园）的词典释义a piece of land next to or around your house where you can grow flowers, fruit, vegetables, etc.唤起了指称对象的一般关联性意象：[屋前屋后空地][种植][花卉][水果][蔬菜]等，但在我们的经验知识结构中激活的是春夏秋冬各种不同的花卉、水果和蔬菜的意象。

orchard（果园）的词典释义a piece of land, normally enclosed, in which fruit trees are grown唤起了指称对象的一般关联性意象：[大片土地][种植][果树]的形

象化图景，但在我们的经验知识结构中激活的是不同季节生长开花结果的果园。这些概念内容在上述语篇中与城市生活环境中的对应物形成时空对比"乡村刚采摘的果蔬"对比"超市保鲜陈放数天的果蔬（冷库储存数月的蔬果）"，反映了语篇的主题倾向和作者的意向，这对辨析riches的语境化含义和译文意义的主观建构具有客观基础。从语法形态看，riches派生于抽象的性质形容词rich（意为丰富/大量），加上可数复数名词词尾-es后，并不单纯表达"多个"，其指称意义发生了语境嬗变，指向语篇语境参数概念所赋予的语义特征。如在the shared **riches** of neighbours' orchards and gardens激活的经验知识图式中，概念orchards/gardens为关联性语境制约参数，所激活的内涵语义特征flowers、fruit、vegetables将自身的语义特征映射给riches，后者指称对象的内涵范围得以扩展，因此获得乡村邻里之间慷慨友好的人际关系的意向指称义："分享左邻右舍果园和菜园中**丰富的瓜果蔬菜**"，这是一种基于客观参数制约关系之上的主观性的语境化含义充实。这样，我们就不难通过体认以此推论出例12.2两个词典例句中riches的语境化含义充实的原理性认识。

在例12.2a中，制约性语境参数概念professional sports激活的认知图式知识是：专业运动中产生出无数身价不菲的明星运动员，尤其是冠军运动员不仅能获得丰厚的奖金，还能享受无数的掌声、鲜花、赞誉和商业价值，"名利双收"实乃可观。该句可译为：**丰厚的名利双收**的诱人前景吸引了许多年轻人投身于专业运动之中。

在例12.2b，制约性语境参数概念"art collection"激活的知识图式是：艺术馆藏中各种珍贵的艺术藏品，因而"riches"通过语境参数的关联性映射，获得语境化含义充实——丰富的艺术藏品。该句可译为：大学艺术馆的**丰富艺术藏品**。

图12.2~图12.4用以说明语篇翻译过程中经验生活体验与意义建构的关系和认知机制：

图12.2　丰富的瓜果蔬菜　　　图12.3　丰厚的名利双收　　　图12.4　丰富的艺术藏品

例12.1中的riches在果园与菜园概念激活的经验知识图式中的含义充实：

riches=丰富的瓜果蔬菜（图12.2）

例12.2a中的riches在professional sports认知图式中的含义充实：riches=丰厚的名利双收（图12.3）

例12.2b中的riches在art collection知识图式中的含义充实：riches=丰富的艺术藏品（图12.4）

barter的词典释义"to exchange goods, work, or services for other goods or services rather than for money"（*LDELC*）触发了"实物交换""以工代工""服务交换"等事件图式，在经验知识结构中激活的是国与国之间、组织与组织、公司与公司、家庭与家庭、个人与个人等之间的易货贸易，或以工代工，或服务交换等活动图景。在例12.1中，barter their skills and labour的抽象笼统的语义特征在有关乡村经验知识图式中被明晰化了：房屋修缮所需的木工或水泥管道工、季节性农活或修理农机具等（参见图12.5~图12.7）：

图 12.5　房屋修缮　　　　图 12.6　互帮农活　　　图 12.7　农机具修理

5. 翻译策略技法及基于体认机制的规律性表征

英语抽象语词概念在英汉翻译中，一般应采用明晰化策略（clarifying strategy）与相应的含义充实（enrichment/amplification）法。下面介绍英语抽象语词概念语境化意义生成的认知机制的原理性规律表征和方法论规律表征。

原理性规律表征：从语义学和语言逻辑角度看，任何一个语词都有其通用的定义，或称为概念语义，具有结构性语义特征，即外延与内涵两部分结构。外延特征是指概念指称对象的范畴，具有"类"或"范畴"的特点，概念的外延往往具有抽象和空泛性特点；内涵特征是指其区别于其他概念的特征，在指称对象的性质、属性、方式、程度、规模等描述中具有一定的语义差别性。在具体语境中，当一个语词概念与特定的语境参数构成一定的互参关系时，该概念语义往往受制于其互参概念而发生内涵语义变化，即其语义向语境中关联性互参概念的语义特征发生趋同性变化。具体而言，即内涵语义特征被互参性概念图式知识或通过认知图式知识中的某个（些）内容置换（replacement）和充实（enrichment）

而发生语境嬗变。

方法论规律表征（以riches和barter为例）：riches 的内涵语义包括money（钱）或property/possessions（财产/所有物）或valuable/beautiful（有价值的/漂亮的）等义素，在语境中受语境参数的制约可以被置换和充实；其外延语义特征为large amounts of/large supply of（大量的），相对内涵语义而言，外延语义一般具有恒定性。美国哲学家奎因在论述意义本体论时，主张将概念的内涵从意义本体论中驱除出去，就因为内涵是可变的、不定的。在上述不同语境中受制于互参概念"专业运动（职业愿景）""果园/菜园"和"艺术藏馆"概念图式知识的激活，获得概念语义趋同的明晰化解释，或者说riches的常规内涵语义特征被析取出来，同时被置换或充实为"名利""瓜果蔬菜"和"艺术藏品"，而其外延语义"大量的/丰富的"在不同语境中都被保留，如图12.8所示。

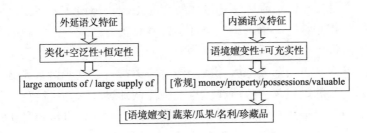

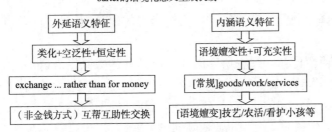

图 12.8　riches 和 barter 的语境化意义生成机制

通过对该语篇翻译认知过程的认知机制的剖析与描写，将原文重译（笔者译）如下：

城乡生活质量衡量标准

[段 1] 相比之下，我是城市中产阶级一员，住的是超贵的公寓，上班要经过街旁散发出恶臭的垃圾袋，还要向本地和州政府缴纳奇高的收入税，

让我痛恨不已。这使我感到纳闷，这些衡量生活的标准有意义吗？我们是否只用容易衡量的标准——金钱收入榜上的数额高低——去衡量生活，而忽视了美好生活的核心价值观？

[段 2] 当然不止这些，对我几个生活在乡村的儿子们而言，他们能经常吃到时鲜蔬菜和钓的鲜鱼，分享到左邻右舍花园和果园里丰富的时令瓜果花卉。当你有事时邻居自愿为你照看孩子，我儿媳不仅请别人也替别人临时照看过孩子，还有邻里之间互相帮工帮活。然而，更令人向往的是，乡村的那种宁静能用金钱衡量吗？那种怡然自得的心境能用金钱衡量吗？

12.4　说明文语篇翻译过程的认知机制与研究任务

首先，说明文的语篇翻译认知过程研究应把握整体语言风格或语体特征，如词汇特征、句法特征、语篇组织特征、修辞特征等。其次，作者的个性化风格特征也是值得重视的内容，如对事物或事理的说明措辞或轻松明快，或严肃严谨，或幽默诙谐，或形象夸张等，翻译时应力求再现这些语言风格特色。这不仅是翻译实践的难点与重点所在，也是翻译认知过程认知机制描述和规律性表征的重要内容。最后，语篇（段）的衔接与照应性连贯也是翻译认知过程研究值得重视的方面。英汉语篇中都有隐性连贯的情况，句际之间的内在逻辑联系或语气（态）的贯通是隐性而非显性的，需要译者通过调动认知思维辨析才能把握，能否译出连贯的语篇行文取决于译者的语篇衔接与连贯的分析能力的高低。

说明文语篇翻译认知过程研究同样需要译者建构原作语篇（段）话题、主题、主题倾向、作者意图、语篇宏观-中观-微观结构要素作为宏观阐释参数。这些宏观参数对语篇译文的选词择义具有不同程度的制约和影响。从这种意义上说，翻译过程不能仅凭双语知识或依赖词典、工具书，译者还需要综合语篇语体和修辞特征分析能力，以及对原作内容和作者意图的深刻领会和把握的辨析能力，尤其是对隐性含意的艺术再现或表现能力。语篇翻译过程的研究任务是通过语篇节选或完整的语篇翻译过程进行深入剖析，通过内省的方式阐释译者选词择义的辨析理据及其认知机制，揭示语篇翻译过程的认知规律，形成理论感性和理论理性认识。

12.5 Women's Senses 语段汉译认知机制及其操作过程描述

下面讨论一个孤立的语段翻译过程的认知机制。这种孤立的语段翻译常见于英语专业八级翻译考试的题型，这对译者提出了必须解决的若干问题：①在未明确语段话题或主题内容的情况下动笔翻译，会在什么层面或程度上影响他们对选词择义的判断？②在相关信息不充分的情况下，译者如何充分利用语段内的有关信息，通过认知思维迅速建立起一个宏观阐释框架参数来有理据地辨析微观层次的词句"义-意"形态及其表达的语境适切性。笔者曾以英语专业八级语段翻译考试的题目为例，阐释了"主题关联性社会文化语境与择义的理据性"（曾利沙，2005a）和"主题与主题倾向关联下的概念语义生成机制"（曾利沙，2007b）。这些研究说明，语篇的词句都是经过作者带有意图选择的结果，有其内在认知关联制约性——主题与主题倾向关联性制约。

12.5.1 主题中心概念的认知关联性辨析

例12.3中语段无标题，为了讨论方便，可用"Women's Senses"（女人的"禀赋"）概括，并对语段中的理解与表达的难点与重点词句用粗体标记。同时，语段中的主题关联性概念被析取出来，对其认知关系进行了定性概括，置于图12.9中，以便表征其在语段内的逻辑关联性，以及考察其统摄与被统摄的"义-意"生成机制。

[例 12.3]

[句 1] The most **sensible** people to be met with in society are **men of business and of the world**, who **argue from what they see and know**, instead of **spinning cobweb distinctions of what things ought to be**.

[句 2] Women have often more of what is called **good sense than men**.

[句 3] They have **fewer pretensions**; are **less implicated in the theories**; and **judge of objects more from their immediate and involuntary impression** on the mind, and therefore, **more truly and naturally**.

[句 4] They **cannot reason wrong**; for they **do not reason at all**.

[句 5] They do not think or speak **by rule**; and they **have in general more**

eloquence and wit as well as sense, on that account.

[句 6] By their wit, sense, and eloquence together, they **generally contrive to govern their husbands**.

[句 7] Their style, when they write to their friends, is better than that of most authors.

[句 8] ——**Uneducated people have most exuberance of invention**.

（说明：粗体部分为主题及主题倾向关联性词句）

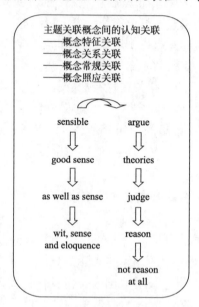

图 12.9　内在关联性概念

12.5.2　语段宏观阐释结构的建构

　　上节对该语段的核心概念及其认知关联性进行了析取并得出关系表征，下一步就是建构语段宏观阐释结构。语段是在一个整体构思框架下的内容与形式有机统一体的一个部分，同样受语篇话题和主题及主题倾向的统摄。一个值得重视的事实是，一部小说或一个长篇文章，往往由一系列或若干章节场景或语段构成，这些章节场景或语段都有自身的次级话题或次级主题，也是一种相对的次级宏观结构。次级宏观结构要素内容是需要读者或译者进行认知加工建构的概念化陈述和命题表征，旨在以次级话题和次级主题及其倾向的语言形式抽象概括出语段思想要点。语段有其自身的潜在主题，从属于更高一级的语篇主题，各语段之间具有整体连贯的制约作用，整个语段序列为所有命题的集合，包含对状态、行动或事件/事态/事理等的说明，形成认知框架，其语境关联性在认知框架内得到维系。在语段"义-意"识解与表达过程中，译者若不能形成以主题为中心的认知整合性，语段中的概念和命题就不足以构成一个目的认知框架；脱离次级主题及主题倾向而讨论语境对选词择义的影响，往往缺乏充分关联性理据（曾利沙，2007b）。

从语段翻译认知过程研究角度看，研究者若不经过这一加工过程而直接说明语段的思想内容，有时会造成若干理解的困惑和表达的偏差。对于语段宏观结构要素的抽象概括，研究者同样需要具有较高的认知辨析能力和整体视域意识，依据对语段中心概念链的关系做出判断和推论，形成概念和命题化表征。上述语段的次级宏观结构要素内容定性概括如下：

> 话题：女人的"禀赋"
> 主题：女人在"论理"和对事物的"判断"方面比男人具有更好的感悟力或表现力。
> 主题倾向：对比女人的"理性"（直觉、感性、印象之理）之"无理"（无推理过程）与男人的"理性"之"有理"（丝丝入扣、条分缕析的逻辑推论之理）。
> 作者意向：通过亦褒亦贬的语言手法说明女人较男人有着独特的语言表现力。

12.5.3　主题关联性概念语义趋同的语境适切性

在确定了语段次级主题、主题倾向及作者意向后，我们对"义-意"识解与表达造成困难的概念或语句作出标记，对问题的成因进行从上至下和自下而上的多维度的关系深究，尤其是辨析其"义-意"识解与表达的语境适切性。翻译认知过程研究的一个重要特征就是，描写过程应突出阐释的明晰性、程序性、推演性、印证性、理据性、概括性和可操作性，将个案所体现的问题上升到一般理论认识，注重超越具体的认识情景，通过个别认识一般，异中见同，同中求异，透过现象认识对象的本质联系，或将某些具有典型意义的对象概念化，以形成一定范围内事物的规律性认识。通过对感性的、经验的思考形成概念化表征，有助于学习者能做到举一反三，触类旁通。对例12.3的典型问题剖析如下（图12.10）：

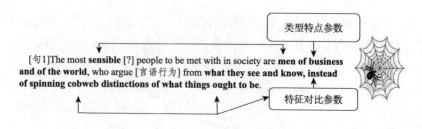

图 12.10 结合蜘蛛网图像分析语境适切性

难点词句"义-意"的认知关联性辨析：①[句1]为主题句，其核心概念具有整体对微观词句语义的统摄性。特征参数 sensible（英汉词典释义为"明智的、通情达理的、有判断力的"）与主体参数 men of business and of the world 之间具有内在认知关联性，其概念语义受制于后者的语境化含义。由于后者所指的是商人和阅历丰富之人，在此语境中可识解为"洞达世故者"，故sensible people的语境适切性译文是"练达之人"，排除可能选择形式——"明智的人"或"敏感的人"。②言语行为参数 argue（辩论、争论）与what they see and know 具有概念语义互参关联性，从而获得其主题中心概念的突显：与人辩论或争论必须有理有据、有道有理，侧重一个"理"，故argue译为"论理"。受此语境参数制约，该言语行为特征对 what they see and know 的语义识解与表达具有内在的逻辑关联制约性，故译为"所明之道"和"所知之理"（比较直译：所见所知），以便与下文的主题关联性概念内涵特征具有趋同性。③否定性隐喻"蛛网"（cobweb）的相似性在于"织"的有章有法和"网"的有条有理（图 12.10），此处用以表达否定之意向：商人和洞达世故者与人论理起来不会像蜘蛛织网一样，丝丝入扣，富于章法，而只是凭其所明之道和所知之理（即见多识广的经验之道和社会人际关系之理）。

译文：我们在社会上遇到的最练达之人就是商人和那些洞达世故者，他们与人论理起来凭的是其所明之道与所知之理，而不是像蛛网那样经络分明，丝丝入扣（富于章法）。

12.5.4 语境参数对主题关联概念语义辨析的制约性

例12.3[句2]和[句3]的理解与表达难点参见加粗部分词句，其"义-意"识解的主观理据在于首先建立和明确语境参数及其相互关系。

[句 2] Women have often more of what is called **good sense than men** [比较

参数].

　　[句 3] They have **fewer pretensions** [如何析取与建构其语境化含义?]; are **less implicated in the theories**[特点+程度参数]; and **judge**[行为参数] **of objects more from their immediate and involuntary impression**[方式特征参数] on the mind, and therefore, **more truly and naturally**. [性质特征参数]

　　难点与重点问题辨析：fewer pretensions为何为复数形式，为何有数的概念语义？pretension英汉词典提供的"译文"有多个选择，有"自命不凡/自负/骄傲/虚荣/炫耀/要求/主张/借口"等，究竟选择哪个释义？英汉词典提供的多个译文在大多数情况下只能作参考，必须根据语境参数的制约关系进行析取。但如何析取首先取决于对不同英语词典对该词提供的外延与内涵特征进行辨析。*OAED*的释义：the act [外延]of trying to appear more important, intelligent, etc. than you are in order to impress other people[内涵]；*CALD*的释义：a claim or belief [外延]that you can succeed or that you are important or have serious value[内涵]；*AHD*的释义：ostentatious display; pretentiousness; *RHWCD*的释义：the laying of a claim to sth。

　　这些词典释义为(fewer) pretensions的识解提供了可参性选择。pretensions用作名词复数获得了"禀赋"的若干具体方面的含义，用以说明女人判断能力的性质、特点与方式，其语义内涵受制于上下文语境参数：其前面的good sense than men是指特定能力性状方面的比较参数；其后面文字的性质、特点和方式参数是：①没有较复杂的理论（照应后面的judge of，即判断事物之理比较简单）；②判断事物更趋向于凭直觉或印象；③故女人对事物的判断更多的是感性多于理性，因而真实自然。在此语境中，more...good sense than men的语境化含义是指"女人的感悟力比男人强"。对fewer pretensions 的语境化含义推导理据是：判断事物需要表明自己的主见，表明主见需要说服别人，说服别人需要清晰的理据（观点与论据），而女人更多的是凭直觉和印象，并无复杂的论理之据，故她们的主见多于感性，比起男人的理性来，更直接、更真实、更自然。据此语境参数，与pretensions的语境化含义相匹配的是*RHWCD*较泛化的中性释义：the laying of a claim to sth（对某事物的主张的依据），在译文搭配中则引申为"**她们少有明晰的主见**"（很少有条理清楚的解释或说明）。

12.5.5　语词概念语义的语境化趋同

　　语词概念的语义识解既可能是静态的，也可能是动态的。但就英汉双语词典来说，英语词典给定的是"外延+内涵"的语义结构，而且不同英语词典给定的外延与内涵语义特征有很多情况下是有一定差异的（如例12.3中的pretensions），取决于编纂者收集的实例性质、范围及编纂者们抽象概括的水平高低；而汉语的释义却是词典编纂者通过高度抽象和概括形成的词组，简略掉了若干语义特征信息。但任何词典提供的释义都具有历史局限性，而语词概念在不断地被人使用于不同语境，服从于不同话题或主题，故而具有动态的释义特征，其中最常见的是语境化语义趋同。以下是对例12.3中[句4]和[句5]的分析。

[句4] They **cannot reason wrong**①; for they **do not reason at all**.②

[句5] They do not **think** or **speak by rule**③; and they **have in general more eloquence and wit as well as sense**④, **on that account**⑤.

难点与重点问题辨析：[句4]由主从句构成，①和②中的reason用作动词，英汉词典译文有"说服；劝说；推论；辩论"，此处不宜照词典译为"她们不会错误地说服/劝说/推论/辩论"。受制于上文的"主见""判断""直觉""印象"等性状和特点参数，宜译为"她们不会作出**误判**，因为她们根本就不作**判断**（推理）"。小句③中的by rule不宜译为"按规则"，受制于小句①和小句②表达的作者意向，此处宜译为"不太按章法"。"规则"是指某个社群制定或约定的为群体所遵循的行为惯例，"章法"是指说话写文章必须遵循的严谨的组织结构，后者更适合于说明女人在发表自己的主见时主要凭直觉和印象的思维特点。小句④与小句⑤的逻辑语义关系为"前照应参数"与"事理解释"：on that account 是照应性说明女人发表意见或写文章一般不需要缜密的思考和合乎逻辑的推论，正由于不需要这种缜密思考的判断方式，女人说起话来，其口才、机智、感悟力要胜过男人。

12.5.6　语言风格的艺术再现与概念语义的语境化嬗变

语篇翻译认知过程研究最值得重视的就是语境化语义嬗变现象，即语词概念或语句的命题语义失去了自身的基本语义特征而发生了嬗变。从原文的"义-意"形态到译语的嬗变路径、思维推导机制、判断的主客观理据是研究者必须加以说明的。

[句6] By their wit, sense, and eloquence together, they generally **contrive to govern their husbands**①.

[句7] Their style, **when they write to their friends,**②is **better than that** of most authors③.

[句8] ——**Uneducated people** ④have **most exuberance of invention**.

译文：她们凭着那点机智、悟性和口才，通常都想让她们的夫君臣服。当她们与朋友通信时，其文笔竟能让大多数作家相形见绌。并非训练有素之人反倒能焕发出最丰富的创造力！

难点与重点问题辨析：一是语言风格的艺术再现：原文语言具有俏皮诙谐的特点，如[句6]对女人总的特点的描述及其因果推论关系。但若将govern their husbands译为"统治/控制她们的丈夫"则显太正式严肃，既不达意也不诙谐，不符合夫妻关系。宜译为"让她们的夫君臣服"或"使夫君们俯首听命"，再现原文的俏皮语气和此类女人与丈夫的关系形象。二是概念语义的语境化嬗变：uneducated people不宜按字面意思译为"无知的/没受过教育的人"，显然不符合语境。在此上下文语境中，uneducated people的语义外延与内涵都发生了变化，外延缩小，内涵扩大，是指口才、机智、感悟力强于男人们的女人。根据上文所指及其女人的禀赋特点（话题参数）和most authors（比较参数）的制约，其"义-意"形态是指在说话和写作方面没有受过逻辑修辞等训练的人，故嬗变为"并非训练有素之人"。主观客观理据是与作家比较：作家的写作能力是需要一定时间训练而成的，然而，女人们不需任何训练，就凭那点机智、感悟力和口才，其文笔（在与朋友通信时），竟能让大多数作家相形见绌（俏皮诙谐，略带讽刺）。下面是笔者的译文。

译文：　　　　　　　　女人的"禀赋"

我们在社会上遇到的**最练达之人**就是商人和那些**洞达世故者**，他们与人论理起来凭的是其**所明之道与所知之理**，而不是像蛛网那样经络分明，丝丝入扣（富于章法）。而女人的"感悟力"通常**就**是比男人强。她们**较少有明晰的主见**，也不会有太多道理解释；她们判断事物更多的是凭直觉和单纯印象，因此也就更为真实自然。她们较少做出误判，因为她们根本就不做判断推理。她们无论思考问题或与人交谈并不太按章法，正由于这点，女人的口才、机智和悟性通常都比男人强。她们凭着那点机智、悟性和口才，通常都想让她们的夫君臣服。当她们与朋友通信时，其文笔竟能让大多数作家相形见绌。——并非训练有素之人反倒能**焕**发出最丰富的创造力！

12.6 宏观框架统摄下的"老来乐"英译认知机制及操作过程描述

语篇意义的理解受制于宏观结构已成为普遍共识。范·戴克（van Dijk，1980）指出，宏观命题结构与知识的组织有关，语篇的处理必须考虑信息的宏观组织及其过程。语篇主题就是宏观命题的重要形式，任何语篇都受其主题控制和支配，对词义语境化内涵的理解与解释都必须以反映主题的宏观命题结构为依据（陈忠华、刘心全和杨春苑，2004：181）。在翻译研究中，语篇翻译受到国内外学者的普遍重视，有些研究者分别从语域、衔接、连贯、语篇类型、语篇结构方面研究语篇翻译诸方面的问题；还有的从跨学科角度研究语篇/话语的翻译，如运用功能语言学和语用学相关理论解释语篇翻译中的问题。此外，作者的意图与文本的内容、结构、措辞之间存在关联性制约（Hatim & Mason，1990：12）。这些研究旨在探讨译者如何激活他们的语篇知识，思想是如何在语篇中进行安排，读者如何接受这一语篇并发现它所表达的思想，以及语用因素是如何制约语篇的语言及语义结构的（Neubert & Shreve，1992：46）。

从一些翻译教程、论著和论文中的相关论述看，语篇主题的作用得到普遍重视，但也暴露出若干值得深入思考的问题。一是什么是语篇主题以及如何抽象概括主题的问题。范·戴克（van Dijk，1980）认为宏观命题是通过缩减规则得到的，但复杂的语篇主题在多数情况下并不能通过缩减规则得出，而应通过认知加工和抽象概括的方式得到；二是作为语篇主题的宏观命题必须受话题统摄，不能游离于话题之外，其抽象概括必须针对话题展开说明或论述；三是语篇"义-意"的识解与表达并不能单一地视为主题统摄下译者行为，而是在语篇话题、主题、主题倾向（次级主题结构链）、作者意向（意图）、作者语言风格特征这一具有内在关联和统一性的宏观框架统摄下具有主客观理据的阐释行为；四是有些研究者在讨论具体的文本或语篇翻译过程时，虽然强调了语篇主题对词句意义理解的重要性，也提到了要从"大处着眼，从小处着手"，但对主题内容的认识、判断和把握产生了偏差或误读，导致误译。最后这个问题体现了译者或研究者对整体-局部互参的认知加工能力和逻辑推论能力较弱，缺乏整体关联性辨析的逻辑思维导向，无疑会影响对语篇"义-意"形态辨析，对选词择义之语境适切性的甄别和正确把握的程度。

　　下面以《中国翻译》2005年举办的第十七届"韩素音青年翻译奖"汉译英参赛组为例，评审组对参赛者译文中出现的各种问题进行了点评，并提供了评审组集体的参考译文，对语篇主题的理解准确与否成了评审组评判译文质量和可接受度的重要依据。参赛原文题目是"老来乐"，作者金克木是已故北大教授、著名文学家和翻译家、梵文和印度文化研究专家。金克木通过自己的经验体会说明退休老人应学会以适合自己的生活方式，调整生活心态，自得其乐，乐度晚年。但是，评审组在甄别"老来乐"的主题思想时却误读了作者的意向意义，将第二段末的幽默风趣的互文性语句"老年是广阔天地，是可以大有作为的"当成了文章的主题思想，将该句按字面意思译出：I can still have my talents employed fully and developed completely。造成题目"老来乐"和段[3][4][5]的次级主题结构链与宏观命题"老年是大有作为的"之间缺乏内在的逻辑关联性。金克木以互文性语句来说明晚年在自己的小屋子里（足不出户）如何自得其乐的方式，其意图在于以幽默风趣的语句说明老年人自娱自乐的方式很多，即使足不出户也可以忙于感受各种自得其乐之事，生活照样过得很"充实"，故与文章结尾的对联式语句形成照应：小屋之中天地阔　老年无事是忙人。事实上，作者并无任何意向说明"老年人可以在自己的小屋子里完全地运用和发挥自己的才能"。由于评审组没有认真细致地全面把握语篇的话题、主题、次级主题、作者意向、作者独特的语言风格等宏观结构的统摄性，造成了参考译文中出现多处误读误译的问题。

　　将原文和参考译文对照如下，其中词句①~⑧表示宏观框架统摄下的语篇"义-意"识解与表达的难点重点问题。

[例 12.4]

老来乐①

（金克木）

[1] 六十整岁望七十岁如攀高山。不料七十岁居然过了。又想八十岁是难于上青天，可望不可即了。岂知八十岁又过了。老汉今年八十二矣。这是照传统算法，务虚不务实。现在不是提倡尊重传统吗？

Delights in Growing Old①

[1] At the age of sixty I longed for a life span of seventy, a goal as difficult as a summit to be reached. Who would expect that I had reached it? Then I dreamed of living to be eighty, a target in sight but as inaccessible as Heaven. Out of my anticipation, I had hit it. As a matter of fact, I am now an old man of eighty-two. Such longevity is a grant bestowed by Nature; though nominal and not real, yet it conforms to our tradition. Is it not advocated to pay respect to nowadays?

[2] 老年多半能悟道。孔子说"天下有道"。老子说"道可道"。《圣经》说"太初有道"。佛教说"邪魔外道"。我老了，不免胡思乱想，胡说八道，自觉悟出一条真理：老年是广阔天地，是可以大有作为的②。

[3] 七十岁开始可以诸事不做而拿退休金③，不愁没有一碗饭吃，自由自在，自得其乐。要看书可以随便乱翻。金庸、梁羽生、克里斯蒂、松本清张，从前哪能拜读？现在可以了。随看随忘，便扔在一边。无忧无虑，无人打扰，不必出门而自有天地。真是无限风光在老年④。

[4] 偶尔有人来，不论男女老少认识不认识，天南地北，天上地下，天文地理，谈天说地⑤，百无禁忌。我的话匣子一开，激光磁盘便响个不停，滔滔不绝。无奈我闲人忙⑥，听众逐渐稀少，终于门庭冷落，只剩一屋子广阔天地，任我独往独来，随

[2] An old man is said to understand the Way most probably: the Way of good administration as put forth by Confucius, the Way that can be explained as suggested by Lao-tzu, the Word (Way) in the very beginning as written in the Bible and the Way of pagans as denounced by the Buddhists. As I am growing old, I can't help being given to flights of fancy and having my own Way of creating stories. However I have come to realize the truth: my old age serves as a vast world in which **I can still have my talents employed fully and developed completely**. ②

[3] At the age of seventy I began my retirement, in which I can rely on my old-age pension for a living, **free from any burden of the boring routines I used to bear, and lead a life carefree and contended**③. As for reading I can, now, choose at my own will to thumb through anything to while away the time. I can find time to read anything that I didn't used to, for instance, such time-killers as those created by Jin Yong, Liang Yusheng, Christie and Seicho Matsumoto. I don't have to keep them in mind and quit them as I see fit. **There being no worry and disturbance, I need not travel far in my own world so vast.**④ True it is that the most splendid view may be found in old age!

[4] Occasionally I had some visitors, male or female, old or young, acquainted and unacquainted. **We could chat about everything in the north or in the south, in the space or at the core, related to astronomy or geography, in the Heaven or in the Hell** ⑤and there were no taboos for us at all. **Whenever I broke the ice** I began to pour my words, in a flow of eloquence, as continuously as a laser disc. **Unfortunately, I was jobless** ⑥while they were so busy that they almost melted away until few knocks came at the door and the world became vacant again. Now I alone can occupy it and go my own way.

意挥洒。

[5] 打开电视，又是一番新气象。古今中外，赤道南极，变幻莫测。真能坐地日行八万里⑦。忽而庄严说教，忽而插科打诨，忽而高歌一曲，忽而舞步翩翩。帝王将相，牛鬼蛇神，无不具备，应有尽有，场面各有不同。……正在得意之间，不料长袍马褂已变成西装革履。长发长袜，飘来跳去，三点泳装耀眼生辉。眼睛耳朵实在招架不住，那就下令暂停，闭目养神去也。

这正是：

小屋之中天地阔

老年无事是忙人⑧。

[5] When I turn on the TV set, some other new scenes come into my sight, for example, **the changeable events in history or in current affairs, on the equator or at the poles. It might be said that while sitting in my room I can cover eighty thousand miles a day since our planet spins** ⑦. Come upon the screen, now serious preaches, now comic gestures and remarks, now resounding songs, now twists and dances. ...Really, a new generation may be inferior to the old and in turn an old generation may be outshone by the new. As I am beside myself in high glee, the traditional costume gives way to a western suit. Then the long-haired and the long-stocked shake their legs as if adrift, sandwiched by the radiating bikinied. My eyes and ears can hardly stand those things and I order the set to be turned off for I am going to close my eyes for a rest.

So it is well said:

The world is vast though in the house very small;

The old become jobless, yet now most active of all. ⑧

12.6.1　宏观框架结构要素内容的抽象与概括原理

评审组在评审报告中指出，"第二个自然段点出文章的主题：老年是广阔的天地，是可以大有作为的。下面几个自然段例举具体事实加以佐证，包括物质待遇和精神活动，社交活动和娱乐活动。最后得出结论：小屋子里天地宽，老来无事是忙人。译者若能以主题思想为线索，理顺文章结构与内容，从宏观入手，从微观着手，就能够在表达过程中，顺理成章，一气呵成。体现主题思想的三个要点：标题的翻译、主题的翻译、结论句的翻译……"；联想到罗素的散文"How to Grow Old"，我们认为标题最好的译文是"The Joy of Growing Old"和

"Delights in Growing Old"。事实上，语篇主题的识解并非如此简单，评审组有关主题及其关联性语句"义-意"的识解与表达未能正确把握语篇主题的触发语及次级主题的照应性认知机制。图12.11是对"老来乐"宏观框架结构要素的抽象、概括、主题辨析和阐述。

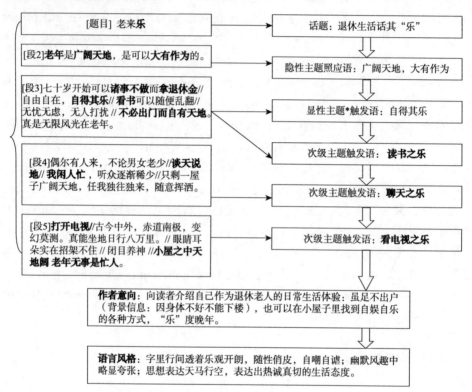

图 12.11   "老来乐"宏观结构的统摄机制
注：*主题：退休老人有适合自己身体状况的多种自得其乐的生活方式

12.6.2 话题与主题"义-意"形态的生成机制

语篇题目对全文内容具有点题功能，在一定程度上统摄全文意义识解的逻辑导向。题目的文字内容有时既包括了话题，有时也蕴涵着主题的情态特征，但由于题目文字的简约性和凝练性，又使得话题和主题情态变得含蓄而模糊。"老来乐"之"老"和"乐"就是模糊概念。大多数参赛者对题目的翻译基本上是零度视域下的译者行为，其译文基本上都是与之相关相近的表达形式：将"老"译为

old age 或 getting old 或 growing old；"乐"的情态概念有 bliss、pleasure、happiness、cheerfulness、joy、delights等。例如：Bliss in Old Age//Pleasures of the Old Age//Happiness of My Old Age//The Joy of Old Age//Old in Age but Cheerful in Spirit//The Joy of Getting Old//The Delights of Growing Old//Delights in Growing Old。

评审组最终认可的是后两种译文，认为"老"是指逐渐变老（growing old），"乐"则是delights。这一选择缺乏整个语篇细节内容的关联性照应。金先生在段[1]和段[2]中说自己活到七十或八十宛如攀高山、难以上青天（金老青年时曾患肺病，年老时多病，最后几年几乎不能下楼），却也活到八十二；七十岁退休后可以无忧无虑，自得其乐，虽不能出户（像其他退休老人一样钓钓鱼、跳跳舞、旅旅游等），却也可以从阅读、聊天、看电视中寻找乐趣。"自得其乐"是退休老人生活中的普遍情态特质，因而从可体验的经验逻辑看，一个足不出户、身体有病的七八十岁老人在慢慢老去的岁月中会感到delights（非常高兴/喜悦或极度满足）吗？笔者认为，题目"老来乐"的"义-意"形态识解及其生成机制可表征为：宏观结构中题目的识解应遵循语境内涵适切性原则，其内涵适切性取决于显性主题触发语和显性或隐性次级主题内容的情态逻辑关联性。其语境内涵适切性译文是："Fun for a Retired Life"或"Self-amusement in Retirement"。

再考察段[2]隐性主题句的"义-意"识解及其生成机制。

原文：自觉悟出一条真理：老年是广阔天地，是可以大有作为的。

参考译文：However I have come to realize the truth: my old age serves as a vast world in which I can still have my talents employed fully and developed completely.

问题成因与译文的主题统摄机制辨析。评审组在报告中指出，"该文的主题是：退休老人可以继续发挥余热，其理据就是根据第二段中的'自觉悟出一条真理：老年是广阔天地，是可以大有作为的'"。根据"阐释之循环"之文本意义识解机理，该文宏观主题是由后三个自然段的次级主题内容推定的：看书、聊天、看电视之乐。作者并没有说退休后仍然能"完全运用和发挥自己的才能"，因为这三种被动的自得其乐的方式不是在充分发挥才能，而是作者突出自己一贯的幽默风趣、措辞夸张的文风。译者在表达时应突出此隐性主题内容的语境照应性，根据其与后三个次级主题内容的关联性，概括性地表达出先概述后分述的英语行文习惯。

改译：However I have come to realize the truth: A retired man can still enjoy

a vast world in which he is capable of exploring a load of ways to have fun.（Or：…
in which a variety of fun-making / self-amusement ways can be explored.）（笔
者译）

12.6.3 句法逻辑语义关联与意向性含意的识解与表达

原文（在段 3）：无忧无虑，无人打扰，不必出门而自有天地。真是无
限风光在老年。

参考译文：**There being no worry and disturbance, I need not travel far in my
own world so vast.** True it is that the most splendid view may be found in old age!

问题成因与意向性含意识解辨析。原文前三个语句分述三种状况：衣食无
忧（有退休金）、环境清净（没了应酬）、独处有道（自得其乐）。参考译文则
用独立主格结构表达前两句。there being构成的独立主格结构常用作原因状语，
此种择句造成语法逻辑语义关联有误，情景逻辑不适切：（由于）无忧无虑，无
人打扰，（所以）我不必在自己如此广阔的天地中长途旅行，这种"义-意"识
解与主题及后面的关联性语句之间不能产生趋同性事态逻辑关系，且译文表达语
义晦涩。"不必出门而自有天地"与后面的"一屋子广阔天地"及"小屋之中天
地宽"具有内在关联性，其意向性含意是指自己虽然（因病）足不出户，但也能
在家过得自得其乐和怡然自得，体现出自嘲自谑的文风。

笔者改译：With no worry and disturbance, I enjoy my own vast world without
being travelling outdoors. True it is that the most splendid fun are enjoyed in a
retired life!

再分析段4的内容：

原文（在段 4）：偶尔有人来，不论男女老少认识不认识，天南地北，
天上地下，天文地理，谈天说地，百无禁忌。⑤

参考译文：Occasionally I had some visitors, male or female, old or young,
acquainted and unacquainted. We could chat about everything in the north or in the
south, in the space or at the core, related to astronomy or geography, in the Heaven
or in the Hell and there were no taboos for us at all.

问题成因与意向性含意识解辨析。参考译文未能把握作者文字风格特征传达
的意向性含意：天马行空式的夸张风趣，对文字概念的意向意义没有进行辨析，

完全是逐词实化翻译，造成"义-意"脱离语境及其主题统摄。作者打开的话匣子并非和偶尔到来的认识或不认识的男女老少谈太空、地心、天文学、地理学、天堂、地狱等。翻译时应考虑英语受众的认知思维和语篇主题宏观与微观照应的语义连贯性，采用泛化和虚化并举的翻译对策。

笔者改译：Occasionally, someone may drop in. No matter who or how old he/she is, **we could carry on fancy-free chat about everything** in the world with no taboos for us at all.

再分析段5的内容：

原文（在段 5）：打开电视，又是一番新气象。古今中外，赤道南极，变幻莫测。真能坐地日行八万里。

参考译文：When I turn on the TV set, some other new scenes come into my sight, for example, the changeable events in history or in current affairs, on the equator or at the poles. It might be said that while sitting in my room I can cover eighty thousand miles a day since our planet spins.

问题成因与意向性含意辨析。译者未能把握原文作者的交际意向和文字风格特征表现的关系。作者的真实意图无非是说足不出户就能从电视节目中知晓古今中外以及全球发生的纷繁事件，而不是由于地球自转一周，"我"坐在房间里也行（cover）了八万英里。这种写实式英译造成上下文主题及主题倾向的不连贯。译者应遵循主题统摄下的意向性含意之语境适切性准则，化实为虚，突出作者意向性含意。

笔者改译：It is really amazing that without travelling around the world on my foot I can enjoy the re-occurrence of historic events home and abroad or daily scenes occurring thousands miles away on the TV programs.

12.6.4　概念语义识解的语境制约性

原文最后一句对联式语句：小屋之中天地阔
　　　　　　　　　　　　老年**无事**是**忙人**。

参考译文：The world is vast though in the house very small;
　　　　　　The old **become jobless**, yet now **most active of all**.

问题成因与概念语义识解和表达的制约性。评审组未能把握整个宏观框架结构要素内容对微观层次词句"义-意"的识解与表达的统摄性，对个别概念内涵特征的甄别没有引起足够重视，以至于造成措辞不当和对作者意向的误读误译。译文中的"**老年无事**是**忙人**"变成了"**失业的老人在所有人中现在最为活跃**"。jobless意为out of employment（失业），显然不符合现实语境中退休一族的事态状况。从宏观-中观-微观相统一的视域识解"无事"和"忙人"的"义-意"形态，前者是指作者退休闲居在家不必操心单位的正事，"忙人"是指一天到晚可以尽情阅读各种书籍、尽情与来访男女老少闲聊、尽情欣赏电视节目，可谓"脑忙、眼忙、嘴忙"。最后结尾对联句照应题目和主题，译文应突出这种话题和主题及其倾向统摄下的行文布局与内容构思的内在关联性。

笔者改译：In the small house **a vast world is colorfully engaged**;

　　　　　With full amusement **a retired man is fully engaged**.

12.7　小　　结

本章通过两则说明文语篇（节选）的翻译过程解析说明了语篇翻译两个重要方面的本质特征：一是在许多情况下，即使毫无任何背景信息的语段"义-意"的识解与表达不宜一开始就逐词逐句翻译，而应首先通过对语段中关联性线索概念之间的关系做出判断和推论，明确并建构出语段的话题、主题、主题倾向、作者意向等宏观命题陈述结构，然后再在此宏观结构的统摄下辨析微观词句，尤其是难点词意义的语境适切性含义（含意）；二是即使提供背景信息的、题目明确的语篇，同样需要建构出具有统摄机制的宏观命题陈述结构，而且这一宏观结构的确定不宜望文生义，而应通过"阐释之循环"的认知思维运作方式，从上至下和从下至上地通过辨析主题及主题倾向关联性融合之线索概念，正确地把握语篇主题的内涵与主题倾向之间的逻辑导向。这种统摄机制对任何题材和体裁的语篇翻译过程都具有积极的指导意义。

第十三章

散文语篇翻译体验与建构过程解析

13.1 概　述

　　散文是与诗歌、小说、戏剧并行的一种文学体裁，其内容主要是作者根据自己所见所闻所思而写出自己的真情实感。根据题材内容，散文可分为叙事散文、抒情散文、哲理散文。散文特点主要有三：一是题材极为广泛，作者的风格多样，语篇结构不拘一格，个性特征鲜明；反映大千世界、人生百态、酸甜苦辣、生老病死、悲欢离合等生活经验和人生感悟。二是意境深邃，优秀的散文是作者将对社会生活中的直接或间接的经验感受与深入思考化为抒情性文字，或融情于景、寄情于事，或寓情于物、托物言志，小中见大，道出深邃的事理，启迪读者的智慧。三是散文的语言优美，简洁凝练，形象生动，情真意切，意境深远。刘士聪（2002）在《汉英·英汉美文翻译与鉴赏》中强调了散文翻译的意境和审美韵味，二者是通过作品表达的精神气质、思想情操、审美志趣、风格形象等营造出来的。散文的这些特点无疑为翻译的选词择义的理据及其对策性认识提供了参考。

13.2　散文风格特征及语篇翻译过程研究的原则要求

　　散文翻译首先必须把握作品的语言风格。有的作品语言凝练优美、自由灵活，接近口语；有的作品思想内容感人，诗情画意中富于哲理。散文作品的个人语言风格中透露出作者的个性特征，品味独特的个人语言风格，译者才能在翻译过程中更深入地艺术再现和表现出原作者的语言风格及其个性特征。

　　领会作品神韵和旨趣。作品反映特定的社会生活现实，触发作者的某种思考，故译者应了解作品所关涉的社会文化生活、各种人文历史和地域环境，再结合背景信息仔细认真地从整体上理清语篇思想内容的脉络，把握其意蕴，了解作者托物寄寓的丰富内涵。在具体操作上，译者应善于从关联性线索词句中把握作品主题及主题倾向，通过细节描述激发丰富联想，把握更深刻的道理，即小中见大，以便在译文中传神地译出原文的旨趣。正如歌德所言，艺术之所以具有真正生命，就在于对个别特殊事物的细腻描述（爱克曼，1978：10）。

体察作者情感，剖析情与景的关系。散文（随笔）荷载的作者情感维度包括：视点、角度、态度、感受、心境、希冀、深思、思念、情态等。情的表达往往通过景的语言形式得以传达，写景散文注意情景交融，咏物散文托物言志，尽可能体味象征手法。这是形与神的关系，是散文翻译传神达意的客观依据。在翻译过程中，译者结合自己个人间接或直接获得的生活体验或经验，在译文表现的情与景的交融上和作者情感发生强烈共鸣。散文翻译重点是把握其"形"与"神"的关系，散文要识得"文眼"，而翻译则要重点把握"译眼"（曾利沙，2014a：107-117）。构思精巧、富有意境或含蓄的散文作品，往往都有"文眼"的引发；同理，译者应力求剖析能揭示散文语篇的旨趣和有画龙点睛妙用的"译眼"，领会作者为文的缘由与目的。"译眼"因文而异，可以是一个字、一句话、一个细节、一缕情丝，乃至一景一物。可见，散文翻译之道应力求深入把握"文眼"和"译眼"的理解与表达的关系，尤其是能深刻揭示主题及其倾向的"文眼"和"译眼"。

语篇衔接与连贯分析。对散文语篇结构的整体衔接，尤其是句段之间的隐性连贯的分析，是保证译文质量的重要一环。故译者在阅读散文时还要瞻前顾后，注意句与句之间，段与段之间的前后勾连，以便使译文通顺流畅，具有高度的可读性。散文语篇翻译过程研究若脱离了语言风格特征及其艺术性，任何有关认知机制的研究都难以在整体上触及对散文语篇翻译的本质认识，对翻译理论与实践也难以产生积极的指导意义。散文语篇翻译总的原则和准则范畴及其操作规则概述如下：

风格一致原则：译文语篇风格在整体上应具一致性；

信息突出原则：突出作品的主题与主题倾向及作者意向性；

可读性和美感性原则：行文与选词择义具有美感性，在概念选择上突显语符所激活的视觉、听觉、嗅觉、味觉、感觉、触觉的内涵意象鲜明；

辅助性准则：语言凝练性、行文简约性、表达流畅性、节奏均衡性、寓意隽永性、比喻贴切性、常识感悟可体验性；

可操作性规则：①力戒文字重复冗长累赘、生硬（僻）拗口；②选词择义注重概念语义准确和内涵丰富；③多义词义项选择力求语境适切；④概念搭配或结构组合力求自然和谐；⑤对比/比较特征明晰；⑥描述性文字力求情景交融。

13.3 散文语篇（节选）"The City Is Like Poetry"美感特征再现过程解析

胡塞尔说过，理想的客体是逻辑永远探讨的对象（引自刘宓庆，1999：3）。在语篇翻译过程研究中，这种理想的客体表现在语篇翻译问题的典型性及其问题导向性，并从中归纳、总结、概括出各种相应的翻译原则与对策、方法。题材和体裁的性质不同，翻译的目的性不同，原则要求有所侧重，翻译过程中的操作处理也要有所侧重性取舍。对于译者而言，应根据原作题材、文体功能及其目的-需求性特点确定相应的对策性翻译原则。如文学作品摹物状景、刻画人物、塑造形象、表现情感，具有审美功能，翻译的目的性是向目的语受众译介异域民族不同的社会生活、文化思想、观念等，译文应以动态的忠实为主，采用艺术再现、艺术表现、等效等对策性原则。其次，译者在翻译过程中面临着对原作词句潜在的"义-意"形态的识解、辨析与选择。就研究者而言，应将语篇意义的理解与翻译表达纳入社会经验知识的可体验性框架内进行阐释，说明如何根据言外社会文化语境或言内上下文语境，对难点或重点翻译问题做出适切语境的理解与表达，给予意义重构。就语篇翻译过程而言，除了话题、主题、次级主题、作者意向、语言风格特征等对词句"义-意"的识解与表达产生制约外，言外语境所涉及的社会环境、自然环境、交际场合、交际双方特点（包括各自的思想、性格、身份、教养、处境、心情及双方社会角色、交际地位、情感距离、信息背景）等参数同样具有制约功能、解释功能、生成功能（段曹林，2000）。所有这些参数在宏观-中观-微观层面反映了语篇翻译过程的复杂性和丰富性，也为语篇翻译过程的认知机制研究提出了更高的要求。下面以对散文语篇（节选）的评析过程为例，阐释如何在语篇翻译认知过程研究中结合散文翻译原则要求，剖析和揭示散文翻译的本质特征与认知规律及其主客观理据。

[例 13.1]　　　　　　　**The City Is Like Poetry**
（By E. B.White）

A poem **compresses** much in a small space and **adds music**, thus **heightening its meaning**. The city is like poetry; it **compresses** all life, all races, and breeds, **into a small island** and **adds music and the accompaniment of internal engines**. The island of Manhattan is without any doubts **the greatest human concentrate** on earth, the poem **whose magic is comprehensible** to millions of permanent residents but whose **full meaning** will always remain elusive. At the feet of the tallest and plushiest offices lie the crummiest slums. The genteel mysteries housed in the Riverside Church are only a few blocks from the voodoo **charms** of Harlem. The **merchant princes**, riding to Wall Street in their limousines down the East River Drive, pass within **a few hundred yards** of the gypsy kings；but the princes do not know they are passing kings, and the kings **are not up yet** anyway—they live a more leisurely life than the princes and get drunk more consistently. （An Except from "Here Is New York" by E. B. White）

纽约是一首诗

一首诗**纳万千于方寸**，再配上韵律，便**意蕴非凡**。纽约亦如诗，它将所有生活、人种、族群**压缩**在一个小岛上，**配以韵律，再配以内燃机的轰鸣**。曼哈顿这座岛屿无疑是地球上**集万种人于一地的极致**，她是一首诗，诗的**魔力**千万居民都能**理解**，诗的深意却永难把握。**一边是豪华的办公大楼，楼旁却是赤贫的民宅**。河滨教堂中信徒们正举止文雅地举行宗教仪式，而哈莱姆的伏都教徒却在不远处施展魔法。商业王子乘豪华车，沿东河路，直奔华尔街，车过处吉普赛王仅与他们一箭之遥；但是这些王子不知道他们正与国王们擦身而过。不过这倒也无妨，反正国王也还没起来：吉普赛般的生活要比华尔街的来得悠闲舒畅，酩酊大醉更是十分平常。（叶子南译，引自《中国翻译》2009 年第 5 期"翻译自学之友"，第 86-87 页）

散文语篇风格"义-意"识解与表达问题辨析如下：

上述散文节选《城市如诗》的作者是美国当代著名散文家、评论家怀特，其文风冷峻清丽，简约凝练，辛辣幽默，自成一格。这段文字典型地反映了怀特的文风，汉译时译者应力求再现其个性化的风格特征。叶译基本上能体现作者的散文风格，但是从语篇整体风格"义-意"的识解与表达看，译文仍有多处待完善之处，尤其是一些细节层次的处理欠细腻，不能从整体上再现原文的散文意蕴和风格之美。汉语读者对散文的选词择义和行文风格特征都有一种普遍意义上的美感期待，如概念（内涵）准确、语句简约、措辞凝练、节奏均衡、行文流畅、结构和谐、意象鲜明、喻像生动、寓意隽永等。故在细节处理上，译者应能超出原文词句形式，而非囿于原文措辞或结构。英汉两种语言的词汇语义系统和句法系统特征在不同受众群体的接受心理中，效果并不相等，汉译时要求发挥译者主体性，最大限度地传达出散文的美感特征来。问题解析如下：

（1）搭配措辞有违经验逻辑。将add music译为"配以韵律"在概念语义上属于"搭配措辞不当"。从比喻意义的相似性看，诗的韵律是内在的节奏和押韵感，并非配上去的；"配以韵律"一般是指给诗（歌）配曲，故在此语境中不符合经验逻辑，宜译为"赋予韵律"。值得肯定的是，译文"纳万千于方寸"充分考虑了"诗"包容万象和诗的载体（纸张）的特征，以渲染性技法译much为"万千"，以具象性技法译a small space为"方寸"，尤其是以"（容）纳"译compress，用词简约；以四字结构"意蕴非凡"译heightening its meaning体现了汉语的优势。

（2）概念选择欠准确，意象晦涩：①语篇衔接词"亦"意为also，上文并没有提到其他明喻，无必要增译；②将compress译为"压缩"（其语义特征是加以压力，以减小体积大小、持续时间、密度和浓度等），是移译英汉词典释义，概念内涵欠准确。宜译为"浓缩"，与喻体"诗"内涵意蕴的不同异质文化的兼容性特点相适切；③"将所有生活……压缩"有点费解："生活被压缩"不符合语言逻辑，可明晰化为"生活方式"；④译文前句用了"配上"，此句又连续用"配以"和"再配以"，概念重复导致不仅累赘，且内涵搭配与语境不适切，宜译为"赋予其律动"（指城市的生活节奏感）；⑤译文"配以内燃机的轰鸣"概念不准确，激活的"内燃机"和"轰鸣"之关系意象晦涩：纽约市整天有内燃机的轰鸣吗？通常所说的内燃机是指活塞式内燃机，包括柴油机和汽油机。原文the accompaniment of **internal engines**（内燃机的伴奏）体现了作者简约具象的风格特征，此处是提喻性修辞，以部分代整体。根据经验知识，作者的意向性含义实际是指大城市滚滚车流（机动车辆）发出的隆隆声。此短语可具象化译为"再伴以滚滚车流隆隆的马达声"。

（3）行文措辞生僻。译文"集万种人于一地的极致"读来生僻拗口，可译为"地球上最繁华的人种聚居地"。

（4）喻象概念欠准确，形象欠生动：①原文的magic与full meaning相对比，分别指诗的形式和内容，前者指诗的韵律与节奏产生的美感，后者指诗的思想内容。一般情况下，magic可译为"魔力"，但魔力指"拥有神奇魔法和力量，可大概理解为魔术或魔幻，大多数为虚拟内容"。用"魔力"来描述诗歌形式特征属于喻像概念不当，宜译为"魅力"，喻指诗的韵律"充满吸引力或诱惑力"，符合万花筒般的纽约大都市和诗性的共同特点。从语言的可体验性看，"理解"改为"感受"更好，因为诗的韵律之美和繁华城市的生活都是通过各种感官感受到的。可见，翻译并非简单地移译原文词句的概念和命题意义，译者的选词择义应具有主客观理据性，即根据具体语境制约因素做出适切性选择。此句译文可突显对比结构特征，可译为"诗韵的魅力万千居民都能感受，诗意的丰韵让人永难捉摸。"②概念内涵特征的搭配不当："赤贫的民宅"搭配不当。从认识思维看，"赤贫"常用来描写人穷得一无所有或极其贫穷，一般不用来修饰或形容房子，房屋只能用破旧（烂）、颓败等状貌性形容词。原文是At the feet of the tallest and plushiest offices lie the crummiest slums，译文漏译tallest，却将slums（贫民区）译为房子，而将at the feet of...译为"一边……楼旁……"的结构。原文用了一系列事物特征状貌对比性描述，译者应身临其境地去感受原文描述对象的状貌差异特征，再现可感形象。此句可译为"奢华气派的摩天写字楼，俯瞰着对面肮脏矮破的贫民区"。

（5）宗教文化特征表达不当。①译者将voodoo charms译为"施展魔法"，显然是没有确查伏都教的文化特点。voodoo（伏都教）是一种西非原始宗教，偏重法术或巫术（magic）成分，如符、咒、护身符和人形偶的使用，魔法的通常定义是"使用意念操控自己身边真实事物的变化，从而达到攻击、治疗、防御或者其他效果"；②将genteel mysteries译为"举止文雅地举行宗教仪式"也没有译出其基督教宗教文化语境中mystery的内涵特征。据《美国传统词典》第8、9项释义，mystery为"圣餐礼：基督教的圣礼之一"，尤指"圣餐"（The consecrated elements of the Eucharist）；mysteries指"圣体，圣餐中被奉为神圣的成分（One of the Christian sacraments, especially the Eucharist）"。此句译文应突出宗教文化特征对比，可译为"……基督教信徒们正在举行文雅的圣餐礼，……伏都教徒却在施展巫术"。

（6）中英语言审美习惯存在差异。作者"冷峻清丽，简约凝练，辛辣幽默"的特点在"The **merchant princes**, **riding** to Wall Street in their limousines ..., pass within **a few hundred yards** of the **gypsy kings**."这句得到了很好体现，作者以形象鲜明的隐喻方式对照纽约两个不同阶层：以王子喻华尔街的商业金融才俊，以吉普赛国王喻街头流浪者。译文问题在于：①"商业王子**乘豪华车**"之"乘车"一般指乘坐他人的车；从生活常识看，原文无疑指这些商业才俊们自己开豪车；②译文"车过处**吉普赛**王仅与他们**一箭之遥**；但是这些王子不知道他们正与国王们擦身而过。"在缺乏有关吉普赛人背景知识的汉语读者看来，这种隐喻有点突兀和费解：突然提到单数的"吉普赛王"，将其实化，后面又出现复数的"国王们"。译者宜考虑汉语读者的审美习惯，一是增译描写吉普赛人四处流浪的特点，将相似性喻意明晰化；二是将喻体用双引号标示，含蓄地表达出"吉普赛国王们"是浪迹街头的流浪汉。此外，译文"一箭之遥"与原文"几百码（a few hundred yards）"相比，不符合场景逻辑。改译如下：

城市如诗

　　一首诗纳大千世界（大观）于方寸，再赋予韵律，便意蕴斐然。纽约如诗，将所有生活方式、不同人种和族群浓缩于小岛，赋予其律动，再伴以车流隆隆声。曼哈顿岛无疑是地球上最繁华的人种聚居地。她宛如诗，诗韵的魅力万千居民都能感受，诗意的丰韵让人永难深掘。奢华的摩天写字楼，俯瞰着对面肮脏矮破的贫穷区；河滨基督教堂中信徒们正举行文雅的圣餐礼，而不远处的哈莱姆黑人居住区的伏都教徒却在施展巫术。商界王子们开着豪车沿东河路驶向华尔街，那些浪迹街头的"吉普赛国王们"就在前面不远处酣睡，王子们却浑然不觉正与这些睡意正酣的"国王们"擦身而过——这种吉普赛人式的悠闲生活远非商界王子们可比，酩酊大醉更属常事。（笔者译）

13.4　散文语篇 Altogether Autumn 翻译认知过程比较评析

　　语篇翻译过程研究的最大难点就是从宏观-中观-微观层次对整个语篇"义-意"识解与表达进行全面细致的剖析与阐释，具体表现在运用宏观框架结构要素统摄下的认知机制对语词概念的义素、语义特征、短语、小句、句、句束、语段、语篇之间的内在关联性做出主客观理据互动的可证性的描写，这对揭示语篇翻译过程的本质特征具有非常重要的意义。国外有关语篇翻译的研究常见的是从概念到概念的原理性的认识，针对一个完整语篇翻译过程进行实证性的、条分缕析的、全面深入的、理论结合实际的剖析的则少见；国内语篇翻译研究或教学一般都是点到为止的说明，同样很少见对一个较长篇幅的语篇翻译过程进行多视角的、多维度的、全面深入的阐释。故语篇翻译过程研究有待于深掘和拓展，并且具有巨大的研究空间。尤其是通过对多种译本的比较评析，探讨不同译者的翻译经验、翻译理念、翻译对策、翻译方法、翻译态度以及不同译者的语言能力、知识结构、经验认识、译文质量等，这种语篇翻译过程的研究方法论将会为认知翻译学理论范畴的发展提供更多典型案例的支持，也能为翻译理论与实践的紧密结合提供更广视域的科学认识。

本节所解析的英语散文语篇"Altogether Autumn"的翻译过程是一个比较典型的实例，无论是对语篇宏观结构的把握与建构，还是对微观层面难点和重点词句意义的语境适切性剖析（参见加粗部分），都能反映出散文语篇翻译的要求和本质特点，同时也能从中总结、归纳、抽象、概括出一系列翻译操作的对策性原则、技法和方法论认识规律。《中国翻译》2000年第1期刊登了1999年全国暑期英汉翻译高级讲习班英译汉散文练习原文，题目是"Altogether Autumn"，并附陆谷孙教授的参考译文与讲习班学员周仁华的习作。笔者曾从"意义参数"的评价标准对两位译者的译文进行了比较评析（曾利沙，2000a），本节将从宏观-中观-微观层面对两种译本的"义-意"识解与表达的主客观理据进行全方位的剖析，在此基础上提出自己的重译并进行理据性解析（结合图13.1和图13.2看例13.2）。

[例 13.2]   Altogether Autumn

[1] **It's time to plant the bulbs**. But I **put it off** as long as possible because planting bulbs means making space in **borders which are still flowering**. Pulling out **all the annuals** which nature has allowed to erupt in overpowering purple, orange and pink, **a final cry of joy**. That would almost be murder, and so I'll wait until the first night frost anaesthetizes all the flowers with a cold, a creaky crust that causes them to wither; a very gentle death. **Now I wander through my garden indecisively, trying to hold on to the last days of late summer**.

[2] The trees are plump with leafy splendor. The birch is softly rustling gold, which is now fluttering down like an unending stream of confetti. **Soon November will be approaching with its autumn storms and leaden clouds, hanging above your head like soaking wet rags**. Just let it stay like this, I think, **gazing at the huge mysterious shadows the trees conjure up on the shining green meadows**, the cows languidly flicking their tails. **Everything breathes an air of stillness, the silence rent by the exuberant colours of asters, dahlias, sunflowers and roses**.

[3] The mornings begin chilly. **The evenings give you shivers and cold feet in bed**. But in the middle of the day **the sun breaks through, evaporating the mist on the grass, butterflies and wasps appear and cobwebs glisten against**

windows like silver lace. The harvest of a whole year's hard work is on the trees and bushes; berries, beech mast, chestnuts, and acorns.

[4]Suddenly, I think of my youngest daughter, living now in Amsterdam. One day soon she will call and ask, "Have you planted the bulbs yet?" Then **I will answer teasingly that actually I'm waiting until she comes to help me.** And then **we will both be overcome by nostalgia,** because once we always did that together. One entire sunny autumn afternoon, **when she was three and a half years old, she helped me with all enthusiasm and joyfulness of her age.**

[5]It was one of the last afternoons that I had her around because her place in school had already been already reserved. She **wandered around so happily carefree with her little bucket and spade**, covering the bulbs with earth and **calling out "Night night" or "Sleep tight", her little voice chattering constantly on. She discovered "baby bulbs" and "kiddie bulbs" and "mummy and daddy bulbs"**— the latter snuggling cozily together. **While** we were both working so industriously I **watched my child very deliberately. She was such a tiny thing, between an infant and a toddler, with such a round little tummy.**

[6] **Every autumn, throughout her childhood, we repeated the ritual of planting the bulbs together.** And every autumn I saw her changing, the toddler became a schoolgirl, **a straightforward realist, full of drive.** Never once dreamy, her hands in her pockets; **no longer happily indulging in her fantasies**. The schoolgirl developed long legs, her jawline changed, she had her hair cut. **It was autumn again and I thought "Bye roses; bye butterflies; bye schoolgirl." I listened to her stories while we painstakingly burrowed in the earth, planting the promise of spring.**

[7] Suddenly, much quicker than I had expected, a tall teenager was standing by my side; she had grown taller than me. **The ritual became rather silent**, and we no longer chattered away from one subject to another. I thought about her room **full of posters and knick-knacks,** how it had been **full of treasures in bottles and boxes, white pebbles, a copper brooch, coloured drawings, the treasures of a child who still knew nothing of money, who wanted to be read aloud to** and who **looked anxiously at a spider at her room** and asked, **"Would he want to be my friend?"**

[8]Then came the autumn when I planted the bulbs alone, and I knew that from

then on it would always be that way. **But every year, in autumn, she talks about it, full of nostalgia for the security of childhood, the seclusion of a garden, the final moments of a season. How both of us would dearly love to have a time machine. To go back. Just for a day.**[①]（引自《中国翻译》2000 年第 1 期，1999 年全国暑期英汉翻译高级讲习班英译汉习作）

人间尽秋举例 　　　　　园中之秋举例

图 13.1　广袤之秋　　　　　　图 13.2　园中之秋

人间尽秋
陆谷孙译

到了栽种球茎植物的时候了。我却是能拖则拖，因为栽种球茎得在园篱处腾出空间，而此时篱上仍开着朵朵鲜花。把一年生植物强行拔起，掐死造化恩赐的紫绛、橘黄和浅红这一片烂漫，阻断自然界的最后欢声，简直无异于谋杀。所以我要等待第一个霜降之夜，等待花瓣全部沾上一层冷冽的霜晶，**蒙无知觉中自行凋零，和婉地寿终正寝**。我在园中徜徉，拿不定主意，只求留住残夏的最后几天。

树叶犹盛，光鲜可人。白桦婆娑轻摇，一片片金色的叶子飘飘落地，有如一溜不绝如缕的庆典彩纸。十一月行将降临，**带来秋的凄风苦雨和铅**

挡不住的秋天
周仁华译

是种球茎植物的时候了，但我却尽量推迟种花的时间。种球茎花就得在仍然盛开着各色花卉的花坛中开出地盘，就得把那些欢畅地绽放着紫色、橙色、粉红色花朵的花儿给拔除掉，大自然一年只许诺了它们一次生机，拔出它们几乎无异于谋杀。因此我得等待，等到夜晚的第一次寒霜用清冷的，嚓嚓作响的冰衣将所有的花朵麻醉，使它们慢慢凋零，温柔地死去。此时，我徜徉在花园里，试图让夏季为时不多的光阴再停留些时候。

树儿郁郁葱葱的，丰满而气派。白桦树轻轻地摇落着金黄色的叶子。落叶飘啊飘，像不停飞舞的彩纸屑。要不了

----

①最后 2 句英文原文如此。

灰色阴云，**像浸水的抹布一样压在你的头顶**。但愿眼下的好天气会持续下去，我这样想，一边注视着树木在绿油油的草地上投下的幢幢诡谲黑影，还有倦慵地甩动尾巴的牛群。一片静谧，唯有紫苑①、大丽菊、向日葵和玫瑰的浓艳色彩似在撕裂四下的沉寂。

清晨时分，天气凛冽，到了夜晚，你打起了哆嗦，躺在床上双脚冰凉。但在正午时分，**阳光拨开云层，将雾霭化作蒸汽，在草地上升腾**。蝴蝶和黄蜂开始出没，蛛网犹如丝带，挂在窗前闪出银光。树梢上和灌木丛里凝结了整整一年的辛劳，浆果、毛栗、板栗和橡实等着收获归仓。

突然，我想到如今**客居阿姆斯特丹的幼女**。这两天，她定会打来电话来问："球茎植物种下了吗？"随即我会用打趣的口吻回答说，**老妈正等着她来帮忙下种呢**。接着母女双双陷入怀旧的情思，因为从前有段时间我们总是合作下种的，她才三岁半的那年，一个秋阳万里的午后，**女儿曾怀着她那年龄特有的全部踊跃和欢乐，做过我的帮手**。

生活中女儿绕膝的下午不多了，因为学校已给她留出一个名额。她带上自己的小桶和铲子，兴高采烈又无忧无虑地满园子跑，给球茎培掩泥土的同时，用尖细的嗓子一遍又一遍聒

多久，十一月就会来临，连同秋天的风暴和铅灰色的云朵，如浸了水的破布高悬在你的头上。光阴要能凝滞于此刻该多好啊，我想，一边呆望着树木在绿油油的草坪上集聚起来的庞大而神秘的影子，呆望着懒洋洋地摇动着尾巴的牛儿。万物都在呼吸着恬静空气，静谧中穿透着紫苑花、大丽菊、太阳花和玫瑰花浓郁的芳香。

清晨开始变得寒冷。夜晚，在被窝里也不由得浑身战栗、双脚冰凉。但中午时分，太阳得以冲出重围，将笼罩在草丛上的雾气蒸发一空；蝴蝶、黄蜂出来了；窗棂②上，蜘蛛网如同银色的花边在闪闪发光。一年辛苦过后，树上、灌木丛里到处是这一年的收成，有浆果，有板栗，有橡子，有山毛榉实。

突然想起了我在阿姆斯特丹的小女儿。不用多久，有一天她会打电话来问，"球茎花种上了么？"到时，我会逗乐地回答：在等你回来帮忙呢。随后我们双方都会沉浸在怀旧的情绪中。从前我们可一直是一块儿干这活儿的。只有三岁半那么大的时候，一个阳光明媚的秋日，她曾经带着浓厚的兴趣和欢呼雀跃的心情整整一个下午帮着我栽种球茎花。

这个下午是我得以有小女儿陪伴的最后几个下午时光之一，因为小女儿已经在学校里报名了。她兴高采烈、无忧

---

① 原文为"紫苑"，应作"紫菀"。
② 原文为"窗棱"，应作"窗棂"。

噪着"晚安，晚安"或是"睡个好觉"。她还分别发现了"贝贝种"和"娃娃种"，还有"妈妈爸爸种"，后者指的是那些亲密依偎的球茎种。两人辛苦劳作的同时，我曾留意审视孩子：真是个小不点儿，出了襁褓，挺着个圆滚滚的小肚子刚开始蹒跚学步。

在女儿童年期的每个秋季，我们履行仪式似地种下球茎植物，而每个秋季我都注意到女儿身上发生的变化。学步小儿长大成了女学生，成为一个充满进取心又坦率直面现实的人，从不把双手插在口袋里想入非非，再不靠恣意幻想而自得其乐。女学生的双腿变得修长，下颏的轮廓线变了，要上理发店剪发了。秋季再次来临时，我在心里默念："别了，玫瑰；别了，蝴蝶；别了，女学生。"当我们使劲在泥土里掘洞（坑），种下明春的希望时，我在倾听女儿述说她的故事。

突然，站在我身旁的女儿成了大姑娘，变化之神速远胜我的预料。随后，她的身高超过了我。下种成了相对无言的程式，不再有天南海北的闲聊。我不由地想起她那挂满大幅招贴以及充斥各种小摆设的房间，而先前这儿多的是瓶子和纸盒，白色的卵石，一枚铜制胸针，彩色图画。这些都是一个尚不知晓金钱为何物的幼儿的珍藏品，一个要大人读书给她听的稚女，见了屋里的蛛网会忧心忡忡地发问："蜘蛛愿跟我做朋友吗？"

接着就是我独自下种的那个秋

无虑地四处转悠着，提着小桶、拿着小铲，在给球茎花埋土；嘴里还念念有词"宝宝，宝宝，睡个好觉"，稚嫩的声音不停地传过来。她发现了"球茎花宝宝"、"球茎花娃娃"和"球茎花爸爸妈妈"——那温情地拥抱在一块儿的就是"球茎花爸爸妈妈"。我们俩都非常辛勤地干着活。我顺便特别观察了一下小女儿。她是如此如此的纤小，个头介乎于不会走路的婴孩和蹒跚学步的儿童之间；她还有一个溜圆溜圆的小肚子呢。

小女儿的整个童年时期，每年秋天，我们都要重复在一块儿栽种球茎花的仪式。每年秋天我都发现小女儿在发生着变化。学步童变成了学龄童，变成了一个直率干脆的现实主义者，浑身干劲十足。双手插在衣袋里，一副从不沉迷幻想的模样，也不热衷于沉浸在遐思之中。她双腿变得修长，下巴轮廓发生了变化，头发也剪短了。秋天又来临了，我想，"再见吧，玫瑰；再见吧，蝴蝶；再见吧，我的学龄童。"一边听着关于她的故事，我们一边辛勤地在地上挖着土窝，种上春天的希望。

突然，大大早于我的意料，一个高大的少女站在了我的身旁。她已经出落得比我高大。种球茎花的仪式变得很沉默，我们不再是一个话题接一个话题地聊个没完。我想起她那间贴满了海报，摆满了小玩意的卧室。那里曾经满是孩子的宝贝，有瓶子盒子，有白色的卵石，有铜制的胸针，有彩色的图画。孩子没天，我还知道从此就是单干的命了。
但每年秋天，她总要提到下种的事，口
气里充满怀旧的意味，缅想事事都有
保障的童年，幽闭的庭园，一个季节
的最后时刻。母女俩多么衷心希望有一
台时间机器，能回到往昔，即便过上一
天也好。

（引自《中国翻译》2000年第1期：
人间尽秋——陆谷孙译）

有半点金钱意识，老吵着要听故事，还
曾经不安地看着屋子里的蜘蛛问："他
愿意做我的朋友吗？"

　　然后，秋天来了，只剩下我独自栽
种球茎花，我知道从此以后都得这个样
子了。但每年，秋天的时候，小女儿都
会谈到种球茎花的事儿。谈话中充满了
怀旧的心情；怀念孩提时代的安全感，
怀念花园远离尘嚣的宁静，怀念一个
季节的最后时光。我们俩是多么多么
地希望能够拥有一台科幻传说中的时
间机器啊！让它带我们回到从前，只一
天就行。

（引自《中国翻译》2000年第1期：
挡不住的秋天——周仁华译）

13.4.1　语篇翻译"义-意"识解的宏观结构统摄机制的建构

　　对于不同译本的语篇"义-意"识解与表达过程的评析，必须建立一个能够
达成共识的宏观阐释框架，即将该语篇的题目、话题、主题、主题倾向（次级主
题）、作者意向等宏观参数抽象概括为概念化或命题表征，才能进入微观词句
"义-意"形态的辨析与译文表达。下面首先对"Altogether Autumn"的宏观阐
释框架各要素内容加以建构和充实。

明确宏观结构要素，简要概括要素内容

题目：Altogether Autumn（Completely Autumn 尽秋）
话题：花园秋种花卉感怀
主题：母亲对和女儿幼时秋天一起在园中种球茎花卉亲密无间的欢乐岁
月表现出强烈的眷念之情。
主题倾向：幼时女儿喜黏母亲，需呵护，母女亲密无间→女儿逐渐成人
不再依偎母亲→情感交流渐逝→母亲深感惆怅→女儿和母亲的亲密交流、终
日厮守的天伦之乐尽在孩童时期→女儿长大结婚成家，每年此时只有电话问

候→昔日欢乐时光已成眷念。

作者意向： 儿女们幼时相伴左右的美好时光与亲密依偎的幸福情景是父母永难忘怀的追忆。

叙事寓情特征线索： 线索词句及翻译重点见原文加粗部分。

作品以特殊时空与事件背景——秋天在园中种球茎花卉活动为中介，将"母女亲密欢乐相伴的往昔"到"如今一切成为眷念"的情态意义这一主线串联起来：残夏初秋栽种球茎植物季节→迟迟不愿动土开辟种植球茎花卉的地块→不忍心拔掉自家花园中一片片正在绽放的花卉植物→等待晚秋初冬霜降花卉自行枯萎→希冀留住此时大地翠绿、阳光明媚、桦树婆娑、鲜花怒放、静谧舒爽的美丽秋景→晚秋渐至，栽种球茎花卉已至，想起居住阿姆斯特丹的小女儿每年此时会打电话关切栽种之事→母女俩都会陷入以前园中栽种的欢乐情思→母亲追忆起蹒跚学步的小女儿在园中给自己帮手栽种球茎花卉时那种稚嫩可爱的神态→女儿整个童年时期都帮母亲栽种球茎花卉→栽种时母女俩亲密无间，无话不谈→女儿长大上学，思想性格和兴趣爱好发生很大变化→栽种时母女交流渐无→女儿成家居住他乡→然而却年年此时打来电话关切栽种话题→母女俩共忆昔日幸福时光→幻想能有时光机将她们带回过去，再享一日金秋季节在幽静的花园中整地、挖洞、施肥、放种、填土、浇水等一系列程序性活动的美好时光。

13.4.2　语篇题目、主题及其倾向内涵特征突显性

只有通过宏观结构内容的分析，深刻把握整个语篇的意旨和旨趣，才能译出作品意蕴的情感内涵特质。一般而言，语篇题目是具有高度概括性的宏观结构，是对全文内容的高度抽象和概括，提示文章主旨（theme-highlighted），对读者具有预期的逻辑导向作用。原文副词altogether意为completely，修饰 autumn，状景亦或寓情，景的描写和情的表现是文学作品审美功能的两个重要范畴（刘纲纪，1986），也是翻译艺术论赖以存在的理论基础的核心因素，对情与景的解读需要译者的艺术创造性形象思维。原作者通过对景的描写抒发情感，写景亦即寓情，所谓情景交融，表"情"是第一位的，也正如刘勰（1996：88）在《文心雕龙·情采》所说："故情者，文之经，辞者，理之纬；经正而后纬成，理定而辞畅，此立文之本源也。"从整个语篇结构看，开头三段写"秋"景，主要描绘园中鲜花正盛之"秋"景和近处静谧舒爽之"秋"景，揭示了"秋"的自然运动形式。此秋景描写旨在烘托下文通过园中年年秋种活动触发的母女怀旧之情

思。段[4]至段[6]则是作者追忆以前每到秋天小女儿在园里和母亲种球茎花卉的情形和女儿孩童期间无话不谈、亲密无间的美好时光，表现的是有女儿"相伴左右"（I had her around）和相依相偎的幸福欢乐之情；段[7]和段[8]既写女儿很快长大成人不能相伴左右并由此而产生距离（We no longer chattered away from one subject to another）的惆怅感，又写女儿在内心里亦有眷念之情思，每到此时定打电话来谈及下种的话题，而母女俩都只能以怀旧的心情（nostalgia）念想从前的种种欢乐和感受，以至于幻想有一种时光机，带她们回到从前，这是多么强的情感表现！从语篇结构功能看，文章最后一段起到点题和对题目的照应作用，是通过对"秋"这一给人们带来收获和欢乐及播下希望之种的特殊季节的中介，表达了母女间那种浓浓亲情及母女俩对园中之"秋"的那种眷恋情怀。"Altogether Autumn"的内涵在此处得到照应和体现，也是该散文语篇的主题所在，此题目的内涵意义可阐释为：Whenever Autumn approaches, the mother and daughter have strong sentimental longing wholly（or completely）for the garden where they enjoyed their most joyful moments while planting bulbs such as lily and tulips.（每当秋季渐近，母女俩都对花园产生一种深深眷恋之情，在那里她们曾一起种植如百合花和郁金香等球茎植物而一起度过了非常欢乐的时光。）

13.4.3　题目旨趣的语境适切性识解与表达

1. 译文问题比较评析

陆译的"人间尽秋"以"尽秋"译Altogether Autumn（altogether：wholly; completely）是概念意义层次的对应，增译"人间"二字是对"尽"的语义扩展，同时也顺应"达"。"人间尽秋"为四字结构，结构均衡、节奏稳定、富有乐感，这是汉民族对本族语语言文字结构的一种审美感。从审美心理及效果看，"人间尽秋"在读者心理图景中激活的"形象意义"凸现为"广袤大地，一片金秋"的"广袤之秋"（图13.1），是对原文抽象概念意义的一种写实和渲染。译文将"秋"对大自然的物化作用表现出来，具有静态的审美感。孤立地看，译文在形、音、意三方面胜于原文。但从语篇主题的统摄性和读者的预期角度看，陆译具有不同的认知逻辑导向："人间尽秋"给读者的心理预期是：该文很可能是描写一种基于广阔背景之上的秋景，内容以描绘秋景为主，但语篇旨趣并非在于描写人间处处是秋景，与作品展现的主题倾向和作者的意向不适切。

周译的"挡不住的秋天"没将altogether译出，而是"无中生有"地增译"挡不住的"，译者何有此译？有何主客观理据可言？我们可对译者潜在的理据作一深究，以寻找译者在翻译操作过程中主观能动性的心理轨迹，揭示翻译艺术创造性的本质特征。"秋"是人类对自然现象的一种理性概念认识，是对一年中特定时间段的标识。"秋"在自然界表现为一种逐渐推进的时间流，其存在是以时间的物化作用的形式为人们所认识的，即大地万物的外形由绿变黄及气温的由暖变冷的渐变过程，是不以人的意志为转移的且无法抗拒的自然现象。因此，译文"挡不住的"实质上是对原文概念本质内容的深掘，将其动态的特征突显出来，其理据在于原文前三段文字内容的提示，是一种段旨对微观层次操作单位意义生成与制约的功能体现。从译者思维过程的运动形式看，这是译者对原文操作单位的一种"艺术再现"。所谓翻译的"艺术再现"是指"译者对原作中那些外在的可以直观的各种事物的形象描绘"（曾利沙，2000b，2005c）。从艺术效果看，"挡不住的秋天"具有动态的审美感，是翻译艺术创造性形象思维的一种典型体现，但未能动态忠实地表现出原作的主题倾向和旨趣。"挡不住的秋天"意味着秋天的必然到来，万物难挡秋的步伐，意蕴着作者在抒发不希望秋的来临之感受。其实，文中开头给人一种美感画面，开得正欢的花卉、金黄色的白桦树叶在风中婆娑作响飘洒而落、绿地上的奶牛、阳光明媚的天气等，表明作者只是正在等待十一月份的霜降，准备种植球茎花卉，迎接来年园中的鲜花美景。

"人间尽秋"和"挡不住的秋天"与语篇题旨不适切，两种译文题目都没能把特定人物的内心情感意义揭示出来，表现的是局部操作单位的概念意义和附加于概念意义之上的形象意义。根据整个语篇的主题内涵特征，我们可将其创造性地译为"情系金秋"，其理据是语篇宏观结构的主旨参数对微观层次操作单位意义生成与制约的功能体现，是对更大一级语篇单位的动态求"信"的考量。

2. 主题统摄之理论认识

在语篇翻译过程中，原文题目通常都或显或隐地传达出作者的某种意向性主题倾向。作者追求语言形式的独特性或新颖性而隐性表现语篇题目，为题目翻译的选词择义提供一定的区间性空间，需要译者在对作者意向性主题倾向进行分析的基础上，给予有理据的艺术再创——创译。任何选词择义都可能产生某种预设或意蕴意义，不同译者往往有不同的侧重点，但任何侧重都应在主题及其倾向的统摄下进行合理的选择，使原文题目能够艺术性再现语篇作者意欲表现的思想内涵——旨趣，在题目形式与整体结构内容上形成一定的照应性认知连贯，给予读者以一定的符合认知逻辑导向的预期。有理据的"创译"是语篇题目翻译的一种重要对策。

13.4.4　语篇风格特征识解与表达比较评析

1. 语篇整体选词句式的语体风格特征比较

作家的风格体现于富有个性的用词与句式特征，译作的风格也同样体现于译者选词用句的语体倾向性。从两种译文看，陆译用词富有文采，讲求修饰，特别是双音节词和四字结构的使用，驾轻就熟，信手可拈；周译倾向于采用现代口语化的词句。将两种译文风格特征比较如下（参见曾利沙，2000b）：

陆译	周译
残夏、倦慵、凛冽、凝结、绕膝、缅想、幽闭；蒙无知觉、（和婉地）寿终正寝、自行凋零、树叶犹盛、光鲜可人、婆娑轻摇、不绝如缕、凄风苦雨、直面现实、恣意幻想、自得其乐、天南海北、尚不知晓等。	季夏为时不多的光阴、懒洋洋地、开始变得寒冷、到处都是、陪伴、怀念、远离尘嚣的；温柔地死去、树儿郁郁葱葱的、丰满而气派、轻轻地摇落着、不停地飞舞的、秋天的风暴、直率干脆的现实主义者、从不沉迷幻想、热衷于沉浸在退思中、一个话题接着一个话题地、没有半点意识等。

陆译表现出明显个性化特征。在语汇上，陆译可见大量典型的描写性甚浓的文学语汇（与之相应的周译却是近于口语化的叙述性语言）；在句式上，陆译追求语句的凝练性，如"一片静谧"就是对原文生动形象化语句的抽象压缩。又如："贝贝**种**""娃娃**种**"（周译为"球茎花宝宝""球茎花娃娃"）以及尽量避免"地"的使用（以下括号内为周译）：亲密依偎（温情**地**拥抱）、一遍又一遍聒噪（声音不停**地**传过来）、白桦婆娑轻摇（白桦树轻轻**地**摇落）、不再有天南海北的闲聊（我们不再是一个话题接一个话题**地**聊个没完）等。

从篇幅和译文风格看，陆译总计1 101个字，体现出简练的书面语言风格，具有明显的个性化；周译为1 278个字，体现出较流畅的口头语言特征。不同译文风格的成因是由译者自身学识的构成、语汇是否丰富、用语习惯以及个性化思维方式所决定的。从文笔看，陆译文字体现出深厚的汉文化底蕴，表现力要强于周译。陆氏在翻译过程中措辞用句驾轻就熟，即使一些平常语句也能展现出不同一般的表达方式。如第一段的…creaky crust that **causes** them to wither; a very gentle death被译为"蒙无知觉中自行凋零，和婉地寿终正寝"（周译为"**使**它们慢慢凋零，温柔地死去"）。但从原作语言风格特点看，译者若片面追求这种"不同一般"化效果，有时难免造成局部操作单位"义"与"意"的风格失"真"。陆译将文学味浓的语汇和口语化的语言夹杂一起，读起来不太流畅自然，整体风格缺乏和谐性。原作使用的是第一人称自述，用词用语浅显易懂，行文明快，句法上有口语化的省略形式，给人亲切朴实之感，作者仿佛在对近邻和友人倾诉衷肠，这种潜在的交际对象决定了原作近似口语化的语言风格。在陆译中，我们读到过多的文学描写性语汇，使有些朴实的语言风格变得"文气横秋"，如"带来秋的凄风苦雨""直面现实"等措辞塑造了一个近似学者型的"母亲"。可以说，译文中"母亲"的形象有一部分乃译者个性化语言的化身。

周译无明显个性化，体现出口语化风格特征，语汇和行文较朴实，没有刻意寻求雕饰。这种不求表现的风格使得译文读起来明快流畅，整体风格与原文比较和谐一致。但是，周译过多使用"地"的句式给人有点生硬之感。周译与陆译的语言风格差异主要见于以下因素：①除了学识和双语能力不足外，翻译经验的不足也使周氏不能在表达上做到游刃有余。例如，周译将第5段的语句…between an infant and a toddler, with such a round little tummy译为"个头介乎于不会走路的婴孩和蹒跚学步的儿童之间；她还有一个溜圆溜圆的小肚子呢。"陆氏则译得巧妙自然："出了褓褓，挺着个圆滚滚的小肚子刚开始蹒跚学步。"②周译没有个性化的"表现欲"，而在主观上有"亦步亦趋"的努力。但难能可贵的是，周译能从大处着眼，小处着手，有数处译文突破了表面上的"忠实"，考虑到了局部和整体风格的和谐性，可圈可点。从形象与情感表现看，周译塑造的是一位邻家母亲形象，满怀深情地向读者娓娓倾诉眷念儿时母女俩度过的美好时光。

2. 风格特征统摄之理论认识

从语篇风格翻译原则看，译文应力求贴近原作的语言风格，与语篇题旨或旨趣相适切。原作语言风格在目的语中的艺术再现不仅是表达语汇句式的特征问题，而且也反应在对若干语境参数的认识上，如作为自述者的作者及其所关涉的人物（小女儿）的身份特征、性别特征、年龄特点、说话方式、关系特征、教育水平、事件特征、时空特征等，对某些词句的内容和形式相统一的表达具有可参性的统摄作用。不同译者因不同的学识、语言能力与翻译水平及其文字风格表现欲，会在不同程度上体现出不同的语言风格特征：水平低者往往亦步亦趋，对词句翻译囿于词典释义，可能导致译文词义不达，行文呆滞僵化，更不能有效再现原作的整体风格。水平中等者则既能部分地发挥主体性（即主观能动性与艺术再创性），呈现出的译文风格大部分具有可读性，又能较好地表达出原作的思想内容或内涵旨趣，但在局部情景交融的表现层面，或对情景理纬贯通的关键词句操作处理上难以驾驭，导致译文不能完整地、动态地艺术再现或表现出原作的艺术性特征。水平高者往往能充分发挥自己的主体性，译文整体风格具有一致性，在不同层面能较好地表现出原作的艺术性特征。但是水平高的译者需要在翻译理论与实践中具有比较系统的训练，不能无限制地单单去展现译者自己丰富的双语知识或华丽的辞藻，而应像传统译论所言"戴着镣铐跳舞"，对选词择义的语汇风格特征进行严谨细致的考察，以便在整体上全面深刻地艺术再现或表现作品的内涵和思想感情。具有艺术再创的语言形式应基于对原作整体性语言形式风格特征的分析，基于对原作宏观结构要素（主题、主题倾向、作者意向、语篇情经理纬的梳理）的毫发剖析式的全面深刻的把握，否则会容易造成种种"因文害义"的现象。这些现象可能反映在语汇选择所要表达的作品人物的情感性、形象性、关系性、矛盾冲突性、事件特质性，以及作者意向性蕴含的态度倾向性、褒义性、贬义性、正式与非正式、亲昵与冷淡等方面的语境不适切性或不当性。

13.4.5 主题倾向统摄下的情态意义语境适切性

1. 情态意义识解与表现的语境适切性

在语篇翻译过程中，译者应设身处地深入体验人物内心情感世界，准确把握人物关系特征，注意选词择义的语体特征，尤其是有必要认真考察概念语义的褒贬情感特征与作品中人物情感心理和人物关系特征的适切性，不宜只追求语汇浓厚的文学性或描写的文雅性。陆译与周译对段[5]中的"little voice / chattering / watched...deliberately"的译文语体风格特征对比如下。

原作是通过母亲的眼睛对正在蹒跚学步时段小女儿的神态的描写，喜悦的母爱之情流露无遗。陆译为"用**尖细的嗓子**一遍又一遍**聒噪着**""留意**审视**孩子"，这些措辞意蕴着贬义情态，与母女关系的话语风格不符。汉语的"聒噪"意为"声音杂乱，吵闹"（《现代汉语词典》2002年汉英双语版），英语释义为noisy or clamorous，是一种喧（吵）闹而讨人嫌的声音（如乌鸦的"聒噪"

声),再加上"尖细的嗓子",使得小女儿形象并不招人喜欢。生活中有哪个母亲会用"聒噪"和"尖细的嗓子"一类贬义情态词语描述自己可爱的孩子?汉语的"审视"意为"仔细查看",神态上带有"感情不外露地端详"的语体风格意义,使读者觉得母女间有一种距离感,未能有效表达母亲对蹒跚学步、憨态可掬的幼女抑制不住的喜爱之情。在现实生活体验中,若他人以审视的目光注视着你,你一定会觉得不自在。再看看周译:"**稚嫩**的声音","嘴里还**念念有词**","特别**观察**",将天真稚气、惹人喜爱的小女孩形象生动地刻画出来,洋溢着母亲对女儿的喜爱之情。

对选词择义体现的情态特征的把握是译者在语篇翻译认知思维活动中必须细心辨析的重要内容,关涉到对译文表达的情态准确性和适切性问题。例如,母亲回想起女儿孩提时的房间之状,其描写是"I thought about her room **full of** posters and knick-knacks",陆译是"我不由地想起她那挂满大幅招贴以及**充斥**各种小摆设的房间","充斥"意为"充满;塞满(含厌恶意derog.)"(《现代汉语词典》2002年汉英双语版),属贬义概念。从叙事体散文风格看,一个母亲也不会用"充斥各种小摆设"这种用词描述自己女儿的房间状况。

2. 情态化艺术表现之语境适切性

艺术表现是指将隐性的或难以直接观察和把握的人物内心情感艺术再创出来。作品中有关显性情感的描写容易被译者捕捉,只要认真把握也不难,难的是对那些隐性或间接表达的情感的艺术表现。如:

"Pulling out all the annuals which nature has allowed to **erupt** in overpowering purple, orange and pink, **a final cry of joy**. That would almost be murder, …"(见段[1])

陆译为"把一年生植物**强行拔起**,**掐死**造化恩赐的紫绛、橘黄和浅红这一片烂漫,**阻断**自然界的最后欢声,简直无异于谋杀。"译文略译连词because,将pulling out拆译为两个动词:"掐死"和"阻断",并增译"强行""造化恩赐"和"自然界",体现了灵活的技巧运用。不愿"强行"说明了作者迟迟不愿动土的原因;增译"自然界(的最后欢声)",体现了译者对花卉情感观照的深层次挖掘:一年生花卉的绽放是其生命的高潮体现,绽放时间虽短,但它们聚集了毕生精华为的却是这瞬间的辉煌。这瞬间的辉煌表现就是大自然中花卉所展现的最后的"无言的欢声",作者又怎能忍心去"阻断"它们那"最后欢声"?可见,陆译生动形象,艺术地表现出原作隐性情态意义,具有较强的艺术感染力。

反观周译，译者未能把握原作深层次寓意，将a final cry of joy略去不译，增译**"大自然一年只许诺了它们一次生机"**，但词不达意，花卉的开花只是一次生机吗？译者将joy译为副词"欢畅地"，用以修饰前句的花儿："……把那些**欢畅地**绽放着紫色、橙色、粉红色花朵的花儿给**拔除掉，大自然一年只许诺了它们一次生机，拔出它们几乎无异于谋杀"**，未能艺术表现状物语句隐性的情态特征；"拔出"重复累赘。此句陆译优于周译。再如：

"…**gazing** at the huge mysterious shadows the trees conjured up on the shining green meadows, the cows languidly flickering their tails. **Everything breathes an air of stillness, the silence rent by the exuberant colours of asters, dahlias, sunflowers and roses."**（见原文第 2 段）

陆译为"一边**注视**着树木在绿油油的草地上投下**幢幢诡谲**黑影，还有倦慵地甩动尾巴的牛群。**一片静谧**，唯有紫苑、大丽菊、向日葵和玫瑰的**浓艳色彩似在撕裂四下的沉寂。"**

作者在上文描写中，希望"但愿眼下的好天气会持续下去"，下文接着描绘了暮夏初秋静谧的美丽景色。但陆译"幢幢诡谲黑影"（"诡谲"意为"奇异多变"）会使读者产生何种审美心理？只有斜射的阳光才有树的阴影，如何体验阳光明媚下的树影发生奇异变幻之形象？从经验常识辨析，原文应是指午后太阳逐渐西斜，投射的树木阴影随之逐渐一点点变长变大。原文Everything breathes an air of stillness表现效果很生动，集视觉、听觉意象于一体，陆译却将其抽象化为"一片静谧"，原作具有独特审美效果的综合形象意义未能得到艺术再现。译文"浓艳色彩似在撕裂四下的沉寂"虽貌似"忠实"于原作修辞手法，但从语体风格和语境制约因素看，这种修辞手法在汉语译文中显得较生硬，与整个上下文组构的画面不协调，失去了和谐的审美感。文学翻译的"忠实"应具有动态性，局部操作单位有时受更大一级语言单位（宏观语境参数）的制约。

再比较周译，其译文"一边**呆望**着树木在绿油油的草坪上**聚集起来的庞大而神秘的**影子，**呆望**着懒洋洋地摇动着尾巴的牛儿。万物都在**呼吸着恬静空气，静谧中穿透着**紫苑、大丽菊、太阳花和玫瑰花**浓郁的芳香。"**展现的是一幅画面连贯流畅、意境和谐的自然美景，诉诸于读者的视觉、听觉、嗅觉多种感官，使读者仿佛身临其境，感受到大自然的美，具有很强的艺术感染力。译者运用艺术创造性形象思维，将rent by（被……撕裂）灵活地译为"静谧中穿透着"，增译"芳香"，使其照应上文的"万物都在呼吸着恬静空气"，生动地传达了原作的形象意义。呼吸恬静的空气，也是在呼吸鲜花的浓郁芳香，衔接自然且合乎逻辑。此外，译文连用两个"呆望着"，形象地再现了作者那种"出神"思绪融于自然景物之中的外观神态和内心情感，这是译者基于体认经验之上的翻译艺术再现的典型案例。

13.4.6　经验逻辑体认与"义-意"建构的语境适切性

语言摹写现实生活。在文学作品中，作者通过对特定时空中的自然景物或特定环境中的人物外在神貌进行细腻入微的观察，用自己独特的语言形式描写出来，以便将读者带入作者所刻画的一种文字描述的"现实世界"，从而获得美感。在翻译过程中，译者对原作中各种景物的色状、属性、特征、性质、位置、关系、运动等的描写，尤其是对比喻性语言形式的描述不应简单地停留在文字激活的概念语义之上，而应在表达过程中从可体认性出发，在脑海中通过概念语义激活一幅幅形象或意象的画面感，然后在认知语境中唤起一幅幅关联性的生活场景与语境所描述的景物性状相匹配或吻合，语言描写的景物或生活场景的关联合理性是通过经验逻辑知识来进行判断的。以段[1]的一个语句为例：...because planting bulbs means making space in **borders which are still flowering**。

若孤立看陆译"因为栽种球茎得在园篱处腾出空间，而*此时篱上仍开着朵朵鲜花*"，似乎没有经验常识问题，篱笆上开花的是诸如牵牛花等藤蔓植物，这种现象很常见。但在具体语境中，"此时"仍开着的"朵朵鲜花"是指下文第二段末句描述的"紫苑、大丽菊、向日葵和玫瑰"，我们是否见过紫苑、大丽菊、向日葵和玫瑰开在园篱上的现象？

从情景思维看，原文in borders是指园中的紫苑、大丽菊、向日葵和玫瑰是分开成片种植的，各种成片生长的花卉正在盛开，作者已无法在成片的园地中开辟出空地来栽种球茎花卉，否则只能强行拔掉这些花卉。从经验思维看，英语的bulbs包括不同品种的百合、郁金香、水仙等花卉，百合有白、粉、红、黄颜色的品种，郁金香又有白、粉红、洋红、紫、褐、黄、橙等颜色品种，单色或复色，花型有杯型、碗型、卵型、球型、钟型、漏斗型、百合花型等，有单瓣也有重瓣。作者每年将其作为一种ritual（仪式）的栽种活动，所栽品种花色也必然各样化，需要在相邻地块处开辟多处地块来，而不是陆译描写的"在园篱处腾出空间"，"朵朵鲜花"也不是开在园篱上。再以段[3]一个语句的译文为例：

...**evaporating the mist on the grass**, butterflies and wasps appear and cobwebs glisten **against windows** like **silver lace**.

陆译"阳光……**将雾霭化作蒸汽**，在草地上升腾"，"蛛网犹如**丝带，挂在窗前**闪出银光"有三处译文措辞欠准确，值得从经验逻辑知识方面进行推敲。

"雾霭"是飘浮于低空的一种微小水粒，"蒸汽"依然是一种微小水粒，但在日常生活中常指气温产生的可见气雾。在自然界，温暖的阳光将雨后潮湿草地或土壤里的水分缓慢地蒸发，是可以大面积观察到的。陆译描述的是太阳将微粒状的"雾霭"再化作微粒状的"蒸汽"在草地上升腾，显然不符合自然现象。这种物理变化过程，不符合经验认识逻辑。周译与之相比则符合经验常识："**将笼罩**在草丛上的**雾气蒸发一空**，……。"

蛛网挂在"窗前"（in front of），"窗户前面"是个怎样的空间位置？有谁见过蜘蛛在窗户前面织蛛网的自然现象？此译激活的形象特征无法在日常生活中得到经验印证。周译则符合经验常识："……**窗棱**上，蜘蛛网如同**银色的花边**在闪闪发光"，译者发挥情景思维，将against the window译为"窗棱上"的蜘蛛网，准确再现蜘蛛织网的自然现象。

在翻译过程中，译者需要使百科知识参与理解各种生活常识的描写之物。语篇题材内容的丰富多样性要求译者积累大量的日常经验知识，男性译者要了解女性用品，女性译者也要熟悉男性的用品。如果缺乏相应的生活经验，译者应通过网络资源对相关用品的实物及其说明进行查验和比对。如lace的释义为a delicate fabric made of yarn or thread in an open weblike pattern（一种用纱或线织成的有镂空图案的精细织物）或a fine cloth made with patterns of many very small holes（由纱或线织成的有网眼图案的精美织物）。原文是将蛛网（本体）和lace精细的图案织物（喻体）进行相似比喻，但陆译的"蛛网犹如**丝带**"在二者之间并无相似特征，蛛网是指蛛丝织成的整个网状物，而"丝带"是指一种宽边的带状物（ribbon），不具相似性。周译为"银色的**花边**"，"花边"是指"一种以棉线、麻线、丝线或各种织物为原料，经过绣制或编织而成的装饰性镂空制品"，这是较好的状物性比喻。如今在网购说明中，商家用的是音译"蕾丝"，从音、形、意看是一个较好的译名，建议译为"窗棱上宛如蕾丝的蛛网泛着银光"，突出心理图景焦点：蛛网银光闪烁的意象。

在翻译过程中，对于原作中某些微观词句描绘的日常生活景物或比喻性用法，译者应养成精益求精的态度，从生活经验知识上进行体认性感知，译文措辞状物所选词择义应考察辨析概念的外延与内涵特征是否符合日常经验逻辑认识。对于一些模糊或含义不定语言形式，译者在"义-意"识解和建构过程中应遵循语境适切性原则。

13.4.7 人物语态形象化的语境体验性与艺术再现

在文学作品翻译中，一个比较突出的难点就是对人物话语的形象和情感的表达。由于人物的年龄、身份、性格、教育水平、阶层、关系、话题、情景、场合、事件等不同，又由于话语的简约化、口语化、情景化，以及语言文化的差异化，有时难以简单地移译原文的词句，需要译者发挥主体性，给予艺术再现。例如小女孩的话语语态特质的识解与表达：

> She wandered around so happily carefree with her little bucket and spade, covering the bulbs with earth and calling out **"Night, night"** or **"Sleep night"**, her little voice chattering constantly on. She **discovered "baby bulbs"** and **"kiddie bulbs"** and **"mummy and daddy bulbs"**— the latter snuggling cozily together.

此段描写的是小女孩跟在妈妈身边帮忙，将球茎花卉种放入挖好的洞内，再往洞内填土盖住球茎，小女孩自言自语地和球茎花卉种说话，生动形象地表达了日常生活中小女孩经常和自己的玩偶或动植物说话的方式，稚嫩可爱的神貌跃然纸上。对于小女孩的话语，最好译出浓厚的稚气味。蹒跚学步的女孩发音音节简短，常有省略形式，如父母和幼儿道"晚安"常说成night，"早上好"说成morning等。陆译将小女孩的话语译为"晚安，晚安""睡个好觉""她**还分别发现了'贝贝种'和'娃娃种'**，还有'**妈妈爸爸种**'，后者指的是那些亲密依偎的球茎种"；周译译为"嘴里还念念有词""**球茎花宝宝**""**球茎花娃娃**""**球茎花爸爸妈妈**"。

从生活经验知识体验的具象感知看，bulbs为复数形态，植物学名为"鳞茎"，指称球茎状花卉植物种。从概念语义场看，属于基本概念范畴，类似于"水果"的通称泛指性，其下义范畴是具体的种类。bulb的释义是：thick rounded underground stem of certain plants (e.g. the lily, onion, tulip) sending roots downwards and leaves upwards（*OAED*）; a root shaped like an onion that grows into a flower or plant（*CLDAE*）。在文中，母女俩在园中种植的球茎一定是具体的花卉类百合、郁金香、水仙等，而非洋葱种，因为洋葱是做菜吃的，其花苞并不美观，一般不作为观赏的花卉栽植。在欧洲国家，人们通常喜欢在自家园中种植百合与郁金香等观赏花卉，一般在秋季9~10月下种。可见，原文抽象模糊的概念在具体中可通过语境参数来进行甄别，排除语境非关联性的指称概念。此外，还需从经验生活的可体验性寻求认知理据。如此处可根据荷兰居民一般都喜欢种百合的习俗，此处蹒跚学步的小女孩嘴里念念有词的bulbs可具体化为"芭比百合""娃娃百合""妈咪爹爹百合"。

13.4.8　重译及主客观理据剖析

　　为了更好地说明不同译者在翻译过程中对语篇"义-意"识解与表达的认知思维运作方式，笔者对该散文进行了重译，并以问题为导向就其中要点译文进行了说明，将其理解与表达的主客观理据逐一进行详尽的剖析，以便全面深入认识散文语篇翻译的本质，为认知翻译学理论范畴发展提供实证性支持。

情系金秋

　　[1]是时候种球茎花卉了，可我一再迟迟没动土，**实在不愿**在园地鲜花盛开的相连地块中开辟一片空地。这些一年生长的美丽花卉绽放出片片深紫、橙黄、粉红，正发出生命中最后的无言欢声。**想想要把**它们连根拔掉，这不无异于谋杀吗？**我只好**等待晚秋的霜降，薄薄的寒霜会冻僵这些花卉，使它们枯萎，温柔终了。**我这几天**在园中徘徊，**有点**犹豫不决，**总想**留住残夏的最后数日。

　　[2]大树枝茂叶丰，桦树**婆娑轻拂**，洒下**片片**金色树叶，宛如**缕缕飘洒**的庆典彩屑。十一月就快来临，随之而至的是秋日暴雨，铅黑色阴云就像浸水抹布，终日**笼罩**头顶。**此刻我**凝视着绿油油的草地上，树下**渐渐隆聚**起**一幢幢**硕大神秘的**浓荫**，一头头奶牛倦慵地甩动尾巴，**心想**就让这种美景持续下去多好。四周一片**静谧**，空气中**透着**浓艳的紫菀、大丽菊、向日葵和玫瑰

重译过程解析与理据剖析

　　段[1]解析。原作属于写景状物叙事寓情式散文，既有对乐享美丽秋景和爱惜美丽花卉之情，亦有母女情深之眷念，故通篇语句衔接与连贯应力求突显"情经理纬"立文之道，再现亲切平实的口语化叙事寓情的风格特征。①增译带有语气或情态特征的句际衔接连缀语，使读者窥探作者内心细微的活动：可、实在不愿、想想要、只好、有点、总想。②文学作品中的显性逻辑连词如 because（表因果关系）等可尽量虚化，采用表达情感的隐性连贯实义词——实在不愿。

　　段[2]解析。文学作品写实状景语句的翻译力求景物意象表达细腻、生动形象，深掘原作概念的语境化内涵，根据目的语的语言文化或思维习惯予以调节，活用相应的表达方式，以唤起读者身临其境的动态画面感。如：①婆娑（轻拂）、片片、缕缕、（终日）笼罩、一幢幢（形容影子摇晃或羽饰繁盛）、隆聚、一头头（复数名词增益）、透着、此刻、心想。②注意译文表达激活的焦点化的心理图景的先后顺序，根据所要强调或突出的景与情的关

散发的芬芳,**万物都在呼吸着静谧的芬芳**。

[3] 清晨逐渐冷冽,夜晚令人寒颤,**躺在被窝里仍觉**双脚冰凉。然而一到中午时分,太阳透过云隙照耀大地,蒸发了草地上的雾霭,一只只彩蝶和黄蜂四处纷飞,宛如蕾丝的蛛网在窗棂上**泛着银光**。树梢和灌木丛**挂满了**一年辛勤的劳动果实:浆果、坚果、栗子和橡子。

[4] 突然,**我想起了现在**住在阿姆斯特丹的小女。她很快就会打电话过来询问"你种下球茎花卉了吗?"我会打趣地回她说,老妈正在等待她回来**帮帮手**呢。立时,我们母女俩会陷入难以忘怀的昔日情思,那时我们总是一起帮手的。**记忆犹新的**是她才三岁半时的一个艳阳高照的秋日下午,她始终都**洋溢着孩提时的欢欣,乐融融地给我帮手**。

[5] 我已给她报名上学了,她还能相伴我左右的日子为数不多。那是一个下午,她一手拖着小桶,一手拿着小铲,欢欣无忧地围着我忙前忙后,一边往球茎坑里填土,一边对它们大声说"晚安,晚安"或"**睡觉觉**",只听见她那稚嫩的声音不断念念有词。她还说得出"芭比百合""娃娃百合",还把那种温馨依偎粘连的球茎叫作"妈咪爸爸百合"。**即便**俩人忙着栽种,我还是**欣然留意地**打量着她:还真

系,可作相应的语序调节。中英语序开头或句末或段末可采用修辞法——尾重原则或末尾焦点,如将"breathes an air of stillness"置于句末。

段[3]解析。口语体的叙事寓情式散文宜采用贴切的日常生活中生动具象的体验性口语化形式,以及概念激活的意象心理图景焦点化。如:①将 in bed(躺在床上)译为"躺在被窝里"是更形象化的口语说法;②将 like silver lace(银色的蕾丝)拆译,"泛着银光"能激活其视觉感,凸显心理图景,使意象焦点化。

段[4]解析。①口语体特征明显的散文翻译应尽量采用朴实、平白、简约、生动、形象的口语化措辞。如:帮帮手、难以忘怀、艳阳秋日(下午)、孩提、洋溢着……欢欣,乐融融地。②为了语篇衔接与连贯,增译"记忆犹新的";略译"因为",因果关系在认知语境中意思仍在。在文学作品汉译的语篇衔接中,可尽量少用"因为""所以"这样的衔接语。

段[5]解析。①英语是形合性语言,汉语是意合性语言。第一句按英语果-因关系行文结构和字面意思译出显得别扭,可按汉语的表达习惯调整句序,将表原因的小句置于句首,这样可虚化连词 because。②原文"她在学校的名额被预留了"在汉语中拗口且不通顺,实际上作者的意图也就是汉语的习惯说法:"给她在学校报名注册了"。学生注册难道不是保留名额吗?③wander around 并非陆译的"满园子跑",因为下文说三岁左右的女儿还正在蹒跚学步阶段,怎能一手拖桶,一手拿铲,还能满园

是个小不点，挺着个小圆肚，刚开始蹒跚学步呢。

[6] 在她整个童年时期，**每个秋季我们都在一起重复栽种球茎的同样动作；每个秋季我都留意到她在逐渐长大**，从一个蹒跚学步的女娃变成一个性格率真，谈吐实在，充满活力的女生。再也看不到她以前手插裤兜心不在焉的样子，也不再乐呵呵地沉湎于儿童般的幻想。女生双腿变修长了，下颌**轮廓变瘦了**，长发也剪短了。

[7] 当秋季再次来临时，不禁感叹道，"别了，玫瑰；别了，蝴蝶；别了，女生"。我一边倾听她讲述在校的乐事，一边费劲地在干旱的园地上挖坑，种下明春的希望。

[8] 忽然间，变化之快，超过预期，一个亭亭玉立的少女伫立我身旁，她高过我了。栽种时俩人只是**默不作声地按部就班地干活**，不再无话不谈了。我不由想起了她卧室里张满了招贴，挂满了饰物，**她是如何一点点往罐瓶和箱盒里收藏她的宝贝**，洁白的鹅卵石子，一个铜领针，**五颜六色的图画**，这是一个尚不知金钱价值的孩童收藏的宝贝；**也想起她时常缠着大人读故事给她听**；房间爬进一只蜘蛛，她满脸忧心地问道，"他会想和我交朋友吗？"。

[9] 终于，只有我独自栽种的秋季来临了，我也清楚从此会一直独

子跑？从语境看，是说小女儿围着母亲忙前忙后地帮手。其次，将"discover"译为"还说得出"而非按字面意思译为"发现"，是指小女儿从球茎种的桶子里拿出来放入妈咪挖好的坑内时所说的孩童语言。④While 引导的语法结构关系可作情态化表现，译为"即便……还是"的结构，突出母亲对小女儿稚气可爱神态的强烈喜爱油然而生之感：即便忙着栽种还时不时观察着她的神态与步态。

段[6]解析。①化抽象为具体、化概述为细述是英译汉的常见技法。如 a straightforward realist 难以简单移译，根据认知逻辑搭配给予语境化含义充实，增译为"性格率真、谈吐实在"。②实际上是将小女儿以前那种神态习惯和现在的变化进行对比。③译文应精益求精，反复校对修改，如陆译的"轮廓线"之"线"纯属冗词；再如"she had her hair cut"一句陆译为"要上理发店剪发了"(意味着还没剪，准备去剪)，属于大意之误，原文是说女儿现在把头发也剪短了。

段[8]解析。①对人物神貌描写可适当发挥汉语的优势：如a tall teenager "一个高大的少女"表达欠生动，参照上文"双腿变得修长了"，那么在汉语中可简约为"亭亭玉立"的四字结构，形容身材修长挺拔。②原文How it had been full of...的深层意向性意义是指小女儿一点点收藏她视为宝贝的各种小物件的方式，隐性传达了母亲细致入微地观察女儿幼时沉溺于自己想象世界的那种母爱之情。陆译反复强调了"充斥"和"多的是"的概念，没有深入剖析

种下去了。然而，每年秋季她都会打电话来谈论起秋种乐事，话中满是怀旧之情，谈起孩提时期的无忧无虑，幽静的花园，季末的日子。我俩都是多么地想有个时光机将母女俩带回过去。哪怕一天也好！

原文句法结构隐藏的情深之意。③原文who wanted to be read aloud to是一个命题语义缺省的被动结构，汉译时需要通过经验思维和关系思维译出其深层含义：（尤其是临睡前）儿童喜欢缠着父母读故事听；非限制性定语从句在逻辑关系上从属于上文的thought，是指母亲回想的幸福往事，故译文为了连贯，增译衔接语"也想起……"。

13.5 小　　结

　　本章分别从语篇节选和整体语篇翻译过程阐述了散文翻译艺术再现和艺术表现的主客观理据，这种理据在认知思维运作中是互动互参的。重要理论观是：语篇翻译过程的认知研究首先应注重整体视域，在语篇"义-意"识解与表达中应参考宏观-中观-微观阐释框架及其制约机制，尤其是宏观-中观层面的题目、话题、主题、主题倾向（或次级主题结构链）、作者意向、作者语言风格的统摄作用。微观层面主要体现为各种语境参数的协调机制，都与认知思维有关。这种宏观-中观-微观统摄机制就是传统译论中的比喻"戴着镣铐跳舞"的现代翻译理论诠释，文学翻译的创造性或二度创作必须是有主客观理据的，一方面是对文学性的审美机制（意象、形象、情感、关系、韵律等的有机统一）在语言形式方面的艺术再现和艺术表现，另一方面又离不开译者对原作的宏观-中观-微观阐释框架的统摄机制的感知和自我约束。这种理论观在典型语篇翻译认知过程剖析中得到实证性印证：不同译者的语言知识水平、翻译理论意识和翻译经验的程度差异对语篇"义-意"识解与表达具有很大程度的影响，其译文质量也在不同层面和程度上体现出译者的个性形象。本章研究旨在说明，语篇翻译认知过程研究在原则上应以翻译问题为导向，发现问题的成因，针对性地做到全面深入和毫发剖析式地描写和可证性阐释，并将翻译理论与实践紧密结合，将经验感性认识上升到理论认识，揭示语篇翻译的本质，形成认知规律性表征。认知规律表征的依据就是对各种日常生活经验知识的结构化、图式化和经验逻辑、形象逻辑、情态逻辑、关系逻辑等的综合运用。

参 考 文 献

爱克曼. 1978. 歌德谈话录[M]. 朱光潜译. 北京：人民文学出版社.

巴尔特. 1988. 符号学原理[M]. 李幼蒸译. 北京：生活·读书·新知三联书店.

包惠南，包昂. 2004. 中国文化与汉英翻译[M]. 北京：外文出版社.

波普尔. 2005. 客观知识——一个进化论的研究[M]. 舒炜光，等译. 上海：上海译文出版社.

波塞尔. 2002. 科学：什么是科学？[M]. 李文潮译. 上海：上海三联书店.

蔡基刚. 1996. 英汉翻译高分指导[M]. 上海：上海交通大学出版社.

蔡基刚. 2001. 英汉汉英段落翻译与实践[M]. 上海：复旦大学出版社.

查尔斯·狄更斯. 2000. 大卫·考坡菲（上册）[M]. 庄绎传译. 北京：人民文学出版社.

查尔斯·狄更斯. 2011. 大卫·考坡菲（上册）[M]. 张谷若译. 上海：上海译文出版社.

陈波. 2000. 逻辑哲学导论[M]. 北京：中国人民大学出版社.

陈宏薇，李亚丹. 2004. 新编汉英翻译教程[M]. 上海：上海外语教育出版社.

陈嘉明. 2003. 知识与确证——当代知识论引论[M]. 上海：上海人民出版社.

陈文伯. 1999. 教你如何掌握汉译英技巧[M]. 北京：世界知识出版社.

陈文伯. 2004. 译艺——英汉汉英双向笔译[M]. 北京：世界知识出版社.

陈孝禅. 1983. 皮亚杰学说及其发展[M]. 长沙：湖南教育出版社.

陈中绳. 1984. 汉英词语翻译漫谈[M]. 长春：吉林人民出版社.

陈忠. 1999. 信息语用学[M]. 济南：山东教育出版社.

陈忠华，刘心全，杨春苑. 2004. 知识与语篇理解——话语分析认知科学方法论[M]. 北京：外语教学与研究出版社.

成中英. 2000. 本体与诠释[M]. 北京：生活·读书·新知三联书店.

邓晓芒. 2003. 康德论因果性问题[J]. 浙江学刊，（2）：35-42.

丁衡祁. 2002. 对外宣传中的英语质量亟待提高[J]. 中国翻译，（4）：44-46.

杜威. 2005. 我们怎样思维·经验与教育[M]. 姜文闵译. 北京：人民教育出版社.

段曹林. 2000. 系统论与语境研究[J]. 修辞学习，（1）：5-6.

范家材. 1996. 英语修辞赏析（修订版）[M]. 上海：上海交通大学出版社.

范晓. 1996. 三个平面的语法观[M]. 北京：北京语言文化大学出版社.

方红. 2005. 浅析英汉翻译中词汇的范畴转移[J]. 齐齐哈尔大学学报(哲学社会科学版)，（6）：105-107.

方梦之. 2015. 应用翻译教程[M]. 上海：上海外语教育出版社.

菲茨杰拉德. 2002. 了不起的盖茨比[M]. 巫宁坤，等译. 上海：上海译文出版社.

菲茨杰拉德. 2009. 了不起的盖茨比[M]. 刘峰译. 上海：上海三联书店.

菲茨杰拉德. 2015. 了不起的盖茨比[M]. 邓若虚译. 北京：北京十月文艺出版社.

菲兹杰拉德. 2013. 了不起的盖茨比[M]. 李继宏译. 天津：天津人民出版社.

冯契. 1996. 逻辑思维的辩证法[M]. 上海：华东师范大学出版社

冯庆华. 2002. 文体翻译论[M]. 上海：上海外语教育出版社.

弗莱彻. 1918. 英译唐诗选[M]. 上海：商务印书馆.

龚光明. 2004. 翻译思维学[M]. 上海：上海社会科学院出版社.

郭贵春. 1997. 论语境[J]. 哲学研究，（4）：46-52.

郭贵春. 2000. 语境分析的方法论意义[J]. 山西大学学报（哲学社会科学版），（3）：1-6.

郭贵春，成素梅. 2002. 当代科学实在论的困境与出路[J]. 中国社会科学，（2）：87-97，207.

郭贵春，刘高岑. 2003. 指称理论的演变及其语境重建[J]. 山西大学学报（哲学社会科学版），（3）：1-8.

郭芹纳. 2005. 训诂学[M]. 北京：高等教育出版社.

海德格尔. 2008. 论真理的本质：柏拉图的洞喻和《泰阿泰德》讲疏[M]. 赵卫国译. 北京：华夏出版社.

胡春雨，徐玉婷. 2019. 基于汉英经济媒体语料库的植物隐喻研究[J]. 外语教学，（6）：44-49.

胡春雨，徐玉婷. 2020. 基于媒体语料库的"市场隐喻"研究[J]. 外语学刊，（1）：42-48.

胡伟希. 2002. 知识、逻辑与价值——中国新实在论思潮的兴起[M]. 北京：清华大学出版社.

胡以鲁. 1984. 论译名[A]//《翻译通讯》编辑部. 翻译研究论文集（1949—1983）[C]. 北京：外语教学与研究出版社.

户思社. 2011. 翻译学教程[M]. 北京：北京师范大学出版社.

华东师范大学哲学系逻辑学教研室. 1996. 形式逻辑（第三版）[M]. 上海：华东师范大学出版社.

怀特. 1981. 分析的时代——二十世纪的哲学家[M]. 2版. 杜任之主译. 北京：商务印书馆.

黄邦杰. 1991. 译艺谭[M]. 北京：中国对外翻译出版公司.

黄斌. 1999. 语言逻辑哲学——难题与解析[M]. 重庆：重庆出版社.

霍尔特，等. 1980. 新实在论 哲学研究合作论文集[M]. 伍仁益译. 北京：商务印书馆.

加切奇拉泽. 1987. 文艺翻译与文学交流[M]. 蔡毅，虞杰编译. 北京：中国对外翻译出版公司.

贾洪伟. 2016. 翻译符号学的概念[J]. 外语教学，（1）：94-97.

简·奥斯丁. 2008. 傲慢与偏见[M]. 王科一译. 上海：上海译文出版社.

简·奥斯汀. 2006. 傲慢与偏见 Pride and Prejudice[M]. 北京：外语教学与研究出版社.

金隄. 1998. 等效翻译探索[M]. 增订版. 北京：中国对外翻译出版公司.

金元浦. 1997. 文学解释学 文学的审美阐释与意义生成[M]. 长春：东北师范大学出版社.

金元浦. 1998. 接受反应文论[M]. 济南：山东教育出版社.

金岳霖. 1983. 知识论[M]. 北京：商务印书馆.

居组纯. 2000. 高级汉英语篇翻译[M]. 北京：清华大学出版社.

康德. 2003. 自然科学的形而上学基础[M]. 邓晓芒译. 上海：上海人民出版社.

康德. 2005. 道德形而上学原理[M]. 苗力田译. 上海：上海人民出版社.

柯平. 1993. 英汉与汉英翻译教程[M]. 北京：北京大学出版社.

科米萨诺夫. 2006. 当代翻译学[M]. 汪嘉斐译. 北京：外语教学与研究出版社.

李国山. 2005. 意义是实体吗——奎因的意义理论探析[J]. 哲学研究，（3）：86-91.

李红. 2002. 现代西方分析哲学与诠释学的融合——阿佩尔先验符号学研究[M]. 北京：中国社
　　会科学出版社.

李连科. 1999. 价值哲学引论[M]. 北京：商务印书馆.

李运兴. 1998. 英汉语篇翻译[M]. 北京：清华大学出版社.

李运兴. 2001. 语篇翻译引论[M]. 北京：中国对外翻译出版公司.

廖七一. 2000. 当代西方翻译理论探索[M]. 南京：译林出版社.

列宁. 1974. 哲学笔记[M]. 中共中央马克思恩格斯列宁斯大林著作编译局译. 3 版. 北京：人民出
　　版社.

林崇德，杨治良，黄希庭. 2003. 心理学大辞典（下卷）[Z]. 上海：上海教育出版社.

刘大椿. 1998. 科学哲学[M]. 北京：人民出版社.

刘纲纪. 1986. 艺术哲学[M]. 武汉：湖北人民出版社.

刘会珍. 2008. 翻译中的语境意义[J]. 湖北经济学院学报（人文社会科学版），（5）：127-128.

刘宓庆. 1998. 文体与翻译[M]. 北京：中国对外翻译出版公司.

刘宓庆. 1999. 当代翻译理论[M]. 北京：中国对外翻译出版公司.

刘宓庆. 2001. 翻译与语言哲学[M]. 北京：中国对外翻译出版公司.

刘士聪. 2002. 汉英·英汉美文翻译与鉴赏[M]. 南京：译林出版社.

刘勰. 1996. 文心雕龙（白话今译）[M]. 重庆：西南师范大学出版社.

刘永富. 2002. 价值哲学的新视野[M]. 北京：中国社会科学出版社.

陆侃如，牟世金. 1981. 文心雕龙译注（上册）[M]. 熊宪光主译. 济南：齐鲁书社.

陆宗达，王宁. 1994. 训诂与训诂学[M]. 太原：山西教育出版社.

罗素. 2007. 哲学问题[M]. 何兆武译. 北京：商务印书馆.

罗新璋. 1995. 释"译作"[J]. 中国翻译，（2）：9-12.

吕叔湘. 1980. 英译唐人绝句百首[M]. 长沙：湖南人民出版社.

吕叔湘. 1983. 吕叔湘译文集[M]. 上海：上海译文出版社.

马海燕，曾利沙. 2017c. "体验-建构融通式"教学模式在问题导向文本翻译中的运用[J]. 外语与翻译，（3）：57-63；98.

马克·吐温. 2008. 百万英镑：马克·吐温中短篇小说集[M]. 张友松等译. 南京：译林出版社.

马克·吐温. 2009. 马克·吐温经典作品集：英文[M]. 上海：上海世界图书出版公司.

毛荣贵. 2002. 新世纪大学英汉翻译教程[M]. 上海：上海交通大学出版社.

茅盾. 1954. 为发展文学翻译事业和提高翻译质量而奋斗——一九五四年八月十九日在全国文学翻译工作会议上的报告（全文）[A]//《翻译通讯》编辑部编. 1984. 翻译研究论文集（1949—1983）[C]. 北京：外语教学与研究出版社：1.

莫兰. 2002. 方法：思想观念——生境、生命、习性与组织[M]. 秦海鹰译. 北京：北京大学出版社.

倪梁康. 1999. 胡塞尔现象学概念通释[M]. 北京：生活·读书·新知三联书店.

纽马克. 2001. 翻译问题探讨[M]. 影印本. 上海：上海外语教育出版社.

欧·亨利. 1997. 麦琪的礼物（第一辑）[M]. 赵文学，许京兰导读. 长春：吉林科学技术出版社.

欧·亨利. 2009. 圣贤的礼物[M]. 张经浩译. 西安：三秦出版社.

欧阳康，张明仓. 2001. 社会科学研究方法[M]. 北京：高等教育出版社.

潘红. 2005. 英汉国俗词语例话[M]. 上海：上海外语教育出版社.

彭长江. 2000. 翻译标准多，何以断是非[J]. 外国语，（5）：62-69.

彭漪涟. 1999. 冯契辩证逻辑思想研究[M]. 上海：华东师范大学出版社.

彭漪涟. 2000a. 逻辑范畴论——马克思主义哲学关于范畴的理论[M]. 上海：华东师范大学出版社.

彭漪涟. 2000b. 辩证逻辑基本原理[M]. 上海：华东师范大学出版社.

彭宣维. 1999. 语篇主题类别[J]. 重庆大学学报（社会科学版），（1）：57-61.

彭卓吾. 1998. 翻译理论与实践[M]. 北京：外语教学与研究出版社.

皮亚杰. 1981. 发生认识论原理[M]. 王宪钿等译. 北京：商务印书馆.

坡林. 1985. 怎样欣赏英美诗歌[M]. 殷宝书编译. 北京：北京出版社.

齐泸杨. 2002. 语气词与语气系统[M]. 合肥：安徽教育出版社.

齐硕姆. 1988. 知识论[M]. 邹惟远、邹晓蕾译. 北京：生活·读书·新知三联书店.

齐振海. 2008. 认识论探索[M]. 北京：北京师范大学出版社.

钱冠连. 2001. 有理据的范畴化过程——语言理论研究中的原创性[J]. 外语与外语教学，

（10）：7-10，62.

钱敏汝. 2001. 篇章语用学概论[M]. 北京：外语教学与研究出版社.

钱钟书. 1984a. 林纾的翻译[A]//《翻译通讯》编辑部.翻译研究论文集（1949—1983）[C]. 北京：外语教学与研究出版社，1984：267-295.

钱钟书. 1984b. 谈艺录[M]. 补订本. 北京：中华书局.

钱钟书. 2001a. 七缀集[M]. 北京：生活·读书·新知三联书店.

钱钟书. 2001b. 管锥编（一）[M]. 补订重排本. 北京：生活·读书·新知三联书店.

钱钟书. 2002. 林纾的翻译. 七缀集[M]. 北京:生活·读书·新知三联书店.

萨克雷. 2012. 名利场[M]. 彭萍注释. 北京：中国宇航出版社.

萨克雷. 2013. 名利场（上下册）[M].译文名著典藏版. 荣如德译. 上海：上海译文出版社.

萨克雷. 2017. 名利场[M]. 贾文浩，贾文渊译. 北京：中国友谊出版社.

孙艺风. 2004. 视角 阐释 文化——文学翻译与翻译理论[M]. 北京：清华大学出版社.

孙迎春. 2004. 张谷若翻译艺术研究[M]. 北京：人民文学出版社.

谭业升. 2009. 论翻译中意义的认知建构[J]. 外国语文，（1）：133-139.

谭业升. 2020. 翻译认知过程研究[M]. 北京：外语教学与研究出版社.

谭载喜. 2005. 翻译学[M]. 武汉：湖北教育出版社.

陶渝苏. 1998. 知识与方法—— 一个科学哲学的研究纲领[M]. 贵阳：贵州人民出版社.

田运. 1996. 思维辞典[M]. 杭州：浙江教育出版社.

托马斯·哈代. 2003. 德伯家的苔丝：一个纯洁的女人[M]. 张谷若译. 北京：人民文学出版社.

王秉钦. 1995. 文化翻译学[M]. 天津：南开大学出版社.

王大来. 2019. 翻译与文化缺省补偿策略[M]. 北京：中央编译出版社.

王尔德. 2013. 夜莺与玫瑰：汉英对照[M]. 林徽因译. 南京：译林出版社.

王尔德. 2020. 巨人的花园[M]. 巴金译. 长江文艺出版社.

王宏印. 2002. 英汉翻译综合教程[M]. 大连：辽宁师范大学出版社.

王俊超，邓薇，曾利沙. 2017. 语境参数视角下商务新奇隐喻汉译新探索——兼论隐喻解析过程的理据性及建构性[J]. 西安外国语大学学报，（1）：100-104.

王路. 1999. 走进分析哲学[M]. 北京：生活·读书·新知三联书店.

王寅. 2005. 认知语言学探索[M]. 重庆：重庆出版社.

王寅. 2019. 体认语言学发凡[J]. 中国外语，（6）：18-25.

王寅，李弘. 2003. 原型范畴理论与英汉构词对比[J]. 四川外语学院学报，（3）：135-140.

王岳川. 1999. 现象学与解释学文论[M]. 济南：山东教育出版社.

王宗炎. 1984. 辨义为翻译之本[J]. 中国翻译，（4）：4-7.

王佐良. 1989. 翻译：思考与试笔[M]. 北京：外语教学与研究出版社.

韦世林. 1994. 汉语——逻辑相应相异研究[M]. 昆明：云南教育出版社.

维特根斯坦. 1996. 哲学研究[M]. 李步楼译. 北京：商务印书馆.

文旭, 肖开容. 2019. 认知翻译学[M]. 北京：北京大学出版社.

肖前, 等. 1981. 辩证唯物主义原理[M]. 北京：人民出版社.

谢明等. 1996. 全国高校英语专业八级统考模拟题集[M]. 天津：天津科技翻译出版公司.

徐岱. 2003. 批评美学：艺术诠释的范式与逻辑[M]. 上海：上海学林出版社.

雅罗森. 2000. 科学哲学[M]. 张莹译. 北京：北京大学出版社.

亚里斯多德. 1991. 修辞学[M]. 罗念生译, 北京：生活·读书·新知三联书店.

亚里士多德. 2003. 修辞术·亚历山大修辞学·论诗[M]. 颜一, 崔延强译. 北京：中国人民大学出版社.

杨洁. 2013. 文学翻译主体性范畴之"主-客体互动性"研究[M]. 北京：中国社会科学出版社.

杨晓荣. 2001. 翻译标准的依据：条件[J]. 外国语, （4）：70-76.

杨效斯. 2002. 认识论[A]//牟博. 留美哲学博士文选 当代基础理论研究卷[C]. 北京：商务印书馆：321-353.

叶子南. 2013. 认知隐喻与翻译实用教程[M]. 北京：北京大学出版社.

殷杰, 郭贵春. 2003. 英国哲学传统中的语用思维[J]. 山西大学学报（哲学社会科学版）, （5）：8-12.

尹均生. 1998. 中国写作学大辞典（第一卷）[M]. 北京：中国检察出版社.

曾杰, 张树相. 1996. 社会思维学[M]. 北京：人民出版社.

曾利沙. 1994. 英语线性段落结构模式研究[J]. 外语教学与研究, （1）：20-26, 80.

曾利沙. 2000a. 论翻译学研究的若干理论问题——兼论译学研究的辩证观[J]. 外语与外语教学, （9）：46-50.

曾利沙. 2000b. 对"Altogether Autumn"两种译文的比较评析——兼论多种译本"批评"的方法论[J]. 中国翻译, （5）：57-61.

曾利沙. 2001. 名词后缀"-s"的语义嬗变与翻译[J]. 上海科技翻译, （1）：22-25.

曾利沙. 2002a. 论"操作视域"与"参数因子"——兼论翻译学理论范畴——文本"特征论"的研究[J]. 现代外语, （2）：154-164.

曾利沙. 2002b. 化理论为方法 化理论为知识——翻译专业研究生学科理论教学谈[J]. 中国翻译, （1）：35-39.

曾利沙. 2003. 论翻译理论的多重属性——兼论译学理论研究的系统观与辩证观[J]. 中国科技翻译, （4）：1-6.

曾利沙. 2004 . 论文本的缺省性、增生性与阐释性——兼论描写翻译学理论研究方法论[J]. 外语学刊, （5）：77-81, 94, 112.

曾利沙. 2005a. 主题关联性社会文化语境与择义的理据性——TEM8 英译汉应试教学谈[J]. 中国翻译，（4）：36-40.

曾利沙. 2005b. 对《2002 年中国的国防》（白皮书）英译文评析——兼论对外宣传翻译"经济简明"原则[J]. 广东外语外贸大学学报，（2）：5-9，16.

曾利沙. 2005c. 论翻译艺术创造性的本质特征——从译者主体思维特征看艺术再现与艺术表现的典型性[J]. 四川外语学院学报，（5）：114-118.

曾利沙. 2006a. 古典诗词互文性解读的"阈限"问题——兼论文本（翻译）阐释的主题与主题倾向关联性语境融合[J]. 修辞学习，（1）：65-67.

曾利沙. 2007a. 论语篇翻译的概念语境化意义生成的认知机制[J]. 英语研究，（1）：31-35.

曾利沙. 2007b. 主题与主题倾向关联下的概念语义生成机制——也谈语篇翻译意识与 TEM8 语段翻译教学[J]. 外语教学，（3）：83-87.

曾利沙. 2008. 从翻译理论建构看应用翻译理论范畴化拓展——翻译学理论系统整合性研究之四（以旅游文本翻译为例）[J]. 上海翻译，（3）：1-5.

曾利沙. 2009. 从认知角度看对外宣传英译的中式思维特征——兼论应用翻译技术理论范畴化表征与客观理据性[J]. 广西民族大学学报（哲学社会科学版），（6）：175-179.

曾利沙. 2010. 论古汉语诗词英译批评本体论意义阐释框架——社会文化语境关联下的主题与主题倾向性融合[J]. 外语教学，（2）：88-92.

曾利沙. 2011a. 基于语境参数观的概念语义嬗变认知机制研究——商务英语时文教学理论与方法[J]. 外语教学，（6）：6-10.

曾利沙. 2011b. 体验-建构融通式笔译教学法理念与方法论——兼论语境参数与体验-建构的互动性[J]. 广东外语外贸大学学报，（4）：75-80.

曾利沙. 2012. 翻译学理论多维视角探索[M]. 上海：上海外语教育出版社.

曾利沙. 2013. 体验-建构融通式教学模式探索——本科笔译教学创新实验报告[J] 外语界，（1）：62-71.

曾利沙. 2014a. 翻译学理论系统整合性研究[M]. 北京：外语教学与研究出版社.

曾利沙. 2014b. 方梦之译学思想与方法论研究——兼论翻译学理论体系的研究路向[J]. 上海翻译，（2）：62-67.

曾利沙. 2016. 商务翻译研究新探[M]. 北京：外语教学与研究出版社.

曾利沙. 2017a. 论价值哲学视角下的翻译原则与标准理论的重构与创新拓展[A]//罗选民. 亚太跨学科翻译研究（第五辑）[C]：14-26.

曾利沙. 2017b. 论翻译学理论研究范畴体系的拓展——兼论传统译学理论的继承与发展[J]. 中国外语，（1）：90-96.

曾利沙. 2020. 宏观·中观·微观·范式——论开放性 TSPT 研究范畴拓展的模块化创新路向[J].

上海翻译，（1）：14-19；94.

曾利沙，李燕娜. 2011. 从语境参数论看范畴概念"活动"英译的实与虚——兼论应用翻译研究的经验模块与理论模块的建构[J]. 上海翻译，（2）：1-6.

张必隐. 1992. 阅读心理学[M]. 北京：北京师范大学出版社.

张兵. 2014. 关系、网络与知识流动[M]. 北京：中国社会科学出版社.

张今，张宁. 2005. 文学翻译原[M]. 修订版. 北京：清华大学出版社.

张绵厘. 1993. 实用逻辑教程[M]. 北京：中国人民大学出版社.

张培基，等. 1980. 英汉翻译教程[M]. 上海：上海外语教育出版社.

张维鼎. 2007. 意义与认知范畴化[M]. 成都：四川大学出版社.

张伟华，曾利沙. 2014. 论语境参数视阈下范畴语义转移的认知机制——兼论译者主客观互动的理据性[J]. 外国语文（双月刊），（6）：131-138.

章启群. 2002. 意义的本体论——哲学诠释学[M]. 上海：上海译文出版社.

郑海凌. 1999. 翻译标准新说：和谐说[J]. 中国翻译，（4）：2-6.

郑海凌. 2005. 译理浅说[M]. 郑州：文心出版社.

朱立元. 1989. 接受美学[M]. 上海：上海人民出版社.

Agricola, E. 1972. *Semantische Relationen im Text und im System*[M]. 2., bearbeite Auflage. The Hague: Mouton.

Alston, W. 1989. *Epistemic Justification*[M]. Ithaca, NY: Cornell University Press.

Alves, F. & Gonçalves, J. L. 2007. Modelling translator's competence: Relevance and expertise under scrutiny[A]. In Y. Gambier, M. Shlesinger & R. Stolze (Eds.), *Doubts and Directions in Translation Studies: Selected Contributions From the EST Congress*[C]. Amsterdam/Philadelphia: John Benjamins Publishing Company：41-55.

Armstrong, D. M. 1961. *Perception and the Physical Word*[M]. London: Routledge & Kegan Paul.

Austin, J. L. 1962. *How to Do Thing with Words*[M]. Oxford: The Clarendon University Press.

Bassnett, S., Lefevere, A. 1990. *Translation, History and Culture*[M]. London/New York: Pinter Publishers.

Bell, R. T. 1991. *Translation and Translating: Theory and Practice*[M]. London:Longman.

Brinker, K. 1973. Textbegriff in der heutigen Linguistik[A]. In K. Brinker (Hrsg.). *Studien zur Texttheorie und zur deutschen Grammatik: Festgabe für Hans Glinz*[C]. Düsseldorf：9-41.

Catford, J. C. 1965. *A Linguistic Theory of Translation*[M]. London: Oxford University Press.

Chandler, D. 1995. Texts and the construction of meaning[A]. In D. Chandler (Ed.), *The Act of Writing: A Media Theory Approach*[C]. Aberystwyth: University of Wales, 4-6.

Chesterman, A. 2012. Modals in Translation Studies[A]. In Y. Gambier & L. van Doorslaer（Eds.），

Handbook of Translation Studies (Volume 3) [C]. Armsterdam/Philadelphia: John Benjamins Publishing Company: 108-114.

Chesterman, A. 2015. Models of what processes? [A]. In M. Ehrensberger-Dow, B. E. Dimitrova, S. Hubscher-Davidson & U. Norberg (Eds.), *Describing Cognitve Processes in Translation: Acts and Events*[C]. Amsterdam/Philadelphia: John Benjamings Publishing Company: 7-20.

Chisholm, R. 1982. *The Foundations of Knowing*[M]. Minneapolis: University of Minnesota Press.

Cohen, S. 1984. Justification and Truth[J]. *Philosophical Studies*, (46): 279-295.

DeRose, K. & Warfield, T. A. 1999. *Skepticism: A Contemporary Reader*[M]. New York: Oxford University Press.

Dickens, C. 1948. *David Copperfield*[M]. New York: Oxford University Press.

Dummett, M. 1981. *The Interpretation of Frege's Philosophy*[M]. Cambridge, Massachusetts: Harvard University Press.

Ehrensberger-Dow, M., Göpferich, S. & O'Brien, S. 2015. *Interdisciplinarity in Translation and Interpreting Process Research*[M]. Amsterdam: John Benjamins Publishing Company.

Fauconnier, G. 1994. *Mental Space: Aspects of Meaning Construction in Natural Language*[M]. Cambridge: Cambridge University Press.

Firth, J. R. 1959. The treatment of language in general linguistics[A]. In F. R. Palmer (Ed.), *Selected Papers of J. R. Firth (1952–59)*[C]. London and Bloomington: Longman and Indiana University Press: 206-209.

Fumerton, R. 1995. *Metaepistemology and Skepticism*[M]. Lanham, MD: Rowman & Littlefield.

Furst, A. 2002. *Blood of Victory: A Novel*[M]. New York: Random House.

Gile, D. 1995. *Basic Concepts and Models for Interpreter and Translator Training*[M]. Amsterdam and Philadelphia: John Benjamins Publishing Company.

Gross, J. 1991. *The Oxford Book of Essays*[M]. New York: Oxford University Press.

Gruber, J. S. 1965. *Studies in Lexical Relations*[D]. Cambridge/Mass: MIT.

Gutt, E.-A. 1991. *Translation and Relevance: Cognition and Context*[M]. Oxford: Blackwell.

Halliday, M. A. K. 1994. *An Introduction to Functional Grammar*[M]. 2nd edn. London: Hodder Education Publishers.

Halliday, M. A. K. & Hasan, R. 1985. *Language, Context and Text: Aspects of Language in a Social-Semiotic Perspective* [M]. Victoria: Deakin University Press.

Halverson, S. 2017. Multimethod approaches[A]. In J. W. Schwieter & A. Ferreira (Eds.), *The Handbook of Translation and Cognition*[C]. New York: Wiley-Blackwell: 195-212.

Hansen, G. 2010. Integrative description of translation processes[A]. In G. M. Shreve & E. Angelone

(Eds.), *Translation and Cognition*[C]. Amsterdam/Philadelphia: John Benjamins Publishing Company: 189-211.

Hardy, T. 1991. *Tess of the d'Urbervilles*[M]. New York: W. W. Norton & Company, Inc.

Hardy, T. 1996. *Tess of the d'Urbervilles*[M]. Beijing: The Commercial Press.

Hatim, B. & Mason, I. 1990. *Discourse and the Translator*[M]. London: Routledge.

Heidegger, M. 1975. *Poetry, Language , Thought*[M]. New York: Harper Colophon Books.

Heoey , M.1983. *On the Surface of Discourse*[M]. London: Unwin Hyman.

Holz-Mänttäri, J. 1984. *Translatorisches Handeln: Theorie und Methode*[M]. Tampere: Akateeminen Kirjakauppa.

Hymes, D. 1972. On Communicative Competence [A]. In J. B. Pride & J. Holmes (Eds.), *Sociolinguistics: Selected Readings*[C]. London: Penguin: 269-293.

Jackendoff, R. 1983. *Semantics and Cognition*[M]. Cambridge: The MIT Press.

Johnson, M. 1987. *The Body in the Mind: The Bodily Basis of Meaning, Imagination, and Reason*[M]. Chicago: The University of Chicago Press.

Johnson, M. & Lakoff, G. 2002. Why cognitive linguistics requires embodied realism[J] . *Cognitive Linguistics*,(3): 245-263.

Kallmeyer, W. & Meyer-Hermann, R. 1980. Textlinguistik[A]. In H. P. Althaus, H. Henne, H. E. Wiegand (Hrsg.), *Lexikon der Germanistischen Linguistik*[C]. Berlin: de Gruyter: 242-258.

Kaplan, R. 1972. Cultural thought patterns in inter-cultural education[A]. In H. B. Allen & R. N. Campbell (Eds.), *Teaching English as a Second Language*[C]. New Delhi: Tata McGraw-Hill Publishing Company Ltd: 294-309.

Kintsch, W. 1988. The role of knowledge in discourse comprehension: A constitution-integration model[J]. *Psychological Review*, 95(2): 163-182.

Kiraly, D. 1995. *Pathways to Translation: Pedagogy and Process*[M]. Kent: The Kent State University Press.

Kövecses, Z. 2005. *Metaphor in Culture: Universality and Variation*[M]. Cambridge: Cambridge University Press.

Lakoff, G. 1987. *Women, Fire, and Dangerous Things: What Categories Reveal about the Mind*[M] . Chicago: The University of Chicago Press.

Lakoff, G. & Johnson, M. 1980. *Metaphors We live By*[M]. Chicago: The University of Chicago Press.

Lakoff, G. & Johnson, M. 1999. *Philosophy in the Fresh: The Embodied Mind and Its Challenge to Western Thought*[M]. New York: Basic Books.

Leech, G. 1974/1981. *Semantics: The Study of Meaning*[M]. Harmondsworth: Penguin Books.

Lefevere, A.1992. *Translation, Rewriting and the Manipulation of Literary Fame*[M]. London/New York: Routledge.

Levinson, S. C. 1983. *Pragmatics*[M]. Cambridge: Cambridge University Press.

Lyons, J. 1977. *Semantics*. Vol. 1[M]. Cambridge: Cambridge University Press.

Malinowski, B. 1935. *Coral Gardens and Their Magic: A Study of the Methods of Tilling the Soil and of Agricultural Rites in the Trobriand Islands*, Vol. 1[M]. London: George Allen & Unwin Ltd.

Maynard, S. K. 2007. *Linguistic Creativity in Japanese Discourse: Exploring the Multiplicity of Self, Perspective, and Voice*[M]. Amsterdam: John Benjamins Publishing Company.

McDougall, B. 1991. Problems and possibilities in translating contemporary Chinese literature[J]. *The Australian Journal of Chinese Affairs*, (25): 37-67.

McDougall, B. 2007. Literary translation: The pleasure principle[J]. *Chinese Translators' Journal*, (5): 22-26.

Minsky, M. 1975. Frame-system theory [A]. In P. N. Johnson-Laird, & P. C. Wason (Eds.), *Thinking: Readings in Cognitive Science*[C]. Cambridge: Cambridge University Press, 1977: 211-217.

Muñoz Martín, R. 2012. Just a matter of scope: Mental load in translation process research[J]. *Translation Spaces* (1) :169-188.

Neubert, A. & Shreve, G. M. 1992. *Translation as Text*[M]. Kent: The Kent State University Press.

Newmark, P. 1981. *Approaches to Translation*[M]. Oxford: Pergamon Press.

Newmark, P. 1988. *A Textbook of Translation*[M]. New York: Prentice Hall.

Nida, E. A. 2001. *Contexts in Translating*[M]. Amsterdam/Philadelphia: John Benjamins Publishing Company.

Nida, E. A.1993. *Language, Culture, and Translating*[M]. Shanghai: Shanghai Foreign Language Education Press.

Nida, E. & Taber, C. 1982. *The Theory and Practice of Translation*[M]. Leiden: E. J. Brill.

Nord, C. 1991. Scopos, Loyalty and Translational Conventions[J]. *Target*, 3(1): 91-109.

Nozick, R. 1981. *Philosophical Explanations*[M]. Cambridge: Belknap Press of Harvard.

O'Brien, S. 2013. The borrowers: Researching the cognitive aspects of translation[J]. *Target: International Journal of Translation Studies*, 25(1): 5-17.

Olshewsky, T. M. 1969. *Problems in the Philosophy of Language*[M]. New York: Holt, Rineheart and Winston, Inc.

Pinkham, J. 2000. *The Translator's Guide to Chinglish*[M]. Beijing: Foreign Language Teaching and Research Press.

Plantinga, A. 1993. *Warrant: The Current Debates*[M]. New York: Oxford University Press.

Pollock, J. 1986. *Contemporary Theories of Knowldge*[M]. Totowa: Rowman & Littlelfield.

Pütz, M. & Dirven, R. 1996.The Construal of Space in Language and Thought[J]. *Cognitive Linguistics Research*[M]. Vol . 8. Berlin: Mouton de Gruyter.

Pym, A. 2014. *Exploring Translation Theories*[M]. 2nd edn. London: Routledge.

Quine, W. V. O. 1987. *Quiddities: An Intermittently Philosophical Dictionary*[M]. Cambridge: Belknap Press.

Reiss, K. & Vermeer, H. J. 1984. *Grundlegung einer allgemeinen Translationstheorie*[M]. Tübingen: Max Niemeyer Verlag.

Richards, I. A. 1936. *The Philosophy of Rhetoric*[M]. Oxford: Oxford University Press.

Richards, I. A. 1953. Towards a theory of translating[A]. In A. F. Wright (Ed.), *Studies in Chinese Thought*[C]. Chicago: The Chicago University Press: 247-262.

Risku, H. & Windhager, F. 2013. Extended translation: A sociocognitive research agenda[A]. In M. Ehrensberger-Dow, S. Göpferich & S. O'Brien (Eds.), *Interdisciplinarity in Translation and Interpreting Process Research*[C]. Amsterdam: John Benjamins Publishing Company: 35-48.

Sayre, K. M. 1997. *Belief and Knowledge: Mapping the Cognitive Landscape*[M]. Lanham: Rowman & Littlefield Publishers, Inc.

Searle, J. R. 1979. *Expression and Meaning: Studies in the Theory of Speech Acts*[M]. Cambridge: Cambridge University Press.

Shaw, R. D. 1987. The translation context: Cultural factors in translation[J]. *Translation Review*, 23(1): 25-29.

Spencer, H. 1892. *The Principles of Ethics* [M]. New York: The Appleton Press.

Sperber, D. & Wilson, D. 1986/1995. *Relevance: Communication and Cognition*[M]. Oxford: Blackwell.

Ungerer, F. & Schmid, H. J. 2006. *An Introduction to Cognitive Linguistics*[M]. 2nd edn. London: Routledge.

van Dijk,T. A. 1977. *Text and Context: Explorations in the Semantics and Pragmatics Discourse*[M]. London: Longman.

van Dijk,T. A. 1980. *Macrostructures: An Interdisciplinary Study of Global Structures in Discourse, Interaction, and Cognition*[M]. Hillsdale, New Jersey: Lawrence Erlbaum Associates Publishers.

van Dijk, T. A. 2008. *Discourse and Context: A Sociocognitive Approach*[M]. Cambridge: Cambridge University Press.

White, E. B. 1999. *Essays of E. B. White*[M]. New York: HarperCollins.

Widdowson, H. G. 1983. *Learning Purpose and Language Use*[M]. Oxford: Oxford University Press.

Wilss, W. 1996. *Knowledge and Skills in Translator Behaviour*[M]. Amsterdam: John Benjamins Publishing Company.

Wolff, T. 2007. *In the Garden of the North American Martyrs*[M]. New York: HarperCollins E-books.

Yule, G. 1996. *Pragmatics*[M]. Oxford: Oxford University Press.

主要参考词典

（一）纸质词典

辞海编辑委员会. 1989. 辞海[Z]. 上海：上海辞书出版社.

中国社会科学院语言研究所词典编辑室. 2002. 现代汉语词典（汉英双语）[Z]. 北京：外语教学与研究出版社.

中国社会科学院语言研究所词典编辑室. 2005. 现代汉语词典[Z]. 5 版. 北京：商务印书馆.

中国社会科学院语言研究所词典编辑室. 2016. 现代汉语词典[Z]. 7 版. 北京：商务印书馆.

本词典编译出版委员会编译. 2007. 新牛津英汉双解大词典 *The New Oxford English-Chinese Dictionary*[Z]. 上海：上海外语教育出版社.

Cambridge University Press. 1995. 剑桥国际英语词典 *Cambridge International Dictionary of English*[Z]. 上海：上海外语教育出版社.

Cambridge University Press. 2008. *Cambridge Advanced Learner's Dictionary*[Z]. 3rd edition. New York: Cambridge University Press.

Crozier, J., Grandison, A., McKeown, C., et al. 2006. *Collins English Dictionary*[Z]. Essential edition. Glasgow: Collins.

弗莱克斯纳. 1997. 蓝登书屋韦氏英汉大学词典 *Random House Webster's College Dictionary*[Z].《蓝登书屋韦氏英汉大学词典》编译组编译. 北京：商务印书馆.

霍恩比. 2004. 牛津高阶英汉双解词典. 6 版. *Oxford Advanced Learner's English-Chinese Dictionary*[Z]. 6th edition. 北京：商务印书馆.

霍恩比. 2018. 牛津高阶英汉双解词典. 9 版. *Oxford Advanced Learner's English-Chinese Dictionary*[Z]. 9th edition. 北京：商务印书馆.

梅里亚姆-韦伯斯特出版公司. 1988. 韦氏新大学词典（第 9 版）. *Webster's Ninth New Collegiate Dictionary*[Z]. 北京：世界图书出版公司.

Morris, W. 1982. *The American Heritage Dictionary*[Z]. Second college edition. Boston: Houghton Mifflin Company.

萨默斯. 2004. 朗文当代英语大辞典（英英·英汉双解）. *Longman Dictionary of English Language & Culture（English-Chinese）*[Z]. 朱原等译. 北京：商务印书馆.

英国 DK 公司. 2005. DK·牛津英汉双解大词典（插图版）[Z]. 北京：外语教学与研究出版社.

（二）电子词典

A Comprehensive Modern English-Chinese Dictionary《现代英汉综合大词典》

Collins Learner's Dictionary of Advanced English, 5th edition（Lingoes）《柯林斯高级英语学习词典》第 5 版（灵格斯电子版）

Macmillan English Dictionary（Lingoes）《麦克米兰词典》（灵格斯电子版）